山东社会科学院出版资助项目

思想政治教育视阈下
中国服务型政府建设研究

卓成霞 著

中国社会科学出版社

图书在版编目（CIP）数据

思想政治教育视阈下中国服务型政府建设研究/卓成霞著.
—北京：中国社会科学出版社，2022.3
ISBN 978-7-5227-0153-0

Ⅰ.①思… Ⅱ.①卓… Ⅲ.①国家行政机关—行政管理—研究—中国 Ⅳ.①D630.1

中国版本图书馆 CIP 数据核字（2022）第 073038 号

出 版 人	赵剑英
责任编辑	田　文
责任校对	张　婷
责任印制	王　超
出　　版	中国社会科学出版社
社　　址	北京鼓楼西大街甲 158 号
邮　　编	100720
网　　址	http://www.csspw.cn
发 行 部	010-84083685
门 市 部	010-84029450
经　　销	新华书店及其他书店
印　　刷	北京君升印刷有限公司
装　　订	廊坊市广阳区广增装订厂
版　　次	2022 年 3 月第 1 版
印　　次	2022 年 3 月第 1 次印刷
开　　本	710×1000　1/16
印　　张	15.25
插　　页	2
字　　数	213 千字
定　　价	85.00 元

凡购买中国社会科学出版社图书，如有质量问题请与本社营销中心联系调换
电话：010-84083683
版权所有　侵权必究

序

自国家与政府产生后,善治(good government)就成为古今中外哲学家、政治学家、教育学家等思想先驱们期盼与设想的理想政治模式。无论从古希腊"国家是有德者的共同体"到现代"国家是正义的共同体",还是从"理想国"到"乌托邦"等,这些理论体系的历史演进和逻辑集成,无不彰显思想界对政府善治的渴望和追求。我国服务型政府是以满足社会发展和人民群众共同利益为出发点,以服务人民大众为宗旨并承担公共服务职责的现代政府治理模式。2017年10月,党的十九大报告指出,要"增强政府公信力和执行力,建设人民满意的服务型政府"。这一重要论述,为新时代服务型政府建设提供了理论遵循和实践方向。

政府善治的达成与民众认同的实现需要思想政治教育的规制与引领:思想政治教育有效性问题研究新视角的选择。政府善治遵循认同性原则,这种认同不是指法律意义上的强制性"被认可",而是政治学层面基于合法性的理性认可,或者伦理学层面基于"合乎道德"的自觉认可。政府的权威和相应的秩序无论在法律层面有多大支撑、推行措施多有力,如果没有在很大程度上被民众发自内心地承认,并基于理性认知自觉接纳,政府治理的效度就难以形成体认。实践证明,政府只有积极回应政治共同体的"共同利益",才能够与合法性、道德性统一起来。民众心理认同的程度越高,政府善治的程度就越强。政府不仅是硬权力载体,而且还是软道德实体。政府的"善治"不可能自然达成,人们的自觉认同也不可能依靠外力实现。思想政治教育的规范与引领是否可以将上述不可能变为可能?为何可能?如果可能,如何规范与引领?这些成为思想政治教育研究过程中"魂牵梦萦"的问题集。

  服务型政府建设与思想政治教育之间具有内在强关联性:思想政治教育有效性研究课题的审视与确认。作为一名社会科学研究者,基于学术历练和学科背景,关注思想政治教育的有效性命题由来已久。卓成霞在苏州大学攻读硕士学位时,已从传播学角度对思想政治教育有效性进行了初步思考。当时重点论述传播学在思想政治教育理论发展与实践探索中的应有价值,并提出有效传播对思想政治教育有效性的提高具有重要作用。2013年,卓成霞再次进入苏州大学,开始了博士阶段的学习。虽然是她的导师,由于我们两人之间某些相似的经历,我经常把她当成是学习与生活中"亦师亦友"的学生。在思想政治教育有效性研究领域,师生两人有共同的兴趣和默契,希望通过大量文献阅读,寻找他人研究的话题与切入口,选择政府治理或者基层治理某一主题进行研究,试图突破思想政治教育学科研究中存在的"就思想政治教育而思想政治教育"的狭义研究套路。

  为什么要选择政府治理或者政府建设这一研究主体,作为思想政治教育专业的博士论文选题,对思想政治教育有效性问题进行学科交叉研究呢?卓成霞有一个善思的良好习惯,平时面对各种社会问题喜欢探究根源。我也时常结合思想政治教育学科特点,对日常生活中的"常见病"探究追问。党和政府在推进国家治理体系和治理能力现代化进程中,已经为人民群众做了很多好事、善事,为什么人民群众时常还会发出一些不和谐的声音?为什么广泛深入的理论宣传不能有效落地结出思想认同的硕果?思想政治教育有效性得不到明显提升的真正原因是什么?是我们理论宣传不到位,还是学校思想政治教育不够全面、不够深入?原因肯定很多,其中是否存在隐蔽而又呈现主导作用的外部因素,被我们忽略了?如果仔细梳理近年来一些社会问题

序

（重大负面事件）发生的时间、节点、类型，我们就会发现，一些突发事件与政府官员的不当作为有一定关联，一些民众不满情绪与政府的某些决策失误也有高度的相关性。事实上，政府在思想政治教育中扮演了重要角色。政府在公共服务中不仅是思想政治教育的主体，也是思想政治教育的客体，还是思想政治教育的环境。政府"言行"出现一些错位、缺位等问题，引起人们对政府思想政治教育的反感，进而也对中央精神、官方的宣传、思想政治教育内容产生怀疑和抵触，从而消解了思想政治教育的有效性。

毋庸置疑，服务型政府建设或者政府公共服务是以公职人员为载体的，政府形象终究是要由千千万万个公职人员的服务效能来体现的。平时，我们都说，榜样的力量是无穷的。事实上，公职人员是思想政治教育体系中的一分子，如果公职人员服务失灵，那就代表政府"职责"失灵。这也说明，我们的思想政治教育对这部分人而言，长期以来的教育引导有效性不足。民众在心中就会形成一股谜团、一种质疑，思想政治教育的对象究竟应该是谁？公职人员是否更应该接受有效的思想政治教育？思想政治教育是否守住了立德树人的第一道关卡？从教育育人功能看，公职人员的职业美德是受益于思想政治教育的"前置"训练功能，而后在公共行政中逐渐养成整体性行政美德，进而形成政府善治。为此，我们在公共服务实践场所找到了研究思想政治教育与服务型政府建设的关联节点，那就是"美德""公意"的存在。政府是公共服务的主体，也是思想政治教育的主体。故而，作者把提升思想政治教育有效性纳入政府公共服务中进行考察。如果政府自身没有发挥榜样示范作用，人民群众对政府就不会有信服力，对日常灌输的思想政治教育也会置之不理，思想政治教育有效性也就无从谈起。

因此，我们经过不断自我否定、肯定、论证，疑惑是否可以从政府建设视角来讨论思想政治教育有效性问题。经过两年的思考与学习，博士论文题目还是难以确定，总是在政治学与思想政治教育学科之间来回摇摆,"时而闪现"的灵光与"灯火阑珊"的距离依旧是那么遥远,似乎难以找到当初研究主题时的顿悟感觉。但是,随后的三年中,我们仍竭尽全力通过对政府服务功能的分析,凸显政府作为思想政治教育主体、思想政治教育客体与思想政治教育环体(环境)的"三重身份",探讨服务型政府建设与提升思想政治教育有效性之间的内在关联性,进而提出服务型政府建设对构建良好的思想政治教育生态所具有的应然功能,试图为破解思想政治教育有效性困境之问作出一点贡献。这一研究初衷几年未变,但是要回答这样一个比较敏感且学术界又有多种"竞争性""参考答案"的问题,难度较大。

服务型政府建设与思想政治教育关联性的社会认同:思想政治教育有效性研究课题展开的保障条件。令我们欣喜的是,重视思想政治工作一直是我们党和政府的政治优势和优良传统,思想政治教育工作被认为是开展其他工作的生命线。党的十八大以来,党中央把思想政治教育摆在更加重要位置,并多次强调要加强推进思想政治教育内涵式发展,合力扩展思想政治教育有效性的深度、广度和效度。2019年3月,习近平总书记在全国思想政治理论课教师座谈会上强调:"办好思想政治理论课,最根本的是要全面贯彻党的教育方针,解决好培养什么人、怎样培养人、为谁培养人这个根本问题。"党中央从顶层设计层面对新时代思想政治教育创新发展作出整体部署和安排,强调增强人们对党和政府的政治认同、思想认同与行为认同,充分体现出对加强思想政治教育理论体系和实践指导能力建设的新要求,也进一步体现了思想政治教育作为政府治理体系和治理能力现代化应有之义的时代内涵。

更加振奋人心的是,加强思想政治教育研究和加强服务型政府建设如今都成为党中央高度关注的热点话题。2021年9月,中共中央办公厅印发《关于加强新时代马克思主义学院建设的意见》,为提升新时代思想政治教育有效性提供了原则遵循。因此,在国家大力关注马克思主义学院建设的有利背景下,顺势而为、快速提升思想政治教育的有效性更是难得的研究机遇。如何把深邃的马克思主义理论，通过铸魂育人的主渠道植入人民群众之中开出璀璨实践之果，最大可能地认同党和政府，是很多学者在研究的问题。同时，我们也看到，国家上下也在大力打造让人民满意的服务型政府，人民至上的"公意"属性已成为政府提质增效不可动摇的准则。为此，作者从政治学、思想政治教育学等学科融合进行嵌入式创新，对研究视阈与研究主题"两张皮"现象进行了破题，为从思想政治教育视阈下研究服务型政府建设提供了开阔的思路与空间。

可以这样说，时代发展对思想政治教育有效性提出了挑战，倒逼思想政治教育实践创新与理论反思，这本书的立意恰逢其时地适应了新形势新任务的迫切需要。将服务型政府建设作为一个窗口，纳入思想政治教育有效性视阈进行阐释既有必要，也有可能。基于此，卓成霞完成了《思想政治教育有效性视阈下我国服务型政府建设研究》博士论文。随后，根据深化研究的需要，又对博士论文进行修改与完善，形成了该专著。作为老师兼朋友的我，仔细阅读过后除了深感写作不易之外，还有必要挖掘一下其学术特点。

紧扣"有效性"，追问服务型政府的建设逻辑。从政府服务有效和思想政治教育有效两个向度，设计研究思路，形成结果逻辑。政府服务做到人民至上，思想政治教育有效性也会随之提高；思想政治教育效能提高了，人民群众对党和政府的认同也会自然达成。因此，对思想政治教育有效性的考察，必须抛弃那种一般性思想政治教育自我进行价值判断的"模糊统计性"效能评估模式，应该建立政府有效服务动态性的"消弭问题"机制，从而以实实在在的服务成绩换取人民群众发自心底的认同。

紧跟时代性，追问思想政治教育实践的理论逻辑。基于思想政治教育与服务型政府建设的内在关联，该书紧扣时代发展脉搏，在理论创建、体系设计等方面有较大的创新，为新时代研究政府职能转变、评价政府绩效、辅助政府决策提供了一个较为全面客观的参照体系。

从思想政治教育视阈出发，探讨现代政府的塑造，并将之作为思想政治教育的重要内容，研究视角独特新颖，理论意义和现实意义较强。

紧抓创新性，追问思想政治教育研究的方法逻辑。该书综合运用辩证唯物主义和历史唯物主义相统一的方法论、历史研究法和文献研究法，提出了服务型政府建设的教育生态环境等创新性概念，把思想政治教育有效性作为服务型政府的研究视阈，试图弥补思想政治教育有效性不足之缺憾进行创造性探索。该书作为一个尝试性研究，其学术价值值得关注和予以肯定。这种敢于尝试、勇于创新的学风是值得鼓励的，也是令人欣慰的。

紧扣价值性，追问思想政治教育研究的价值逻辑。聚焦于思想政治教育与服务型政府建设两大主题的关联性研究，试图建立理论分析和对策研究框架。相关概念设置和推理逻辑有一定科学性，建立"阐释概念—建构理论—追溯历史—分析现实—解决问题"的研究框架，符合学术规范，有关分析结论对于加强思想政治教育及建设服务型政府这两个实践领域，均有一定的参考价值。

紧扣政治性，追问思想政治教育社会功能的逻辑。思想政治教育"天然"具有服务社会与形塑建设者、接班人的功能。该书试图以政府提供优质的公共服务来填充、弥补思想政治教育低效的真空地带，带动政府公信力和思想政治教育效能同步提升。该书还试图通过服务型政府建设，唤醒官员回归为民服务的公仆本色，构建良好的思想政治教育生态，发挥思想政治教育服务社会、培养人才的社会功能。显然，有效性通过思想政治教育社会功能的实现逻辑得到体现，思想政治教育的社会功能优先体现在国家治理人才的培养上。可以说，该书较好地体现了作者的研究逻辑和写作意图，即思想政治教育的有效性寓于服务型政府建设之中，服务型政府建设提升了思想政治教育的有效性。我们可以预期，随着党风、政风的好转，思想政治教育效能注定大大提升，为建设人民满意的服务型政府奠定了坚实的道德基础。

正如前文所言，当初作者选这个题目写作博士论文，历经两年的

序

艰苦思考才确定下来，经过多年反复修改后，最终形成今天的成果。作者自知，这一选题是冒着一定风险的，必须经得住学科归属考验和学术水平历练。由于受学科视野和研究范围局限，在理论素养和研究经验方面还有待于进一步积累，书中不可避免会存在这样那样的不足之处。比如，对思想政治教育有效性与服务型政府建设这两大体系之间的关联性分析，虽然进行了理论分析与阐述，但是深度还不够。但瑕不掩瑜，就政治方向、理论创新和实践价值而言，该书不失为一部有较高价值的学术著作。真诚希望各界读者多提宝贵意见，以便使思想政治教育学科理论与服务型政府建设实践能够有效融合，促使政府服务提质增效，为深化马克思主义政府理论与实践研究提供新的视角。

郭彩琴
2021 年 9 月于苏州

前　言

思想政治教育与服务型政府建设之间的关系研究是思想政治教育研究的重要课题，从思想政治教育视阈研究我国服务型政府建设的特质、要义、价值，阐明我国服务型政府建设的目标、任务和途径，其要旨在于深刻把握我国服务型政府建设的客观规律，重新认识服务型政府建设对思想政治教育有效性提高所形成的社会效应。服务型政府建设有利于增强思想政治教育的有效性，而思想政治教育有效性的提升则在更高层次上提高了服务型政府建设的质量。只有打通思想政治教育有效性与服务型政府建设价值之间的内在逻辑，有效克服研究视阈与研究主题"两张皮"的困境，才能形成二者之间同向而行、双向支撑、有效促进的互动格局。

思想政治教育有效性的提高，需要良好的外部环境，有公信力的、为人民服务的、让人民满意的政府就是其中重要的方面。一些舆论表明，政府工作中存在的某些形式主义、官僚主义等问题，降低了政府的公信力，有损政府在人民群众心中的正面形象，并且对思想政治教育有效性产生消解效应。研究服务型政府建设的目的就是要避免因政府公信力不高而影响到思想政治教育有效性，或者通过服务型政府建设，提高政府公信力，进而提高思想政治教育有效性。因此，从影响思想政治教育有效性这个重要因素出发，围绕服务型政府建设这一现实，探讨如何形成思想政治教育效能与服务型政府建设同向提质增效的功能叠加，如何把以人民为中心的发展思想贯穿于政府公共行政过程中并使之转化为服务型政府的治理效能，如何通过大力提升政府公信力从而使思想政治教育效能呈现倍增效应等问题就成为本书的逻辑起点与归宿。

党的十九大报告提出，要"转变政府职能，深化简政放权，创新监管方式，增强政府公信力和执行力，建设人民满意的服务型政府"，这为新时代服务型政府建设提供了新的实践目标和原则遵循。服务型政府是以人民群众的共同利益为出发点，以为人民服务为宗旨承担公共服务的政府治理模式。思想政治教育有效性与服务型政府建设之间有着内在的契合性。从思想政治教育视角研究服务型政府建设问题，能够充分发挥思想政治教育有效性对建设服务型政府的建构功能，有效解决思想政治教育理论育人与服务型政府实践效能提升的统一性问题。思想政治教育的核心宗旨是立德树人，实现人的全面发展，促进社会全面进步；服务型政府建设的价值就是使思想政治教育的理念、目标、原则、机制更好地融入政府公共服务中，践行以人民为中心的执政理念。服务型政府建设可使人民群众在共享改革发展成果中拥有更多的获得感、幸福感、安全感，更好地体现出政府施政的人民立场，有效提升人民群众对党和政府思想政治教育工作的满意度，使之不断转化为服务型政府的治理效能。

本书写作遵循"阐释概念—建构理论—追溯历史—分析现实—解决问题"的思路，对思想政治教育视阈下服务型政府建设展开论析。论文第一部分为导论，主要抓住思想政治教育视阈下服务型政府建设研究的基本问题，阐述研究的意义，分析思想政治教育视阈下服务型政府建设的逻辑关联，论证思想政治教育视阈下服务型政府建设研究的可行性和重大价值。

本书第一、二章主要阐释思想政治教育视阈下服务型政府建设研究的基础理论。一是对思想政治教育视阈下服务型政府建设的核心概念进行界定，阐释思想政治教育有效性与服务型政府建设的逻辑关联，旨在说明思想政治教育有效性根植于服务型政府建设中，可以更好地为服务型政府建设提供精神动力。二是着重对思想政治教育视阈下服务型政府建设研究的理论依据与思想资源进行阐述。从马克思主义创始人、列宁、中国化马克思主义的政府理论、社会主义核心价值观等方面阐释思想政治教育视阈下我国服务型政府建设研究的理论依据;从中国儒家文化中的治国思想资源和西方政治思想中的治国思想资源两大向度,阐释我国服务型政府建设研究的思想资源。

第三、四章作为本书理论研究的核心部分,主要从静态与动态两方面阐述思想政治教育视阈下服务型政府建设的根本要求和历史发展。一方面,阐述了思想政治教育视阈下服务型政府建设的特质、要义与价值;另一方面,从社会主义革命和建设时期、改革开放和社会主义现代化建设新时期和中国特色社会主义新时代三个历史阶段,对我国服务型政府建设的初步探索、深入实践、创新发展进行历史考察,进而揭示服务型政府建设与思想政治教育有效性之间的辩证关系,论述服务型政府建设对思想政治教育有效性提高所形成的社会效应。

第五、六章围绕本书主题进行现状研究并提出实践对策。从机遇、问题及原因等维度,对我国现阶段服务型政府建设进行实时考察,系统地分析了思想政治教育视阈下服务型政府建设的重要性、必要性与紧迫性。特别是从思想政治教育的理念、目标、原则、机制等维度,对新时代我国服务型政府建设进行对策研究,探讨如何从提高思想政治教育有效性视角,更好地推进服务型政府建设。

新时代,我国服务型政府建设不仅表现在对人民自上而下的行政服务理念上,更表现为政府内部系统的服务能力建构上。把政府嵌入思想政治教育的主体范畴中,把服务型政府建设作为提高思想政治教育有效性的重要手段,根本目的是打造让人民满意的服务型政府,更好地体现执政为民的政治立场。始终坚持以人民为中心建设服务型政府,就是要强化我们的政府是人民政府,必须为人民服务、对人民负责、受人民监督,创新行政方式,提高服务效能,增强政府执行力和公信力。中国特色社会主义进入新时代,服务型政府应立足人民日益增长的美好生活需要,有效解决发展中不平衡不充分的突出问题,为我国经济社会发展和实现国家治理体系和治理能力现代化,特别要为全体人民共享改革发展成果作出新的努力,在全面建成人民满意的服务型政府进程中不断创新、砥砺前行、主动作为、善作善成。

目 录

导 论 ……………………………………………………… (1)
    一　问题提出与研究意义 ……………………………… (1)
    二　国内外研究综述 …………………………………… (7)
    三　研究思路与方法 …………………………………… (23)
    四　创新之处与不足 …………………………………… (25)

第一章　核心概念界定与关联性指认 ………………… (27)
  第一节　核心概念界定 ………………………………… (27)
    一　思想政治教育及其内涵 …………………………… (27)
    二　思想政治教育有效性及其内涵 …………………… (30)
    三　服务型政府建设及其内涵 ………………………… (33)
  第二节　思想政治教育有效性与服务型政府建设高度
         契合的逻辑关联 ……………………………… (35)
    一　坚持和加强党的全面领导：政治方向的
        引领性 ………………………………………………… (36)
    二　践行社会主义核心价值观：服务效能的
        协同性 ………………………………………………… (37)
    三　促进社会的全面发展进步：目标指向的
        同源性 ………………………………………………… (39)

四　强化人人平等的法治思维：效能提振的
　　　　统一性 …………………………………………（42）

**第二章　思想政治教育视阈下服务型政府建设研究的
　　　　理论依据与思想资源** ……………………（44）
　第一节　思想政治教育视阈下中国服务型政府建设
　　　　研究的理论依据 ………………………………（44）
　　一　人民公仆意识：马克思主义创始人的服务型
　　　　政府建设理论 …………………………………（45）
　　二　反官僚特权思想：列宁的服务型政府建设
　　　　理论 ……………………………………………（50）
　　三　以人民为中心思想：中国化马克思主义的服务型
　　　　政府建设理论 …………………………………（53）
　第二节　思想政治教育视阈下中国服务型政府建设
　　　　研究的思想资源 ………………………………（61）
　　一　民本思想：中国优秀传统文化中的治国
　　　　思想资源 ………………………………………（61）
　　二　权力制衡：西方政治文化思想中的治国
　　　　思想资源 ………………………………………（65）

**第三章　思想政治教育视阈下中国服务型政府建设的
　　　　特质、要义与价值** ………………………（71）
　第一节　思想政治教育视阈下中国服务型政府
　　　　建设的特质 ……………………………………（71）
　　一　人民至上的政治性 ……………………………（72）
　　二　政治权力的公意性 ……………………………（73）
　　三　政治制度的权威性 ……………………………（76）
　　四　治理机制的效能性 ……………………………（78）

第二节　思想政治教育视阈下中国服务型政府建设的
　　　　要义 …………………………………………………（80）
　　一　以精准落实夯实人民利益 ……………………………（80）
　　二　以组织示范强化人民立场 ……………………………（83）
　　三　以效能强化彰显初心使命 ……………………………（84）
　　四　以教育引导筑牢群众根基 ……………………………（86）
第三节　思想政治教育视阈下中国服务型政府建设的
　　　　价值 …………………………………………………（88）
　　一　以增强政府信任提高人民政治认同 …………………（88）
　　二　以优良党风政风引领社会道德风尚 …………………（90）
　　三　以德性策略优化思想政治教育环境 …………………（94）
　　四　以"两个和解"实现人的全面发展 …………………（97）

第四章　思想政治教育视阈下中国服务型政府建设的历时考察 ……………………………………………（100）

第一节　思想政治教育视阈下社会主义革命和建设时期
　　　　中国服务型政府建设的初步探索 …………………（100）
　　一　聚焦国家建设凝聚人民共识：社会主义革命和
　　　　建设时期中国服务型政府建设的主要做法 ………（101）
　　二　破除机构臃肿复归人民本位：社会主义革命和
　　　　建设时期中国服务型政府建设的有益探索 ………（103）
　　三　强化国家认同落实人民利益：社会主义革命和
　　　　建设时期中国服务型政府建设的成功经验 ………（105）
第二节　思想政治教育视阈下改革开放和社会主义现代化
　　　　建设新时期中国服务型政府建设的深入实践 ……（108）
　　一　确立富民目标进行职能优化：改革开放和
　　　　社会主义现代化建设新时期中国服务型政府
　　　　建设的发展历程 ……………………………………（108）

二　提升服务效率推进机构改革：改革开放和
　　　　社会主义现代化建设新时期中国服务型政府
　　　　建设的实践创新 …………………………………（111）
　　三　促进先富带后富创新执政理念：改革开放和
　　　　社会主义现代化建设新时期中国服务型政府
　　　　建设的基本经验 …………………………………（115）
第三节　思想政治教育视阈下新时代中国服务型政府
　　　　建设的创新发展 ………………………………………（117）
　　一　让人民群众共享改革发展成果：新时代
　　　　中国服务型政府建设的目标要求 ………………（117）
　　二　以人民需要为纲进行职能优化：新时代
　　　　中国服务型政府建设的重要举措 ………………（121）
　　三　人民满意度与政府公信力双赢：新时代
　　　　中国服务型政府建设的实际效果 ………………（123）

第五章　思想政治教育视阈下中国服务型政府
　　　　建设的实时考察 ……………………………………（130）
第一节　思想政治教育视阈下中国现阶段服务型政府
　　　　建设面临的机遇 ………………………………………（130）
　　一　习近平新时代中国特色社会主义思想为
　　　　服务型政府建设提供理论指导 …………………（131）
　　二　社会主要矛盾变化为服务型政府建设提出
　　　　更新更高要求 ……………………………………（132）
　　三　实现"两个一百年"奋斗目标为服务型
　　　　政府建设指明新方向 ……………………………（135）
第二节　思想政治教育视阈下中国现阶段服务型政府
　　　　建设存在的问题 ………………………………………（137）
　　一　政治领域出现一些消极腐败问题 ………………（137）

目 录

　　二　经济领域存在一些工程风险问题 …………………… (141)

　　三　文化领域存在一些虚无干扰问题 …………………… (143)

　　四　社会领域出现一些保障不周问题 …………………… (146)

　　五　生态领域出现一些环境制约问题 …………………… (147)

第三节　思想政治教育视阈下中国现阶段服务型政府

　　　　建设存在问题的深层次原因探究 ………………… (150)

　　一　政治领域权力观错位 ………………………………… (150)

　　二　经济领域政绩观扭曲 ………………………………… (153)

　　三　文化领域价值观不端 ………………………………… (156)

　　四　社会领域群众观不正 ………………………………… (158)

　　五　生态领域事业观褊狭 ………………………………… (161)

第六章　思想政治教育视阈下新时代中国服务型政府建设的对策 ………………………………………… (164)

第一节　先进性引领有效性：新时代中国服务型

　　　　政府建设的理念 …………………………………… (164)

　　一　坚持党的全面领导的理念 …………………………… (165)

　　二　坚持人民至上的理念 ………………………………… (168)

　　三　坚持以社会主义核心价值观引领的理念 …………… (171)

　　四　坚持依法行政的理念 ………………………………… (173)

第二节　综合性展示有效性：新时代中国服务型

　　　　政府建设的目标 …………………………………… (175)

　　一　建设一支高素质服务型干部队伍 …………………… (175)

　　二　依法依规全面履行政府服务职能 …………………… (178)

　　三　大力建设人民满意的服务型政府 …………………… (181)

第三节　系统性促进有效性：新时代中国服务型

　　　　政府建设的原则 …………………………………… (183)

　　一　施政科学性原则 ……………………………………… (183)

二　服务人民性原则 …………………………………………（187）
　　三　治理法治性原则 …………………………………………（189）
第四节　有机性提升有效性：新时代中国服务型
　　　　政府建设的机制 …………………………………………（192）
　　一　优化政府组织机制 ………………………………………（192）
　　二　活化政府动力机制 ………………………………………（194）
　　三　细化政府服务机制 ………………………………………（197）

结　语 …………………………………………………………（201）

主要参考文献 …………………………………………………（203）

后　记 …………………………………………………………（222）

导　　论

一　问题提出与研究意义

思想政治教育是党和政府为人民服务的优良传统和政治优势，是经济工作和其他一切工作的生命线，其有效性是研究新时代服务型政府建设的重要视阈。党的十九大报告指出，要转变政府职能，增强政府公信力和执行力。政府作为国家治理的主体，在公共行政道德养成和服务体制机制建设方面肩负道德和政治责任，建设服务型政府有助于政府服务提质增效，永葆人民立场，更有助于提升思想政治教育的有效性。作为思想政治教育专业的学位论文，为什么选择服务型政府建设作为研究对象，使研究对象符合学科"合法性"归属，这是本书写作必须回答的重要问题。

（一）问题提出

中国特色社会主义进入新时代，以习近平同志为核心的党中央，顺应时代发展要求，从理论和实践上系统回答了新时代坚持和发展什么样的中国特色社会主义、怎样坚持和发展中国特色社会主义这个重大时代课题。一方面，政府作为党和国家的治理主体，在全面深化改革、坚定不移贯彻新发展理念、推动全面从严治党向纵深发展等重要方面成效显著，但也面临着如何进一步巩固改革成效、进一步满足人民美好生活愿望等方面的艰巨任务。全面深化改革吹响了政府改革再出发的号角，政府必须及时解决政治领域、经济领域、社会领域、文化领域、生态领域遗留的历史问题和由改革开放产生的新矛盾新问题，这些重大责任与挑战倒逼政府服务加速提质增效。另一方面，在新媒体强势影响社会舆论的态势下，传统思想政治教育模式面临着话语失权、时效不足、网络信息"圈层化"等突出问题，使新时代的思想政治教育工作面临更加艰巨的挑战。在全面建设社会主义现代化国家的重要历史关口，提升思想政治教育的育人效能意义重大。一直以来，党和政府不断强调加强思想政治教育的重要性，党中央出台诸多文件阐明新时代加强思想政治教育的时代价值，对创新思想政治教育工作提出了更高要求和新的目标。同时，时代责任的诉求，使我们建设的政府必须是人民满意的服务型政府，更要求我们大力提升思想政治教育的有效性，二者之间存在着紧密的逻辑性和关联性，体现了两者所具有的本质统一性。即，思想政治教育有效性有助于提升政府公信力，而政府公信力提升更加有助于提高思想政治教育的有效性。

　　政府作为国家治理的主体，更是思想政治教育的主体。服务型政府建设的重点应搞清楚思想政治教育视阈下政府实然性角色与应然性角色的分离问题。从本质上讲，思想政治教育不仅具有建构个体服从国家统一意志的价值，而且对服务型政府建设具有服务性的责任。政府存在的本质是代理行使人民赋予的公共权力，是对人民负责、为人民服务、受人民监督。理论上，政府履行行政权力、服务民众的职责，这是应然性政府的表现。但在公共行政实践中，政府机构、组织和公职人员履行公共职能时，不可避免地受多重因素的影响，从而偏离政府服务职能的范围，出现公职人员权力使用不当的现象，这是实然性政府的表现。改革开放 40 多年来，我们党和政府披荆斩棘、砥砺前行，带领人民创造了举世瞩目的成绩，获得了广大人民群众的认同。但我们不可忽视，在全面深化改革的新形势下，政府治理过程中出现的新矛盾与新问题，一定程度上对社会凝聚力、向心力有所消解，这就需要思想政治教育工作创新发力，澄清负面的思想认识与误区。改革开放已经进入了攻坚期，每一个要解决的矛盾都是难啃的硬骨头，全面建设社会主义现代化国家迫切需要解决遗留的历史难题和发展中的新问题，即公共生活中的一些道德滑坡问题、经济领域中的一些虚假繁荣问题、政治领域中的一些权力腐败问题、文化领域中的一些文化虚无主义问题、社会领域中的一些保障滞后问题、生态领域中的一些资源滥用问题等。这些问题都是人民质疑政府能力和效能的"证据链"，也是导致思想政治教育工作难以见效的"绊脚石"，上述问题的存在必将极大地影响和削弱政府公信力。因为政府不仅是国家治理有效的掌舵者，更是社会道德繁荣的示范者。政府不仅对国家和人民有政治责任、经济责任、生态责任等，更要有强大的道德责任。政府不仅要坚持法治、廉洁、创新原则，更要坚定人民立场，更好服务人民。建设服务型政府，不仅要求政府的执政行为建立在社会公德大厦之上，而且政府公职人员理应成为社会道德楷模。唯有如此，人民政府才能更好地为人民服务，增强人民对国家的政治认同，才能走向国家和社会的善治。

为有效解决目前政府治理中存在的突出问题，我们需要从思想政治教育视阈探讨服务型政府建设。那么，服务型政府如何建设才能充分展示其服务人民的本质特征，思想政治教育有效性如何能够为服务型政府建设提供理论支持，服务型政府建设又何以可能提高思想政治教育的有效性呢？作为思想政治教育工作者，本书试图将这两者有机结合，呈现思想政治教育视阈在服务型政府建设中的全新理论与实践成果。多年的学习与工作经历，锻炼了本人将理论与实践相结合更有效解决现实问题的能力。针对我国服务型政府建设在公共实践中遇到的挑战以及思想政治教育有效性亟待提高的问题，本人不断进行反思并试图在文中加以探究回答。

第一，建设服务型政府，是否有利于弥合社会道德水平与经济高速发展的阶段性断裂问题？过去，经济发展的跨越速度与社会道德水平的提升速度不同步现象比较明显，我们在经济发展的奔跑中获得巨大物质财富的同时，一些政府部门忽视甚至漠视人民群众对真善美的诉求，丢弃了政府作为公共道德榜样示范的责任。党的十九大报告对新时代社会主要矛盾变化作出新的论断，对政府执政理念、执政方式、执政能力打出了时代变革的治理能力"组合拳"，这表明党中央已经认识到高质量发展理念与人的道德养成之间存在的内在关联性，并提出了解决问题的相关对策。那么，如何从理论上对此进行阐述并在实践层面提供指导呢？第二，建设服务型政府，是否有利于政府反思其发展偏好与主体理性的悖论问题？地方政府在政绩锦标赛与"GDP"指挥棒的引导下，其施政行为具有追求政绩偏好嫌疑，使政府的短期利益偏离人民根本利益的属性。建设以人民利益为中心的服务型政府，有利于保证政府理性决策，避免出现重大决策失误。这些理论上可能的价值如何化为实践的力量，尤其是将服务型政府理想模型转化为人民群众看得见、摸得着、可接受的道德榜样？这有待于专业的理论阐释，更需要在服务型政府建设中进行深入研究。第三，建设服务型政府，为何可能有利于扩容政府与人民之间的信任关系，继而提升政府公信力与人民的认同感？有时，政府对事关人民切身利益的社会问题处理不当，尤其是在重大公共危机事件中，政府一旦出现失语或话语不当，就会引发人民对政府能力与公信力的质疑。那么，又如何从服务型政府建设的角度来提高政府的公信力，改善政府形象，从而提高人民对政府的满意度，解决思想政治教育难以解决的相关实践问题？这也需要我们进行追问与研究。第四，建设服务型政府，如何体现有利于巩固发展反腐败斗争压倒性胜利的成果，有效解决目前还存在的公共权力异化问题？前些年，一些政府部门存在的腐败问题，已触及人民群众所能容忍的底线，一些政府官员不作为或乱作为，已损害了人民的根本利益，削弱了党执政的社会根基。建设服务型政府，能够从道德上、制度上、法理上制约公权力的滥用，营造风清气正的政治生态。那么，如何从学理上加以研究回答，服务型政府建设能否有效解决公共权力滥用问题，为何解决这些问题就能够最大限度地提高思想政治教育有效性？这也需要我们进行理论分析。第五，建设服务型政府，如何有利于解决政府在道德领域、思想政治教育领域存在的缺位问题？当前，社会上普遍存在群众焦虑问题和道德滑坡现象，这些都是对服务型政府道德效能的质疑、映射。因此，无论政府职能如何调整，政府必须把"人民至上"作为施政的核心价值导向。一旦政府施政行为脱离以人民为中心的发展理念，政府治理就会脱离公平正义，脱离公共服务的本质轨道，就会影响政府在思想政治教育领域的自我价值认同。因此，在思想政治教育视阈下研究服务型政府建设，具有较强的德治、法治、自治的自洽逻辑，它可以使思想政治教育沐浴在政府政德的养成中，使政府公信力与思想政治教育效能得以双向获益、双重提升。因此，本书的关键在于，我们如何把这几项关联性问题从理论上解释清楚，如何从历时性考察与现时性考察有机融合的角度来阐明我国服务型政府建设的实践探索，总结我国服务型政府建设的规律，并将这样的实践探索嵌入思想政治教育政治生态之中加以分析，进而提出有效解决服务型政府建设面临的问题，从而拓宽思想政治教育有效性提升的路径。

因此，本书既是对思想政治教育专业创新发展的客观回应，是对社会责任感与使命感的积极践行，也是出于本人的研究兴趣与平时的学术思考。

（二）研究意义

把政府嵌入思想政治教育有效性提升的主体范畴，扩展了思想政治教育对象的教化范围，对提升政府公信力、提高政府本身所具有的思想政治教育影响力具有一定的理论价值与较强的实践指导价值。

1. 理论意义

本书是思想政治教育与社会发展方向的研究成果，重点研究社会发展过程中服务型政府建设实践与思想政治教育理论之间的关联性，揭示服务型政府建设所具有的思想政治教育功能，试图为思想政治教育理论研究领域的拓展作出一点贡献。

（1）拓展了思想政治教育领域的适用性理论。本书将社会主义核心价值理念引入政府治理理论与实践本身，试图将思想政治教育有效性的概念从个体运用到组织,试图体现思想政治教育从理论到实践的飞跃;本书还批判性地汲取了关于道德情操论、正义论等经典理论的思想"内涵",把政府治理机制纳入思想政治教育体系中进行考量,试图完善思想政治教育有效性对服务型政府建设的理论构建作用。

(2)扩展了思想政治教育主体理论范畴。政府作为新时代思想政治教育的重要主体,政府及一切行政机关理应成为道德领域的示范力量和实践主体。本书阐释了习近平新时代中国特色社会主义思想在国家治理体系和治理能力现代化中的引领价值,即坚持以人民为中心的思想,坚持社会主义核心价值体系;坚持全面从严治党等理论进一步拓展了政府治理的理论视野,夯实了服务型政府建设在治国理政中的理论创新价值。这些研究在拓展政府治理理论视野的同时,不仅将服务型政府作为思想政治教育重要客体进行研究,而且突出政府在思想政治教育有效性提高中的重要主体地位。因此,本书试图通过服务型政府建设与思想政治教育有效性之间关联性的理论阐述以及实践考察,为思想政治教育主体理论的拓展作出一些理论思考。

2. 实践意义

思想政治教育有效性的提高受制于多种外部因素,服务型政府建设也需要得到主流思想资源的支撑,本书从两者结合视角进行论述,不仅对服务型政府建设具有一定的实践指导价值,而且对思想政治教育有效性提高具有重要启发意义。

(1)把政府作为思想政治教育的重要主体,对解决政府行为失范问题具有一定的指导价值。在实践层面上,本书旨在改变传统思想政治教育模式单向灌输的弊端,形成思想政治教育显性与隐性功能的闭环,有助于社会主义核心价值观内化于治理善治、社会理性与公民道德"三位一体"养成中。以思想政治教育为载体建设服务型政府,有助于政府公信力提升,夯实政府合法性基础;有助于解决政府施政过程中的决策失误、政绩偏好问题,提高公共政策的有效性;有助于扭转社会道德滑坡问题,提高社会公德与人民思想道德水平。本书从历史角度考察服务型政府建设的成功经验及面临的问题，揭示了服务型政府建设与思想政治教育之间的内在逻辑联系。

（2）政府营造"人民至上"的施政生态环境，有助于解决政府施政中思想政治教育道德"空场"问题。本书把政府治理纳入政治生态环境层面，赋予政府治理以道德环境基础，凸显政府的人民价值取向，从而扩展政府治理道德环境研究的学科价值。政府治理既是战略问题，也是政治问题，更是涉及思想政治教育有效性的政治生态问题。服务型政府建设的终极目的是人的全面发展，使人民共享改革开放成果，人民至上性理应成为服务型政府建设的重要原则遵循。

（3）建设服务型政府对提升思想政治教育有效性有较强的关联性价值。把政府作为思想政治教育的"特殊主体"进行研究，强调政府对提高思想政治教育有效性肩负的重大责任。政府在思想政治教育过程中塑造的形象和营造的生态环境，是提高思想政治教育有效性的关键。本书揭示我国服务型政府建设面临的实践困境，从而更加突出服务型政府道德建设的核心问题，探索新时代服务型政府建设的创新路径。

二　国内外研究综述

人类的一切活动都与思想道德息息相关。古代中西智者无一不是从日常生活中发现思想政治教育教化的重要性，从而著述了许多有关思想道德教育的经典作品。思想政治教育有效性问题、政府公信力问题、国家认同问题等，一直都是政府建设进程中需要观照的重要内容。现代政府通过思想政治教育活动获取思想道德的价值认同，并通过有效的公共服务提升公信力，从而完成对现代政府治理的转型，实现社会思想道德领域真善美的合力优化。在思想政治教育有效性与服务型政府建设研究领域，国内外学术界都进行了不同程度的探索，形成了比较丰富的成果。

◆◇◆ 思想政治教育视阈下中国服务型政府建设研究

（一）国内研究综述

新中国成立以来，党和政府对思想政治教育工作一直高度重视，把思想政治教育提到事关政府治理有效的高度。与此相适应的是，国家治理方式的变革加强了政府公共服务职能的绩效性考察，政府多次进行机构改革，使政府职能逐步适应经济体制机制改革发展的需要，形成与社会主义市场经济体制相匹配的政府治理模式，实现了政府政治责任与道德责任的和谐统一。关于思想政治教育视阈下服务型政府建设问题研究，国内学者主要从以下六个方面进行研究。

1. 关于政府在思想政治教育中的道德责任研究

服务型政府的思想政治教育建设不仅包括政府外部主体的思想政治教育工作，还包括政府内部的思想政治教育工作，特别是对行政机关人员的德性培育。相关研究成果证实，政府在思想政治教育中负有不可推卸的道德责任，主要有以下观点。

（1）从政府外部性研究思想政治工作的较多。第一，从思想政治教育工作环境转换的角度，研究政府思想政治教育工作的原则、方法。李朝智认为，社会转型期，政府思想政治工作应研究自身的特征，使工作更具针对性和实效性。彭德福认为，新媒体时代互动式传播背景下要改变传统的"宣教式"思想政治教育工作模式。[①] 第二，从政府机关职能的角度，探讨思想政治教育工作对政府公信力提升的价值。秦跃晋提出，思想政治教育工作要与政府的根本宗旨、工作业务、组织建设结合，提高政府工作人员的道德水平。张越等学者探求了政府思想政治教育工作在责任、民主、法治、权力、治理方面体现出来的价值取向。[②]

[①] 李朝智：《社会转型期政府思想政治工作的环境、特征探微》，《理论月刊》2001年第3期；彭德福：《关于"新媒体时代"基层政府思想政治工作的几点思考》，《才智》2015年第3期。

[②] 王丽、张志泽：《治理视野下的政府思想政治工作价值取向》，《中共四川省委省级机关党校学报》2004年第2期；张敏：《思想政治教育视角下政府公信力研究》，硕士学位论文，太原理工大学，2015年；张越：《思想政治教育视阈下重塑政府公信力建设》，《山东社会科学》2013年第S2期。

第三,从政府治理危机的角度,提出思想政治教育工作相关机制。吴莹认为,政府部门负责信访工作人员进行思想政治教育工作严重缺乏人文关怀,导致思想政治教育工作效率十分低下。章小朝提出,要建立健全政府危机治理中的思想政治教育工作机制,思想政治教育工作在政府危机治理中要具有预警、调节、善后三大功能。①

(2)研究政府内部性的思想政治教育工作取得新进展。第一,政府有效履行各项服务职能,主要依赖于公务员良好的思想政治素质和职业道德修养。因此,政府对全体社会成员及其自身进行思想政治教育,是时代发展所需,是岗位职能所需,是激发干部干净担当作为的内在动力。② 第二,从组织建设看政府自身的思想政治教育工作③,通过文献发现,目前加强政府自身道德建设的研究相对较少。虽然政府思想政治教育工作在理论层面做得很充分,但在实践领域中却存在诸多有效性不足的问题。社会道德领域的思想政治教育活动,更需要服务型政府的示范,提升政府自身思想政治教育的有效性,必须建立符合服务属性的公共行政文化。政府内部开展思想政治教育工作,就是政府对内部公职人员进行思想政治教育工作,提高其行政效率和服务能力。目前,思想政治教育研究对象范围偏窄,局限于高校系统和企

---

① 吴莹:《政府部门信访工作人员思想政治教育中人文关怀的缺失及应对》,《亚太教育》2016年第3期;李林洋:《政府危机治理中的思想政治工作机制研究》,硕士学位论文,浙江师范大学,2014年;章小朝:《论政府危机管理中的思想政治工作功能和路径》,《浙江师范大学学报》(社会科学版)2013年第11期。

② 靳江好:《政府建设与思想政治工作》,《光明日报》2000年;赵阳:《基层政府公务员思想政治教育初探》,《吉林广播电视大学学报》2015年第10期;李英:《关于加强县级政府工作人员思想政治教育管理建设思考》,《辽宁行政学院学报》2015年第5期;郭济:《重视和加强思想政治工作促进政府自身建设》,《中国行政管理》2000年第11期;迟英翔:《服务型政府视角下基层公务员思想政治教育研究》,硕士学位论文,昆明理工大学,2014年。

③ 孟性荣:《严守党的政治纪律和政治规矩切实增强做好政府工作的思想自觉和行动自觉》,《毕节日报》2015年9月28日;杨金亮:《加强政治思想工作是政府的重要职责》,《决策探索》1999年第3期;李欧:《论政府机关思想政治工作的基准点》,《北京行政学院学报》2001年第4期;陈晓辉:《政府领导干部做思想政治工作应处理好"三大关系"》,《求实》2000年第5期。

业职工等。长期以来,思想政治教育肩负着立德树人的社会责任,但其有效性不足制约了社会道德水平的提升,究其原因,政府作为国家治理主体却忽视了自身道德领域的示范作用。从历史上看,思想政治教育工作是中国共产党的思想优势、政治优势和组织优势,也是党进行群众工作的独特方法。无论是在新民主主义革命时期、社会主义革命和建设时期,还是在改革开放和社会主义现代化建设时期,我们党都非常重视政府在思想政治教育中的榜样示范作用。特别是在意识形态领域内化阶段,政府更是责无旁贷,要特别注意防范政府内部人员的思想道德滑坡问题。例如,政府重要部门的个别人员出逃国外,政府机关人员出现职务犯罪现象等,对思想政治教育有效性起着很大的消极影响。因此,加强思想政治教育,对政府来说,就是要重视政府的思想道德建设,着力提升政府机关和公职人员的国家政治认同度。

2. 关于政府在思想道德建设视阈的示范责任研究

关于思想政治教育中的政府责任研究,一些已发表的论文具有很好的启发价值,但也存在缺少问题导向和目标导向的现象,有些著作和论文都带有目标局限性问题。传统的思想政治教育工作视野不开阔,脱离社会生活和实际场景的灌输方法对个体的心理认知缺乏深度指导。从教育领域的思想政治教育主体看,邱柏生把研究对象主要局限在高校系统内,微观地强调在教育领域内进行灌输。① 从党史领域的思想政治教育研究主线看,王树荫指出思想政治教育具有不同历史阶段的责任重点与中心工作。② 从社会主义核心价值观的宣教效果看,有的学者运用马克思社会形态理论,以价值观念与社会进步之间的重要关系为切入点,通过对"价值""价值观""核心价值"等基本概念的界定,从历史视角考察和梳理了中国封建社会、资本主义社会以及社会主义社会核心价值观的发展与变迁,试图找出核心价值观的生成、发展、

---

① 邱柏生:《思想政治教育学新论》,复旦大学出版社2012年版,第3页。
② 王树荫:《中国共产党思想政治教育史(第2版)》,中国人民大学出版社2016年版,第5页。

变化和转型的内在规律,为社会主义核心价值观的研究和建设提供一个"以史为鉴"的思路与框架,并在比较和总结苏联社会主义核心价值观与中国特色社会主义核心价值观建设经验教训的基础上,提出中国特色社会主义核心价值观的建设思路和发展预期。[①]

上述研究表明,关于政府在思想政治教育中的责任研究还不够深入。大部分研究者主要强调政府部门内部的思想政治教育问题,政府及其官员是否具有思想政治教育有效性示范效应还没有进入研究者的思考"场域"。在思想政治教育的语境中,许多学者仅从马克思主义经典作家界定的核心价值观中导入思想政治教育的价值,而没有从整体视角看思想政治教育主体的多样性,政府这个庞大组织的示范价值还未走进众多研究者的视野中,还没有转化成一个整体性的教育效能。作为研究者,我们更关注政府行为反馈于社会道德体系中的评价结果,理性判断政府实践活动对于社会主义核心价值观的榜样示范作用。

3. 关于伦理学视阈下的政府道德责任研究

遵循伦理规约是政府治理的一项基本原则。国内关于政府伦理治理的研究主要聚焦在责任伦理、政治伦理、政策伦理、生态伦理等维度。(1) 政府治理应遵循责任伦理原则。政府伦理具有政治维度与道德维度的双重维度(邓少海,2008),政府伦理责任规范来源于政府所应承担的伦理责任(严明,2010),伦理决策困境应规范地方政府伦理决策行为(刘道宁,2013)。政府伦理立法保障从政府制度伦理化到政府伦理制度化(周建民,2002),从道德规制到"善"的追求把行政伦理建设同国家公务员制度结合起来(姚站军,2005)。(2) 政府治理应遵循政治伦理原则。从西方政治伦理发展史探讨公共意志的式微到公共理性的张扬(张昆荣,1988),公共理性本身的约束力主要应在政府的行政过程和政治生活的其他部分体现出来(张逸云,2006),政治伦理应当追求政治实质合法性(价值合法性)。

---

① 戴木才:《中国人的美德与核心价值观》,中国人民大学出版社2015年版,第226页。

基于市民社会的制度生态诉求探究政治伦理化的底线、限度及其超越，提出建立和健全市民社会的制度生态（王浩斌，2007）。（3）政府治理应遵循决策伦理原则。公共政策过程中，政府应遵循公共利益原则、公平与效率相结合的原则、人类可持续发展的公共伦理原则（朱林，2005）；公共服务伦理维度应在公共政策的制定、执行和评价方面实现（徐霞，2010），在公共政策的评价和执行过程中融入伦理的因子；政府应在公共政策和公共权力实施者等层面进行探索（杨丽丽，2010）；主张环境正义、代际平等、尊重自然和环境协同等多项原则（杜红，2014）。（4）政府治理应遵循生态伦理原则。基于行政生态学的视角，提出地方政府创新可持续性内涵及其影响因素（杨雪冬，2011），提出中国地方政府创新的现实性、创新的分布、创新的类型、创新的动力和可持续性等问题，认为地方政府创新可持续性的本质体现在创新行为与创新结果的持续过程（杨红，2014；魏淑艳，2014），政府创新的社会管理、政治改革、公共服务、行政改革四类内容均有发展（林冠平，2014）。张康之等学者认为，政府德性的实现路径要体现在公务员公共行政中的道德伦理、地方政府行政行为的责任伦理上，形成自觉的责任担当，塑造新时代地方政府形象。目前有关政府治理的研究视野已置于政治学、公共管理学、社会学等学科的研究框架之中，但从发展伦理学视域对政府创新发展的终极目的进行研究还有待拓展。由此，有关政府的一切活动都不能脱离道德范畴，遵从伦理规则是政府进行自我思想政治教育和公信力提升不可逾越的底线。

4. 关于国家——社会视阈下政府公信力研究

公信力是政府道德水平的一项重要衡量指标，也是检验思想政治教育效果的重要指标。近年来，政府公信力一直是社会领域比较关注的问题，体现了服务型政府建设的紧迫性与必要性。在社会转型期，国家建设取得了举世瞩目的成绩，但也存在着利益分配不公与权力失范现象，利益主体与诉求呈现多元化，传统行政弊端引发诸多社会矛盾，公民与政府的信任关系一度紧张。干群关系恶化这一政治现象在基层偶然出现，引起了国内学者的重视。杨光斌等学者从政府职能转变、利益调整分配视角，认为政府公信力亟须提升。

关于政府与公民信任关系，国内从多个层面进行了研究。（1）从民主构建层面对政府、公民提出要求（王三秀，2011；张千帆，2007；张康之，2006）。（2）从社会资本角度研究政府、公民信任关系（胡荣，2011；张成福，2003）。（3）从历史学和哲学层面研究政府、公民信任关系（刘米娜，2011；李永刚，2006）。（4）从制度建设入手研究农村基层政府与农民的信任关系（赵倩，2011；于建嵘，2010；徐勇，2006）。（5）从基层组织发展视角研究基层政府与群众信任关系（邱国良、叶芳，2005）。

以上研究以政府公信力与公众信任问题导出了政府在道德领域的示范责任，从而对政府提出了新要求，进而在解决政商问题、干群冲突上达成路径共识。一是深化基层政府和公民信任关系的关键，在于实现政府权力和公民权利的双赢。二是公民与政府的信任关系相对关联，二者对权利和义务履行具有相互监督的责任。三是构建政府与公民信任关系的前提，是政府与公民对责任的积极担当。四是缩减政府与公民沟通的信息成本，是提高政府服务效能的重要手段。因此，改善政府与公民的关系，必须有效约束政府行为，提高公民责任心和自我管理能力，界定政府与社会、公民之间的合理边界。从以上研究来看，以政府信任作为研究对象的专著少，很多学术文章主要是以行政管理学为视角，借鉴西方发达国家经验基础上的研究，对本书有一定的借鉴价值，构建本土话语体系势在必行。

5. 关于以德治国视野下的服务型政府研究

德治是中华优秀传统文化中的重要治国思想。以德治国是政府治理的一个重要模式，它极大地提升了政府的社会信任度。刘世敏认为，必须构建重塑行政主体的道德意识与道德形象，充分发挥政府组织与行政人员不同的道德主体性作用，为现代法治社会的"德治"要求提供坚实的理论基础与实际可能性。① 刘祖云认为，政府的道德性具有社会价值，并提出了关于市场、社会、自然"三大环境"治理的责任指向和关于法制、政策、制度"三大规范"建构的责任指向。② 公共行政的实践效果表明，政府信任有利于促进经济增长、社会和谐、民主进步，是社会主义民主政治国家建构的重要稀缺资源。政府与人民之间相互信任、依赖可以节约重大事项的沟通成本，增加会干事、干实事、干成事的机会成本，减少政务运行的无效时间，激发政府、人民推进国家治理体系和治理能力现代化的政治情怀。近年来，政府应然道德责任与实然道德责任出现内在分野，引起学界对政府信任与思想政治教育有效性之间关系的思考。汪玉凯从哲学正义视角研究，提出建设公平正义廉洁有为的政府。他认为，"只有加快政治体制改革，推进民主化进程，重建公民社会中民众的地位和尊严，才能有效避免政府信任危机，推动社会发展。"③ 章延杰提出，任何政府都必须重视政府信用建设，加强对政府官员的道德教育尤其是信用道德教育。④ 还有学者认为，应以社会正义与政府治理为主线，从价值选择到现实观照，以道德的力量调节社会公平，使其成为继市场自主调节与政府有为调节之后的第三种国家力量。以上学者的多视角研究，已逐步触及服务型政府的本质内容和核心议题。政府存在的合理性就在于其公共服务属性，政府一旦脱离了这种公共服务属性，其信任度必然受到质疑。

6. 关于公共行政对政府角色的道德诉求研究

多年来，公共行政过程中政府效能一直备受人们质疑，原因在于道德化的政府与政治中的政府存在角色背离现象。（1）角色论。政府公共行政中理论角色与实践角色的二分性，是造成人民质疑政府自我思想政治教育不足的主要诱因。李芳云指出，政府行政存在自我道

---

① 刘世敏：《政府德性行政的构建路径探析》，《哈尔滨学院学报》2015年第11期。
② 刘祖云：《和谐社会与政府德性——以政府与社会伦理关系为视角》，《中国行政管理》2005年第12期。
③ 汪玉凯：《如何建设一个公平正义廉洁有为的政府》，人民出版社2014年版，第62页。
④ 章延杰：《政府信用论》，上海人民出版社2007年版，第6页。

德培育环节的角色缺失现象,具体表现为行政角色职责转变不彻底、行政角色责任定位不明确、行政角色逐利倾向过度、权力腐败蔓延等非道德性现象。因此,服务型政府建设必须加强其行政角色美德的建构,塑造政府组织统摄人心的公正精神气质,制定基于公正理念的行政角色规范制度,加强行政人员个体德性的培养。刘祖云基于"团体伦理学"的视角,提出制定"政府伦理计划",即行政领导的美德学习、政府伦理制度化与个人的道德自主性培养。①(2)理想道德论。肖丹认为,追溯政府起源以及从德性到权利的政府理念变迁,实现"全体最大幸福"最高执政诉求,必须深化政府体制改革、促进政府与公民之间的良性互动,从而构建"可能意义上的最好政府"。②徐邦友提出:"市场交易理论是政府服务的经济性基础,社会契约理论是政府服务的政治性基础,先进性理论则是政府服务的道德性基础"③,从而指出了政府"经济人""政治人""道德人"的角色冲突问题。王继奎、常永军认为,政府道德具有初始性、客观性、约束性和传承性四个基本特征,即以公共服务精神统摄履行社会管理职能,才能巩固权力运行的合法性基础,获得社会大众的广泛认同。徐凌认为,建构以道德契约为基础的责任政府,要以平等的公民身份、公民思辨的不偏不倚、有关宪法原则、规范的规定等为前提。(3)道德达成论。刘志坚、孔德播认为,环境行政管理的道德性要求管理人员应当具备仁爱之心、正义之行、诚信品格和服务精神。④实现道德性环境行政管理,需要加强政府环境道德的文化教育、廉洁行政、公平执法,完善考评机制,公开管理信息和管理程序。龚群认为,亚里士

---

① 李芳云:《政府行政角色美德审视》,《社会科学家》2009年第7期;刘祖云:《政府与官员的关系:道德冲突与伦理救治》,《学海》2008年第1期。
② 肖丹:《什么是可能最好的政府——卢梭的应答》,《武汉科技大学学报》2014年第5期;王继奎、常永军:《政府道德:政府行政能力建设的伦理基础》,《吉林师范大学学报》2009年第1期;徐凌:《论责任政府道德契约的有效建构》,《广东行政学院学报》2013年第5期。
③ 徐邦友:《论政府服务的三个理论基础》,《江苏社会科学》2007年第1期。
④ 刘志坚、孔德播:《环境行政管理的道德性要求》,《理论月刊》2015年第7期。

多德把德性界定为一种能力①，即政府的德性就是一种道德能力。罗生根认为，德性的价值有多种表现，对人、社会、国家都具有积极的意义。②姜彦国认为，"现代官僚制的改革必须注重加强官员的道德自律意识，摒弃基于反道德、非精神和无灵魂的'经济人'假设以及霍布斯式的个人主义社会的意识形态"③，并提出官德失范的解决之道，提升重塑官德的良好形象。

综合来看，国内很多学者的研究主要集中在两种维度。一是政府权力的过度扩张与放大对政府公信力的损害；二是政府在一些领域的不作为、乱作为引起公众对政府能力的质疑。关于政府在道德领域中的作用与价值，国内学者大多从政府行政责任出发，进行多层次的理论研究与实证研究，重点研究政府的道德如何嵌入政治、经济、文化、社会、生态等服务职能中去，在公共行政中履行政府的道德责任，这为本书提供了重要的研究视阈和思想基础。但从现实判断看，从思想政治教育视角研究服务型政府的学者比较缺少，尤其是缺乏深度研究的学术论文和著作。大多数研究成果围绕政府在国家建设中的作用进行论述，对政府乱作为或不作为现象的评述缺乏思想政治教育视阈的理论支撑。

道德性执政是服务型政府的一种品质，也是一种能力。只有跳出传统的政府职能论，观照政府自身的道德诉求，才能有效建构服务型政府的理论框架与实现路径。政府的道德性是指政府在公共行政过程中兼具的道德品质，以及表现在施政行为中的道德理性能力。这种能力能够有效防范政府的非道德行为，培养政府内在的道德张力，是政府自控与社会监督的有机结合，能够有效应对政府利益与公共利益偏好的冲突，注重道德领域的自我建设与思想政治教育的政府能力创

---

① 龚群：《亚里士多德德性伦理的几个问题》，《社会科学辑刊》2016年第1期。
② 罗生根：《德性的功能及其限度——以中国传统道德为中心的讨论》，《南昌大学学报》2009年第6期。
③ 姜彦国：《重塑中国官德研究》，硕士学位论文，吉林大学，2014年。

新。把政府纳入思想政治教育的主体视阈中，有助于服务型政府建设遵循公共利益的正义原则，有助于政府公共道德的日常养成，创新行政服务的道德路径，从而推动政治生活的德性化，使汲取型政府走向包容型政府，实现服务型政府的德性治理。服务型政府建设内含政府自身具有的道德性和对人民的履职责任，反映在其施政过程的各个环节和各项职能中。一是服务型政府的德性体现在经济领域，就是要破除政府"经济人"角色，杜绝公共决策中的权力寻租，按市场规律办事。二是体现在政治领域，就是要解决公权力腐败问题，加强官员道德建设问题。三是体现在社会领域，就是要寻求公共利益达成的调节机制，注重解决民生问题。四是体现在文化领域，就是要注重传统政治文化与先进行政文化的继承性与创新性问题，解决好新时代的行政文化建设问题。五是体现在生态领域，就是要观照人与自然的和谐共生问题以及自然资源利用集约化的决策正义问题。六是体现在思想道德领域，就是要解决社会主义核心价值观引领社会道德优化的问题以及思想政治教育有效性问题。因此，从思想政治教育视阈研究服务型政府建设，有利于政府在全社会形成对公共利益、国家权力、国有资源的理性把控，使国家责任、社会责任与公民责任形成合力。

（二）国外研究综述

关于服务型政府建设方面的研究，西方古典思想家和近现代学者基于公共意志，从政府产生的本源和目的出发，探究政府在国家政治和日常生活领域中的存在必要性及其发挥的重要作用，树立政府在道德领域的价值权威。

1. 关于古典政治哲学家赋予政府（城邦）道德的诉求研究

古典政治哲学家柏拉图与世人讨论的大多数问题，都和日常生活密切相关，这种以生活秩序为主的叙事逻辑向统治者及民众提出了普适性的道德观，即为他人着想的一切动机才是最美的教养。他认为，处于领导阶层的人，主要受惠于工、农、商的给养，他们应尽力履行治理国家的职责以回馈人们的辛苦劳动，努力为普通劳动者履行好教育、治安、国防等职责,这是统治者义不容辞的责任。哲学家治国是柏拉图关于城邦治理的核心思想,这为服务型政府建设提供了历史性的实践视角。在《理想国》中,他展现了意念对于理想城邦的重要价值,他理想设计中的城邦是一种未来可期的目标,这种基于理想的城邦设计,主要推崇各级分工合作以维护城邦运转的常规服务,他认为:"每个人都作为一个人干他自己分内的事,而不干涉别人分内的事。"① 哲学家有智慧,可使城邦理性;护卫者勇敢,可使城邦正义;统治者节俭,可使城邦成员节制欲望。柏拉图以其正义观念,设想了一个整体的幸福城邦模型,凸显出政府道德在治国理政中的重要作用,为今天政府道德执政提供了重要的思想资源。

　　人是天生的政治动物。亚里士多德主要研究城邦至善的学问,主要涉及国家(城邦)的目的、起源、产生、衰败及保全、政体的分类、变革和维持、理想城邦及其构建、公民的教育等重要内容,这些内容为服务型政府提供了正义与道德训练的试验田。亚里士多德关于政府德性理念体现在对人的向善设定中,以城邦为试验场所,检视共同体德性的成效。他认为,向善是人的本性,追逐价值的极致是人的本性。在《尼各马可伦理学》中,他指出:"一切技术、一切规划以及一切实践和选择,都是以某种善为目标……因此,如果我们的欲望不是无用和无效的话,就必定存在着一个根本的目的,它不再是手段,而是由于自身的缘故而被我们所欲望,其他一切事物被我们所欲望也是由于它的缘故。"② 这种对善的追求体现在城邦的管理中。亚里士多德认为,城邦是一个联合体,以正义为原则。亚里士多德视野中的城邦体系,即是今天我们所处时代政府的最早雏形和缩影。他认为,人们在城邦中会分享一些共同的事物。"一切社会团体的建立,其目的总是为了完成某些善业——所有人类的每一种作为,在他们自

---

① [古希腊]柏拉图:《理想国》,张竹明译,译林出版社2009年版,第140页。
② [古希腊]亚里士多德:《尼各马可伦理学》,苗力田译,中国社会科学出版社1990年版,第3页。

己看来，其本意总是在求取某一善果。"① 亚里士多德的政治理念充分体现了人作为社会成员的基本责任，把人最高追求的善纳入城邦治理中，形成初步的善治模型，值得服务型政府建设学习和借鉴。

政府的本质属性是公共性、公意性、服务性。关于政府（城邦）在德性方面的责任，西方古典政治哲学家注重把政府的职能与角色纳入社会公共日常生活与政治生活中进行考察。诚如亚里士多德所言，人都是政治动物。因此，西方许多古典政治学家、伦理学家都致力于研究政府的本源及角色责任的变迁。当古代城邦政治走向公民公共生活中，权力代理就成为一种维护公共秩序的必要手段。随着政治生活在全社会的扩展，当城邦式小范围的选举不能满足大多数人参与公共权力的需要时，自然状态下的权力代理关系必然式微，取而代之的是社会状态下的权力争夺升级，进而走向无序社会。因此，找到一个团体代表所有公民行使公共权力，为所有人谋取公共利益就成为一种必然诉求。同时，为维护所有公民的正当权利，公民也必须让渡自己的部分权力给代理团体，即为现在的"政府"权力模型。随着社会事务的日益复杂，政府的职能也在日益分化、分层，政府需要找出更多的人来行使公共权力。由于政府层级的分化与人员素质的参差不齐，代理公共事务过程中，就会出现徇私舞弊现象。这时，问题出现了，政府代理人（符号）的某些行为或已脱离正义价值观，而让渡权力的人民开始警觉、质疑政府的公信力。当社会契约不能制约脱离公意的个体行为和政府行为时，一些学者开始把视角转向政府的公职人员，把权力伦理责任纳入政府的道德养成规划中。

2. 西方近现代政治思想对政府理性精神的研究

近代西方权利意识的启蒙与觉醒造就了思想政治史的璀璨星河，留下了很多研究政府作用的学术遗产。英国近代思想家洛克是研究政府论的典范，他从自然状态的假设出发，全面阐述自然权利、法治和

---

① ［古希腊］亚里士多德：《政治学》，吴寿彭译，商务印书馆1983年版，第3页。

分权的基本观点，建立了"有限"政府的思想体系。洛克假设了一种人人平等、友善互助的自然状态，但这并不意味着人人有绝对的自由可以为所欲为，人们必须受自然法制约。洛克认为，"理性，也就是自然法，教导着有意遵从理性的全人类；人们既然都是平等和独立的，任何人就不得侵害他人的生命、健康、自由和财产。"[1] 这就是政府产生的最原始理由，订立契约源头的原初价值。这种契约精神更多地强调，政府的合法性必须来源于人民的同意。这意味着，政府的权力来源于人民的委托，表现为人民选举代表参加议会的相应制度；同时政府的权力也是有限的，如果政府辜负了人民的委托，人民可以解除原有的委托协议，重新推选新代理人或政府。洛克作为自由主义思想的鼻祖，对政府建设最大的贡献是提出三权分立的思想，即立法权、执行权和对外权的分立。这种权力三分的职责定位，给予国家以形态、生命和统一的灵魂，对今天政府"执政为民"具有一定的借鉴价值。

强调政治原则的正义性是人们订立契约的源头。美国著名思想家罗尔斯提出，社会基本结构是正义的主题。人们在达成其他协议之前，首要就社会制度的原则达成协议。政府代理人民赋予的权力是一种无知幕后的契约缔结，人们怀着最美好的信任拱手让渡权力、交接个人权力是基于一种对政府的信任托付。正义应成为政府制度的首要德性，正像真理是思想体系的首要德性一样。他明确指出，道德理论是一种描述道德能力的企图，正义论即为描述正义感的一种企图。现存的各种社会形态在这个意义上很少是良序的，达成一定程度共识的正义观是比较困难的。罗尔斯的正义论是从理论、制度和目的的逻辑出发，阐述正义思想对国家、政府、个体的价值及其实现途径。罗尔斯集结了世界政治思想发展史上重要代表人物的观点，揭开了有关公平的正义序幕，其中涉及正义的作用、主要观念，对原初状态的理想

---

[1] ［英］洛克：《政府论》下篇，叶启芳译，商务印书馆1982年版，第6页。

假设，并观照古典的功利主义思想对道德理论进行历史评论，提出正义的原则，"第一原则：每个人对与其他人所拥有的最广泛的平等基本自由体系相容的类似自由体系都应有一种平等的权利。第二个原则：社会和经济的不平等应该这样安排，使它们（1）被合理地期望适合于每一个人的利益；并且（2）依系于地位和职务向所有人开放"①。有关正义的这两个原则主要适用于社会的基本结构，其中第一原则优先于第二个原则。确定好判断正义的基本原则后，罗尔斯以制度正义切入，分别对平等的自由、分配的份额以及义务与职责作了社会现象非正义的阐释。由此说明，要获得实质正义必须满足一定条件，公民有拒绝的权利和不服从的自由。因此，在社会不正义的基础上讨论正义的制度目的，是为了使整个社会共同体走向理性的善、正义的善，建立一个具有良序、正义感的社会。要达成理想中的善治，发挥政府德性施政的作用非常关键。

3. 关于现代政府行政伦理的变迁研究

长期以来，西方学者致力于研究政府与公民关系，对公民和政府关系作了多学科分析，以此论证政府用权的正当性与法理性。研究现代政府行政伦理的代表性学者及其代表性成果有：艾布拉姆森《美国人的政治态度》（1983）、约翰·希宾《美国人不喜欢政府什么》（2001）、哈佛大学约瑟夫·奈"Why People Don't Trust Government"（1997）等。美国经济复苏委员会主席保罗·沃尔克认为，政府公信力下降源于人民对于政府整体表现评价低落以及对政治人物幻想的破灭。马克·沃伦认为，信任政府的关键是公民利益和政府官员利益的有机聚合。研究表明，发达国家地方政府行政伦理思想历经了行政中立、个体责任、个体和组织责任并重、结果取向和价值裁量五种不同伦理内涵的调适与选择。行政中立的伦理思想体现了地方政府伦理改革中注重绩效的特点。个体责任伦理意指20世纪60年代末美国行政

---

① ［美］罗尔斯：《正义论》，何怀宏等译，中国社会科学出版社2009年版，第47页。

◆◇◆ 思想政治教育视阈下中国服务型政府建设研究

学界以弗雷德里克森等为代表的"新公共行政学"理论,推崇以公务员个人责任为政府伦理创新的核心。个体和组织责任并重的伦理意指20世纪80年代中后期美国公共行政思想注重实用而又可行的公共伦理规则。价值裁量阶段意指1997年以来,以George H. Frederickson、Thomas and Cynthia Lynch为代表的美国政府伦理研究,是以价值和价值观为核心的精神性(Spiritualism)理论思潮。著名的伦理学家麦金太尔在《追寻美德》中,预设社会道德无序的前提,以道德分歧、美德伦理、社会传统为研究维度,提出一种"异质且竞相要求我们信奉的道德体系"①,对西方道德观念与整个现代性精神进行了全面的检视与反省,推动了伦理学研究视阈的转变,并且拓展了"利维坦"在公众日常生活中的道德理性。当今西方政治学界一直存在自由主义、保守主义、新自由主义等思潮的厮杀与话语争夺,更是左右了经济领域的指导思想。政府作为治理主体,其角色也在新自由主义与保守主义思想的博弈推动下,改变其治理策略,从而导致政府职能效能不足与权力异化,引发社会力量的崛起,推动着公共权力在社会领域与国家领域的合理动态配置。

西方学界关于政府德性研究经历了从自然状态走向社会状态的历程,认为政治活动始于公共生活,最后还是在公共生活中得以完善。当日益突出的社会问题得不到及时解决时,人们就会对政府进行"公意"的道德评判。考察西方学者关于政府的道德建设,我们发现有以下特点,一是公民质疑式的法律遵从;二是公共领域的公民意识;三是行使代理权力的团体对公共权力的敬畏;四是公民对于自身权利的关注意识与保护意识之强烈。总之,西方学者关于政府作用的研究更多地关注政府微观治理成效,及公民权利在政府决策中的影响力。政府自身具备德性品质的前提条件,是要求政府公职人员具备关心公意的品质,从公共生活中选拔有德性的公职人员,使其每个个体都能履

---

① [英]阿拉斯戴尔·麦金太尔:《追寻美德》,宋继杰译,译林出版社2011年版,第7页。

行公共职责,养成政府服务的道德自觉。

综上所述,国内外研究成果具有多角度、跨学科的特点和优势。国内外学者对政府公共行政的德性理论与实践研究深入,成果也比较丰富,为本书提供了非常丰厚的知识基础和价值参考。但立足目前的研究成果和研究动态来看,从思想政治教育视阈下研究服务型政府建设问题的成果不多,尤其是从政府自身检验思想政治教育的效能研究凤毛麟角。因此,本书仍有不少问题有待深入研究:一是对服务型政府的德性内涵,学术界定尚存在较大研究空间,导致服务型政府建设缺乏现实针对性和重点指向;二是少有文献从思想政治教育视角与政府治理的内在关系角度研究服务型政府建设问题,从而忽视了政府是思想政治教育的重要主体这一事实,遗漏了政府公信力与思想政治教育效能的关联要素;三是在习近平新时代中国特色社会主义思想指导下,政府提质增效较之以往有哪些新特点、新态势和基本规律还有待深入系统研究;四是对新时代的服务型政府建设问题研究还缺乏统筹谋划,尤其尚未紧密结合思想政治教育诸多要素研究建设服务型政府的实现路径和长效机制,这也为本书深入研究留下了较大的思考空间。

三 研究思路与方法

(一) 研究思路

本书以马克思主义中国化最新理论成果——习近平新时代中国特色社会主义思想为指导,坚持辩证唯物主义和历史唯物主义的立场、观点和方法,围绕思想政治教育有效性与服务型政府建设的内在关联进行深度剖析,阐释了思想政治教育有效性对服务型政府建设的价值,挖掘新时代思想政治教育的时代责任;继而以马克思主义经典作家的政府理论、中华优秀传统文化中的治国理政思想以及西方政治思想中的政府理论为参照,阐释了新时代建设服务型政府的思想依据与思想资源;在此基础上阐释服务型政府建设的本质与建设规律,以服务型政府建设的国家认同、政府公信力提升与社会道德榜样为价值建构，阐释了新时代建设服务型政府的原本要义；同时对服务型政府建设面临的机遇、存在的问题及其原因进行深入浅出的实时考察，并由此建构新时代服务型政府建设的实践路径，即按照借鉴思想政治教育的理念、原则、机制、目标建构服务型政府建设的逻辑体系，建设人民满意的服务型政府。

(二) 研究方法

1. 坚持辩证唯物主义与历史唯物主义相统一的基本方法论。研究服务型政府建设必须立足于新时代政府发展的本质要求、基本动力和发展规律，以经验观察认识政府在公共行政过程中站稳人民立场的正向效应。收集、查阅、整理并分析有关服务型政府建设的文献资料、法律法规以及政策文件，并归纳国内外相关研究成果和研究进展情况。

2. 历史研究法。本书从思想政治教育视阈下对我国服务型政府建设状况展开纵向分析。依据时间节点划分和搜集文献资料，以我国服务型政府建设的历史阶段为线索，分析不同历史时期服务型政府建设着重解决的问题，归纳出每一历史时期思想政治教育对我国服务型政府建设发挥的作用。通过对当代中国不同历史时期思想政治教育有效性与服务型政府建设状况进行融合研究，总结新中国成立以来我国服务型政府建设的历史规律，为新时代服务型政府建设提供借鉴。

3. 文献研究法。通过广泛查阅服务型政府的国内外相关历史文献、学术论著、研究报告、统计资料等，从总体上把握服务型政府内涵、建设困境、建设路径等，厘清不同历史时期服务型政府建设的重点指向。利用国外文献查阅关于政府公职人员行政美德养成案例，与我国服务型政府建设的具体要求进行比较分析，综合运用伦理学、公共行政学、社会学和政治学等多学科的思想和观点，建构思想政治教育视阈下服务型政府建设的机制与实现路径。

四 创新之处与不足

政府应成为思想政治教育创新体系中的重要主体,把服务型政府建设作为优化思想政治教育生态环境、提升其有效性的重要手段,是本书提出的一个学术创见。本书在学术观点、学术概念、研究视角等方面有一定的创新。同时,也存在一些薄弱环节与不足之处。

(一) 创新之处

人民性是打通思想政治教育有效性与服务型政府建设逻辑关联的关键。思想政治教育的主要目的,是通过对人们进行主流意识形态思想教育和理论传播,来强化人民对服务型政府的政治认同。服务型政府建设的本质,就是要打造让人民满意的政府,实现人民至上的价值诉求。从研究目的的逻辑自洽看,二者都聚焦了人民性这一共同属性。

1. 观点创新。本书拓展了思想政治教育的内涵和外延。提高思想政治教育有效性的关键在于,真正建设好政府为人民服务的主体工程、形象工程。思想政治教育视阈下服务型政府建设的研究对象是政府内部组织体系,研究其公职人员行政品德形成、发展、变化的规律,依托政府公职人员进行的思想政治教育,以政府公共行政为载体,建设新时代人民满意的服务型政府。把政府施政行为植入思想政治教育场域中,扩展了思想政治教育的主体语境,有助于政府自我道德的培育。毋庸置疑,一些社会问题的出现与政府执政的思维方式有很大关系。把政府作为思想政治教育的主体,加强政府公职人员自身的道德修养,发挥其榜样示范效应,有利于激发思想政治教育的引导效能。通过双向的思想政治教育活动,更好地实现思想政治教育凝心聚力的政治目标,为建设服务型政府打下坚实的思想基础和环境基础。

2. 概念创新。本书借鉴了教育生态环境概念,提出服务型政府建设的教育生态环境概念,强调优化政府道德环境对提升思想政治教育有效性具有极强的榜样示范和行为激励作用。换言之,思想政治教育有效性的提升更大程度上依赖于以政府为主体营造的教育生态环境。政府作为国家治理的执政主体，诉求人民遵从社会道德、认同国家。同时，政府作为思想政治教育的主体，诉求政府公共行政的道德化，以公信力促进思想政治教育有效性全面提升。

3. 视角创新。把思想政治教育作为建设服务型政府的研究视角，弥补了思想政治教育有效性长期不足的缺憾。长期以来，由于政府自身存在对思想政治教育的欠缺，造成思想政治教育主体功能的虚化。要解决思想政治教育有效性不足的问题，必须从政府自身做起，营造风清气正的政治生态，促进社会道德环境提升，从而滋养思想政治教育有效性的政治环境，促成二者之间的良性循环。服务型政府不仅体现在对人民自上而下的德性服务能力，更体现为政府内部系统的德性建构能力。本书构建新时代服务型政府建设的主体框架，把思想政治教育有效性原理扩展到政府治理层面，构建服务型政府建设的价值体系。

（二）不足之处

1. 行文中话语体系的把控不足。由于服务型政府建设涉及多学科知识，本书往往局限在政治学、行政管理学等学科知识中游弋。立足思想政治教育的学科属性，研究服务型政府建设容易出现学科语言自洽不足，造成理论视阈与实践对策的"两张皮"现象。这是本书一直尽力避免的问题，也是努力修缮的方向。

2. 在公共实践中，政府如何成为思想政治教育的有效主体，规避自身道德内化不足、外化不力的短板，是本书一直努力破解的研究难点。政府作为公共权力的主体，又作为思想政治教育的特殊主体，如何在公共权力中展现人民性，提升思想政治教育的效能，是服务型政府建设研究要着重解决的问题。

3. 由于本人研究能力有限，开展的实证调查还不够充分，一定程度上影响了研究的整体性、科学性、精准性。因此，在后续研究中，还须从思想政治教育有效性的角度，进一步加强对政府能力状况的实证调查，以增强研究的说服力。

第一章　核心概念界定与关联性指认

思想政治教育是党和政府工作的生命线，也是推进国家治理体系和治理能力现代化的有效载体，是服务型政府建设的重要组成部分。伴随我国对服务型政府建设要求的逐步提高，思想政治教育有效性的内涵也逐步从教育领域的单一性概念走向社会政治领域的多样性概念，其有效性与服务型政府建设在理论和实践上有着深层次的逻辑关联和运行机理。

第一节　核心概念界定

从思想政治教育视阈下展开服务型政府建设研究，是基于思想政治教育有效性与服务型政府建设之间紧密的内在逻辑关系。本书对核心概念进行界定及内涵解读是开展该研究活动的基本前提，也是本章的重要任务之一。

一　思想政治教育及其内涵

思想政治教育是一定社会阶级、阶层或社会群体用占主导地位、起主要作用的思想观念、政治观点和道德规范，对其成员施加有目的、有计划、有组织的影响，使他们形成符合一定社会要求的政治观念、思想品德的社会实践活动。习近平总书记指出，"我们党立志于中华民族千秋伟业，必须培养一代又一代拥护中国共产党领导和我国社会主义制度、立志为中国特色社会主义事业奋斗终身的有用人才。"① 从本质上讲，思想政治教育立德树人的功能与目标，始终与政府服务的职责密切相关，从而使思想政治教育内涵具有特定的历史性与动态性特征，使思想政治教育的内容、功能、载体发生时代性变迁，思想政治教育的概念呈现多样化。《中国大百科全书·教育卷》这样定义思想政治教育，它是"教育者按照一定社会或阶级的要求，有目的、有计划、有组织地对受教育者施加系统的影响，把一定的社会思想和道德转化为个体的思想意识和道德品质的教育"②。该概念体现了思想政治教育主体与客体间单向灌输的特征，具有一定的时代局限性。事实上，在社会发展中，思想政治教育内涵始终具有浓厚的阶级性，承担着阶级教化的使命。在特定的发展背景下，思想政治教育概念既有共性，也有特殊性，呈现出多视角的内涵与特征。

思想政治教育"意识形态"内涵论。从教育者与教育对象主客体二分看，有学者认为，思想政治教育这一社会实践活动是"一定的阶级或政治集团，为实现一定的政治目标，有目的地对人们施加意识形态的影响，以期转变人们的思想，进而指导人们行动的社会行为"③。也有学者认为，思想政治教育是指"一定的阶级、政治集团为实现其根本政治目的和经济利益，对人们有意识、有目的、有计划地施加本阶级、本集团思想政治等意识形态方面影响的社会活动"④，"使之具备较高思想政治素质的社会教育活动"⑤。这种内涵模式一直贯穿于建党以来我国思想政治教育的全过程，其思想体系为阶级服务是其长期存在的根本意义。

思想政治教育"培养引导"内涵论。从思想政治教育活动的功能

---

① 教育部课题组：《深入学习习近平关于教育的重要论述》，人民出版社2019年版，第73页。
② 《中国大百科全书·教育卷》，中国大百科全书出版社1985年版，第59页。
③ 陆庆壬：《思想政治教育学原理》，复旦大学出版社1986年版，第4页。
④ 仓道来：《思想政治教育学》，北京大学出版社2004年版，第11页。
⑤ 秦在东：《思想政治教育管理论》，湖北人民出版社2003年版，第17页。

第一章 核心概念界定与关联性指认 ◆◇◆

二分看,有学者认为,思想政治教育是"培养、塑造一定社会新人思想道德素质的教育实践活动,受社会经济政治文化的制约和影响,包括思想教育、政治教育、道德教育"①。也有学者认为,思想政治教育是"一定的阶层、社会、组织、群体与其成员,通过多种方式开展思想、情感的交流互动,引导其成员吸纳、认同一定的社会观念、政治观点、道德规范,促进其成员知、情、意、行均衡发展和思想品德自主建构的社会实践活动"②。这种内涵论体现了思想政治教育作为一种活动存在的主体育人价值,其育人目的性与导向性是思想政治教育活动的立身之本。

思想政治教育"转化需要"内涵论。从思想政治教育活动对社会秩序的建构看,有学者认为"思想政治教育是社会性与个体性的有机统一,人在从'自然人'向'社会人'的社会化过程中,必须通晓与遵守政治、法律和道德规范要求,这就决定了对人的政治、法律、道德等社会意识专门施教的思想政治教育的目的,不只是维护社会发展与秩序,也是个体社会化的内在需要"③。还有学者认为,思想政治教育是指"教育者按照社会发展的要求,在社会主义核心价值体系指导下,通过一定的内容、方法、手段对受教育者有目的地施加影响,促使其思想政治品德形成、发展的教育实践活动"④ 等等。由此概念可以看出,思想政治教育对社会、组织的价值认同发挥着内引功能。

从以上概念的探讨中我们可以窥见,思想政治教育内涵与功能的现代嬗变,基本体现在对人的全面发展教育、对社会秩序的构建、对国家主流思想的教化等内在发展向度上。习近平总书记指出:"党内政治生活出现这样那样的问题,根子还是一些党员、干部理想信念这

---

① 邱伟光:《思想政治教育学概论》,天津人民出版社1988年版,第1页。
② 张耀灿:《推进思想政治教育研究范式的人学转换》,《思想教育研究》2010年第7期。
③ 王淑芹、李文博:《"思想政治教育"概念的廓清与释义》,《思想政治教育研究》2018年第8期。
④ 成媛:《思想政治教育学原理》,上海中医药大学出版社2007年版,第9页。

个'压舱石'发生了动摇,世界观、人生观、价值观这个'总开关'出现了松动。"[①] 其根本原因是政府思想政治教育的效能没有发挥好,进而在社会公共实践中形成主体价值的"空场"。思想政治教育所承载的社会使命及在政治社会生活中的重要作用决定了其在服务型政府建设中的独特地位。由此,思想政治教育内涵变迁遵循了与国家社会需要同向而行的主旋律,其主要功能体现在通过提高人的思想政治素质,使人们服从、维护国家的主流意识形态,进而为社会全面进步服务。

二 思想政治教育有效性及其内涵

有效性是衡量人们开展一项实践活动是否有意义的重要指标。思想政治教育活动从产生、发展不断延伸至社会领域,体现了人们预期目标与实际效果之间的张力关系,反映出人们对思想政治教育社会实践活动带有的期望值。恩格斯认为,人们首先是"积极地活动,通过活动来取得一定的外界物,从而满足自己的需要。由于这一过程的重复,这些物能使人们'满足需要'这一属性,就铭记在他们的头脑中了"[②]。人们对实践活动实效性的感知与评判,最直接、最根本的依据是这一实践活动的有效性,即人们对实践活动追求的效用程度。思想政治教育的有效性,意指思想政治教育活动在满足人们的相应需要、实现人们的相应目的方面所表现出的积极特性。有效性是指实践结果对于实践目的有价值属性的判断,是实践活动作用于实践对象所产生结果的价值意义。这个意义可以是正面的,也可以是负面的。人们进行社会实践活动本身都带有一定的期望值,实践活动在开始之前都会有预先设置的目标期望,以此来比对实践活动的最终结果,衡量观察实践活动是否达到目标以及达到的程度等级,从而成为人们评估、分析、测量实践活动最直接、最重要的客观标准。我们认为,作

---

① 《习近平谈治国理政》第2卷,外文出版社2017年版,第180—181页。
② 《马克思恩格斯全集》第19卷,人民出版社1963年版,第405页。

第一章 核心概念界定与关联性指认 ◆◇◆

为一种有目的、有组织的社会实践活动,思想政治教育有效性是指教育者在对社会成员实施思想政治教育实践活动后,社会成员的表现与预设目标的符合程度及实际效果。

当前,学术界对于"思想政治教育有效性"的概念未能达成统一的认识,很大程度上源于思想政治教育有效性的内隐性与不确定性。只有"当人类的实践活动所取得的实际效果与预定目标相符合,或者说基本实现了预期的目标,才能判定这项实践活动具有实效性"[①]。有学者认为,思想政治教育有效性是指围绕国家教育的目标,对社会成员实施一系列具有可行性的思想政治教育活动所产生的效果,以及使社会成员内化于心、外化于行的程度。比如,高校思想政治教育有效性是指"在一定时期内,思想政治教育的实际结果符合社会目标或者期待值,对大学生的培养既符合社会发展的需求,又满足了大学生自我发展的需求"[②]。而在社会系统中,思想政治教育的有效性不仅体现为受教育者对教育者施加活动的内心趋同,还体现为教育主体的自我教育内驱性,表现为"他设"的理想目标与"自设"的努力目标的统一性。其有效性不但包括思想政治教育主体的外在表现,即主体对思想政治理论知识的掌握度,而且包括思想政治教育客体的内在成效,即客体对所接收信息的信服度以及社会成员个体日常行为表现与社会所预设的目标的契合度等方面。由此,我们认为,思想政治教育有效性主要是指在特定的社会环境下,思想政治教育活动的实际运作对其教育目标预设的实现程度。主要包括以下三个方面内涵:一是思想政治教育的内在效果如何,即思想政治教育主体能否顺利提升客体的思想道德素质;二是思想政治教育的外在效益如何,即思想政治教育主体在国家与社会

---

① 赵志君、魏纪林:《新时代高校思想政治教育的路径转换与方法创新——以社会工作介入式为视角》,《湖北社会科学》2018 年第 3 期。

② 孙立军、刘爱军等:《以习近平新时代中国特色社会主义思想为指导扎实推进大学生思想政治工作改革创新》,《思想理论教育导刊》2017 年第 11 期。

层面提升物质文明、精神文明、政治文明、社会文明、生态文明和党的建设等方面的效能;三是思想政治教育的系统效能如何,即在思想政治教育过程中教育主体以付出最少的成本投入,能够使教育客体整体素质提升达到最佳效果。

基于思想政治教育有效性具有内隐性、滞后性和相对性的基本特征,其评价标准主要体现在政治标准、知识标准、能力标准和品行标准等几个方面。基于以上分析可以看出,学界对思想政治教育有效性的内涵界定不一,从不同的角度论证了思想政治教育有效性的动态性特征。学者沈壮海认为,思想政治教育有效性可分为"思想政治教育结果的有效性、过程的有效性、要素的有效性三个基本方面"[1]。他认为,"思想政治教育要素的有效性对于思想政治教育过程及结果的有效性具有前提意义、条件意义;思想政治教育过程的有效性是思想政治教育有效性问题研究的中心环节,也是联结思想政治教育要素有效性与结果有效性的中介环节;思想政治教育结果的有效性是有效思想政治教育要素参与有效思想政治教育过程的产物,是我们判断、检验整个思想政治教育活动有效性的基本依据。"[2] 沈壮海将"思想政治教育有效性的实现"理解为思想政治教育活动的实际运行对于社会、个人所期望的思想政治教育应具功能的实现,即思想政治教育的实际运行对于社会所决定的思想政治教育目的、思想政治教育所担负使命的实现。[3]

由上分析,评判思想政治教育的有效性,主要是观察社会成员接受思想政治教育之后达到"知行合一"境界的程度,我们可以从育人功能、导向功能和保证功能上检验其有效性。一是育人有效。客体通过思想政治教育达到个体思想品德、道德情操、综合素质的提升,

---

[1] 沈壮海:《论思想政治教育有效性问题研究的理论框架》,《教学与研究》2001年第4期。

[2] 沈壮海:《论思想政治教育有效性问题研究的理论框架》,《教学与研究》2001年第4期。

[3] 沈壮海:《思想政治教育有效性研究》,武汉大学出版社2016年版,第141页。

即通过开展学习教育和社会实践等活动,在思想政治教育原理的指导下,结合个人思想品德的产生发展规律,实现知识内化和行为外化的统一,形成积极向上的效果。二是导向有效。客体通过思想政治教育形成以爱国主义为主要内容的政治导向,以中国特色社会主义理论体系为主要内容的思想导向和以社会主义核心价值观为主要内容的道德导向等,这种有效的思想政治教育实践,对个体行为产生一种正能量的驱动,促进人们的思想行为向健康积极的方向发展。三是结果有效。客体通过思想政治教育表现为个人服从于社会发展规律,使群体在思想上达成一致,在道德上达成和谐,在政治上达成共识,形成符合经济社会文化发展和个体成长发展的目标取向和利益观。可见,思想政治教育有效性受多重因素制约,其中政府公共行政过程中的道德施政环境及其榜样示范,非常有助于提升思想政治教育有效性及全社会道德环境水平。

三 服务型政府建设及其内涵

服务是政府最基本、最本质的职能,服务型政府最根本、最核心的要求是全心全意为人民服务。什么是服务型政府?学界从政府的本质属性与价值指向方面,对服务型政府展开大量的研究。服务型政府是一个有机概念,它不仅包含服务中的各种关系与政府职能,还包括法治、责任、廉洁、效率等价值形态,通过纵向发展与横向关联的方式,使各个要素内涵相互补充、相互促进。学界对此有多元化的理解,服务型政府呈现出不同视阈的内涵和表征。

从政府与公民关系的角度诠释服务型政府的内涵。张康之认为,"服务型政府是在整个社会民主秩序的框架下,以顾客为导向,以为公民服务为宗旨,按照公民意愿组建起来的并承担着服务责任的政府。"[①] 刘熙瑞认为,"服务型政府是在公民本位、社会本位理念指导

---

① 张康之:《限制政府规模的理念》,《行政论坛》2000年第4期。

下，在整个社会秩序的框架下，通过法定的程序，以为人民服务为根本宗旨并承担服务责任的政府。"[1] 政府履行职责，必须把人民群众的切身利益摆在首要位置，为人民提供公共物品和公共服务。因此，建设服务型政府，必须树立以人民为中心的发展理念，重塑政府与公众的关系，把人民是否满意作为评估政府绩效的最高标准。

从公共产品和公共服务的效率等方面诠释服务型政府的内涵。迟福林认为："服务型政府就是向全社会提供有保障的公共产品与有效的公共服务的政府，始终满足社会成员不断增长的需求和公共利益诉求的基础上形成政府治理的制度安排。"[2] 邱柏生认为，服务型政府是"在以人为本和执政为民的理念指导下，将公共服务职能上升为政府的核心职能，通过优化政府结构、创新政府机制、规范政府行为、提高政府效能，以不断满足城乡居民日益增长的公共需求的政府"[3]。李军鹏认为，服务型政府"即为满足社会公众的需求而提供高质量的公共产品和服务的政府"[4]。从上述学者的多样化认识与解读视角来看，服务型政府的概念是依据时代发展需要而确立的政府公共行政价值新形态，它是廉洁型政府、创新型政府、责任型政府等价值形态的集结体。

在公共行政的实践中，政府兼具多重角色。从理论与实践互动逻辑来看，服务型政府建设是基于对现有政府执政弊端与缺陷的一种深刻反思，是从现有目标到未来目标的一种自我理想的目标塑造。在公共行政实践中，政府的应然责任应成为未来行政领域的服务效能底线。从概念生成角度看，服务型政府建设既来自对政府既有责任的反思，也来自对政府实践效能的深入思考。总之，服务型政府建设是基

---

[1] 刘熙瑞：《服务型政府经济全球化背景下中国政府改革的目标选择》，《中国行政管理》2002年第7期。

[2] 迟福林：《全面理解"公共服务型政府"的基本涵义》，《人民论坛》2006年第3期。

[3] 薄贵利：《准确理解和深刻认识服务型政府建设》，《行政论坛》2012年第1期。

[4] 李军鹏：《公共服务型政府》，北京大学出版社2004年版，第34页。

于自身思想政治教育效能不足导致公信力下降的责任反思，人民至上是服务型政府建设的根本原则，职能优化是服务型政府建设的实现路径，公共行政人员是服务型政府建设的重要载体。新时代赋予政府服务提质增效的责任，服务型政府不仅要成为思想政治教育领域的引擎主体，更要成为法治政府、廉洁政府、创新政府等价值的实践者，从而走向理性视野中的德性执政主体。

服务型政府建设，顾名思义即对服务型政府的培养和实践，是政务服务"组合"流程的行为再造。我国服务型政府建设是以为人民服务为宗旨的政府价值形态，建设以公共服务职能为核心、法治为保障、人民满意为目标、承担社会责任为己任的为民、廉洁、高效政府。一方面，服务型政府建设是指从建设者自身出发的一种主动行为，是政府对自身德性的培养和实践提升。另一方面，服务型政府建设则是以提高政府的德性意识、培养良好公共行政习惯为出发点，有目的、有计划地对政府各级行政人员施加影响的一种社会实践活动。我国服务型政府建设是对以往政府公共行政理念、方式、体制机制的深刻变革，是对新时代以人民为中心发展思想的积极践行与责任落实，是实现政府善治的必由之路。由上我们看出，服务型政府建设包含了政府公信力和思想政治教育效能等多重要素，其中政治生态环境是服务型政府建设的重要介体，思想政治教育有效性成为建设人民满意服务型政府的重要视阈和观照对象。

第二节　思想政治教育有效性与服务型政府建设高度契合的逻辑关联

研究我国思想政治教育有效性与服务型政府建设的关联性问题，无论从理论还是从实践两个向度看，思想政治教育有效性与服务型政府建设之间都存在高度契合的逻辑关联。在政治上，更加指向坚持和加强党的全面领导；在理念上，共同指向培育和践行社会主义核心价值观；在效能上，共同诉求人人平等的法治思维；在目标上，共同促进社会全面进步和实现人的全面发展。思想政治教育有效性的本质与服务型政府建设的本质具有内在的统一性，是育人与为民的价值融合，共同体现人民立场。

一 坚持和加强党的全面领导：政治方向的引领性

坚持党对一切工作的领导，这是思想政治教育活动和服务型政府建设的最高政治指南。在政治方向上，思想政治教育立德树人首要的政治任务，是坚决做到"两个维护"，而服务型政府建设的核心就是要使公职人员在公共服务中不断增强拥护核心、跟随核心、捍卫核心的思想自觉、政治自觉、行动自觉。思想政治教育与服务型政府建设具有主体融合性的特点，这就决定了二者政治服务方向的一致性。政府自身营造的育人环境至关重要，提升思想政治教育的育人价值，必须把政府作为思想政治教育的特殊主体，因为政府本身就是思想政治教育的重要资源、重要环境，所以加强服务型政府的服务质量与服务水平，增强政府的公信力，是提高思想政治教育实效性的关键环节。

思想政治教育的育人方向要统一到坚决做到"两个维护"上。思想政治教育最根本的职责就是立德树人，推动受教育群体认同中华民族、培养中华民族情感、认同当代中国政治及认同马克思主义基本立场、观点和方法等。新时代的追梦人不仅是中国特色社会主义事业的建设主体，也是中国特色社会主义道路的发展主体，更是中国特色社会主义制度的创新主体，还是中国特色社会主义文化服务的实践主体。服务型政府建设的本质是强化党的全面领导，让政府公职人员遵循政治认同要求，营造风清气正的政治生态环境，使人民信服政府的道德力量，使思想政治教育不教而得、善作善成。在政治方向上，政府一切公共服务活动都是在党的领导下有序进行的。实践表明，如果政府公共行政过程是合乎理性道德的，那么思想政治教育工作就会有良好的外部榜样力量，就会有显在的、厚实的价值支撑，其有效性就会获得乘数效应的提升；反之，如果政府施政行为不当，并由此引发社会矛盾与冲突，那么思想政治教育将失去政府榜样依托，人民就会怀疑乃至颠覆以往通过正面灌输而获得的思想认知体系，甚至会瓦解社会认同的思想基础，政府就会失去公信力。

党性与人民性的高度统一对思想政治教育有效性与服务型政府建设的聚合具有强大引领作用。党的政治引领是思想政治教育与服务型政府建设之间的共有特质，在党的全面领导下，思想政治教育卓有成效地开展活动，有利于人民从感性到理性强化党和政府认同，有利于服务型政府建设。政府公共行政活动以人民的利益为唯一标尺，将服务人民作为政府职能的天职，服务型政府建设必将有利于思想政治教育工作有效开展，也必将有利于加速提升政府的凝聚力、向心力和公信力。

二　践行社会主义核心价值观：服务效能的协同性

习近平总书记指出："社会主义核心价值观是当代中国精神的集中体现，凝结着全体人民共同的价值追求。"[1] 在服务理念上，培育和践行社会主义核心价值观是思想政治教育有效性提升的核心路径，服务型政府建设通过对公职人员进行社会主义核心价值观的培育和践行，优化了政府自身的道德环境。《礼记·大学》曰："大学之道，在明明德，在亲民，在止于至善。"[2] 善治是人类毕生追求的自由之路，也是衡量政府治理有效的必要参数。马克思主义经典作家基于对人性的洞悉，对人的社会活动价值作了有力的注解。马克思指出："人的本质不是单个人所固有的抽象物，在其现实性上，它是一切社会关系的总和。"[3] 无论是思想政治教育活动，还是政府公共实践活

---

[1] 习近平：《决胜全面建成小康社会 夺取新时代中国特色社会主义伟大胜利——在中国共产党第十九次全国代表大会上的报告》，人民出版社2017年版，第42页。
[2] （清）阮元：《十三经注疏》，中华书局2009年版，第3631页。
[3] 《马克思恩格斯文集》第1卷，人民出版社2009年版，第501页。

动,都离不开主流价值观的引导。政府服务性主要体现在正当性、高效性、责任性及流程再造能力等几个方面,而思想政治教育的育人效果体现为忠诚、爱国、责任及履职能力等方面,二者在理论与价值体系上有着高度的交互性。

社会主义核心价值观既是提升思想政治教育有效性的理论支撑,也是我国服务型政府建设进程中服务实践的价值遵循。思想政治教育的理论来源于博大精深的马克思主义理论体系,其价值形态指导人走向自由而全面发展的终极之路。而政府产生的原始动机,在于对自然状态无序的纠偏,是对人类社会生活秩序的一种保护,是规范人们公共权力的代理使用,最后的价值是使自然状态的人走向秩序井然的和谐状态,从而达到人自由而全面发展的最高价值目标。正如亚当·斯密在《国民财富的性质和原因的研究》中指出,"每个人的行为都受他的利己心所支配,利己的人之间的相互交往都是为了达到自己的目的。"[1] 为此,思想政治教育在理论形态上是对全体社会成员的一种道德滋养,政府的道德建设也是基于对政府公共行政负面行为的实践纠偏,二者分别从理论上与实践上践行核心价值观的使命与责任,成功实现了教育人、改造人、塑造人的目标,从而走向自由而全面发展的结果统一,使思想政治教育的终极价值与政府施政的公共性价值深度融合。

马克思指出,"人终于成为自己的社会结合的主人,从而也就成为自然界的主人,成为自身的主人——自由的人。"[2] 思想政治教育"紧紧把握社会主义高校育人的底线、育人的规范、育人的时代要求等"[3],而服务型政府在事关道路认同、理论认同、制度认同、文化认同等方面始终与思想政治教育的育人价值共同聚焦在社会主义核心

---

[1] [英]亚当·斯密:《国民财富的性质和原因的研究》下卷,商务印书馆1997年版,第27页。
[2] 《马克思恩格斯文集》第3卷,人民出版社2009年版,第566页。
[3] 邱仁富:《"课程思政"与"思政课程"同向同行的理论阐释》,《思想教育研究》2018年第4期。

价值观。习近平总书记指出："党的一切工作，必须以广大人民根本利益为最高标准。"① 思想政治教育教化的人承载着党和政府的殷切期望，未来一旦走进政府各个机关，自然会把党和政府的政治意图贯彻落实到工作实际中，这无疑会提升政府的公信力，强化思想政治教育的有效性。

三 促进社会的全面发展进步：目标指向的同源性

在目标指向上，思想政治教育有效性的外在表现就是思想政治教育培育爱国、爱党、爱社会主义、担当民族复兴大任的时代新人，更加自觉地增强道路自信、理论自信、制度自信、文化自信；服务型政府建设就是在公共实践中以"四个自信"为指导，更好地践行以人民为中心的发展思想、为人民服务，最大程度地满足人民对美好生活的需要。思想政治教育的使命就是为国家、社会培养人才，在思想政治教育活动的滋养中增强国家的使命感、责任感，更好地为人民服务。思想政治教育有效性，体现在促进社会的全面发展进步上，就是指整个社会体系的思想政治教育活动目标达成，人民对国家与政府形成强烈的政治认同。服务型政府建设，体现在促进社会的全面发展进步上，就是通过创新服务方式，提高行政效能，最终实现让人民满意的执政目标。打造人民满意的服务型政府，政府不仅要在政绩上体现人民性，更要在思想政治道德领域树立榜样，政府自身的思想政治教育效果直接影响人民对政府的认同和信任，从而促进思想政治教育有效性的提升。

中国特色社会主义进入新时代，习近平新时代中国特色社会主义思想是思想政治教育有效性提升与服务型政府建设的思想指南和行动纲领，二者在"四个自信"方面体现了目标上的交互性。思想政治教育以习近平新时代中国特色社会主义思想铸魂育人，是为了更好解

---

① 中共中央宣传部：《习近平新时代中国特色社会主义思想三十讲》，学习出版社 2018 年版，第 87 页。

决"培养什么人、怎样培养人、为谁培养人"这个根本问题。习近平总书记指出，"要坚定对马克思主义的信仰，坚定对社会主义和共产主义的信念，增强中国特色社会主义道路自信、理论自信、制度自信、文化自信，厚植爱国主义情怀，把爱国情、强国志、报国行自觉融入坚持和发展中国特色社会主义事业、建设社会主义现代化强国、实现中华民族伟大复兴的奋斗之中。"[①] 思想政治教育从理论上加强"四个自信"的权威性，服务型政府通过公职人员的有效服务夯实"四个自信"的实践基础，二者在理论与实践形式上高度契合、相互促进。

思想政治教育的重要目标之一是提升人们对党和国家的认同感、归属感。社会个体对党、政府、国家的认同不仅建立在道德层面，更依赖于对中国特色社会主义道路自信、理论自信、制度自信和文化自信的滋养。坚持道路自信是为了确保服务型政府改革实践方向的正确性。思想政治教育育人就是培育人的道路自信，道路问题是最根本的问题。培养什么样的人、如何培养人，是思想政治教育要回答的根本问题。要回答好这一问题，就要坚持正确政治方向，落实好立德树人这一根本任务。社会主义制度在我国确立以来，我们依赖于思想政治教育的强大育人功能，认清社会主义初级阶段的长期性和艰巨性，推进中国特色社会主义事业蓬勃发展。政府为谁施政，如何正确施政，是公共行政领域要解决的根本问题。要解决好这一问题，就要坚持公共行政的本质价值，实践好公共服务这一根本任务。

坚持理论自信，确保中国特色社会主义指导思想的先进性。"才者，德之资也；德者，才之帅也。"自1921年中国共产党成立以来，我们党历经百年磨难、百折不挠带领全国各族人民走进新时代，最成功的经验就是与时俱进的理论创新与坚定的理论自信。中国特色社会主义理论体系的成熟发展，是中国共产党人坚持改革开放与马克思主

---

① 中共中央办公厅国务院办公厅：《关于深化新时代学校思想政治理论课改革创新的若干意见》，新华社，2019年8月14日。

第一章 核心概念界定与关联性指认 ◆◇◆

义有机结合的理论创新形态,也是我国思想政治教育体系内容的重要指导思想,是服务型政府有效执政的行动指南。思想政治教育育人的根本在于立德,坚持理论自信是育人的第一步,也是把立德树人的成效作为检验一切工作的根本标准,延伸到社会公共领域的各方面、各环节,引导公共行政主体做到明大德、守公德、严私德,坚定中国特色社会主义理论自信,以此强化思想政治教育的育人功能。

坚持制度自信,发挥政府制度创新的优越性。办好中国的事情,关键在党,重在政府执行力。中国特色社会主义制度的最大优势是中国共产党领导,我们有坚强有力的领导核心,我们有坚定制度自信的人民,就有了发挥制度优势的动力,举国上下拧成一股绳、集中力量办大事,在实践绩效上有力促进了思想政治教育有效性,也促进了制度层面的优化,有助于政府公共行政的制度自觉与自信。思想政治教育就是要培育坚定制度自信的未来人才,政府的德性执政更依赖于思想政治教育培育的社会主义事业合格建设者和可靠接班人,完善的制度体系是保障思想政治教育效能与服务型政府建设的有力支撑。

坚持文化自信,确保中国特色社会主义道德的示范性。习近平总书记指出,"发展中国特色社会主义文化,就是以马克思主义为指导,坚守中华文化立场"[1]。文化本质的功能就是在社会实践中育人、养人、化人。马克思指出,"占统治地位的思想不过是占统治地位的物质关系在观念上的表现,不过是以思想的形式表现出来的占统治地位的物质关系"[2]。中国特色社会主义文化体系是育人最好的滋养品,也是政府德性行政的催化剂。文化自信是刻在我们血液里的成功密码,整个社会的道德风貌依赖于我们对民族优秀文化的传承与创新。坚定文化自信就要正确认知中国共产党成立以来领导人民进行革命、建设、改革的历史,紧紧抓住以人民为中心的思想命脉砥砺前行,全

---

[1] 习近平:《决胜全面建成小康社会 夺取新时代中国特色社会主义伟大胜利——在中国共产党第十九次全国代表大会上的报告》,人民出版社2017年版,第41页。
[2] 《马克思恩格斯选集》第1卷,人民出版社2012年版,第178页。

面推进国家治理体系和治理能力现代化。中国特色社会主义先进文化是提升思想政治教育有效性的文化因子,是建设服务型政府的思想文化力量,是引领中华民族走向伟大复兴的精神支撑。

四 强化人人平等的法治思维:效能提振的统一性

宪法法律至上,法律面前人人平等是人类一切社会活动的根本遵循。在效能提振上,法治是提升思想政治教育育人有效性与服务型政府建设质量的重要保障,坚持思想政治教育依法育人,提高人的法治素养。政府坚持依法施政,人民就能感受到公平正义,对政府满意度就高。思想政治教育有效性提升得益于政府营造的良好守法遵法环境,任何组织和个人都不得有超越宪法法律的特权,服务型政府建设的最大效能就是做到权力为民所用。古典政治哲学家认为,人民让渡部分权力给政府,政府代理这部分权力是为了保护人民的权利不受外来势力的伤害,维护自然状态的社会秩序。新时代,服务型政府的自我道德培育,有利于提升思想政治教育有效性。政府作为国家治理的主体,其施政理念、行为、模式等都具有示范社会价值观的职责,本质要提供公共服务,实现国家与社会的公平正义,建设人民满意的政府。如果政府行为脱离法治思维,脱离国家主流价值观,政府治理不可避免地会脱离公平正义,政府就会脱离公共服务本质,这种负面的政治生态环境一旦形成,思想政治教育也就成了无源之水、无本之木。民心是最大的政治,这是思想政治教育有效性与服务型政府建设的共同基点。在宪法框架下,一切为了人民是政府德性施政的本质要求;一切依靠人民是政府成功实践的力量基石;到人民中去是检验政府政绩的现实土壤。

政府官员的法治思维能够极大促进政绩的公平正义,促进思想政治教育有效性。政府真正广泛赢得民心,必须依靠实实在在的、有益于人民的成绩,而不是那些表面上光鲜亮丽的所谓"政绩"。打造服务型政府,要靠领导干部前赴后继、甘当人梯铺路石,在本职岗位上站好台、履好职,共同推进国家治理体系与治理能力现代化。思想政治教育活动要更加注重干部的德、能、勤、绩、廉的考核实效性,正确处理好政府与社会、干部与群众的关系,提高政府公共服务质量。实践证明,依法为人民服务的干部一定是思想政治素质过硬的优秀干部,一定不是那些花拳绣腿的干部。公道正派、为民务实、清正廉洁的干部代表了政府的本真形象,也代表了思想政治教育育人的成效,这是党和政府持久执政的力量源泉。

总之,思想政治教育有效性与服务型政府建设之间存在着价值上的一致关系、共生关系。政府作为党的形象工程的建设者与执行者,在公共行政活动中形成优良政风,是提高思想政治教育有效性的重中之重。思想政治教育育"准"人,政府公共领域用"对"人,共同提振了理论育人与实践用人高度统一的效能。无论是思想政治教育的宗旨,还是服务型政府建设的价值,二者都基于理性共同回归了人民立场。本书从思想政治教育有效性的视阈,进一步反思了制约思想政治教育有效性的政府行为因素,政府公职人员要做思想政治教育的坚定信仰者、积极传播者、模范践行者,积极营造政府的道德生态环境,共同提升治理主体的道德自觉,契合了新时代思想政治教育有效性与服务型政府建设的价值共振。

第二章　思想政治教育视阈下服务型政府建设研究的理论依据与思想资源

政府与生俱来的公共服务属性，决定了政府存在的正当性与价值。任何时代，人们都期望政府能够一以贯之、尽心尽责地履行公共服务职能，期望所有官员和公职人员能够恪守职责、从政清廉、为民服务。从思想政治教育视阈下展开服务型政府建设的研究，需要丰富的中西理论依据和思想资源作为支撑。马克思主义经典作家关于政府服务等理论为本书提供了科学的理论指导，我国优秀传统文化中的治国理政思想、西方公共行政思想等，对新时代我国服务型政府建设提供了重要借鉴与启发，为本书提供了丰富的思想资源。

第一节　思想政治教育视阈下中国服务型政府建设研究的理论依据

历史实践表明，无论是生产力发达的资本主义社会还是社会主义社会，政府在经济社会发展中都发挥着重要的调节作用。马克思恩格斯以其深邃的历史视野，提出对政府组织与行为进行规制的思想，从而孕育了公共服务理论、人民政府的思想元素，为后发国家进行社会主义现代化建设提供丰富的政府执政理论依据，也成为本书分析判断思想政治教育视阈下服务型政府建设成效的理论依据。

第二章　思想政治教育视阈下服务型政府建设研究的理论依据与思想资源 ◆◇◆

一　人民公仆意识：马克思主义创始人的服务型政府建设理论

马克思恩格斯是人民利益思想的奠基人，他们的著作、思想都起源于对底层劳动人民悲惨遭遇的同情，由此对剥削人民的企业、组织进行了无情的抨击，并寄希望于政府当局保护底层人民的生命权和经济权。马克思恩格斯政府理论的思想部分来源于古希腊政治思想、德国古典哲学、英法空想社会主义和英国古典政治经济学中的政府理论精髓。柏拉图以其《理想国》的哲学视野，设想了一套确保国家与人民生活公平正义的政治制度。亚里士多德则主张以法律治理国家。黑格尔作为德国古典哲学的先驱代表，提出了国家形态意义的客观与主观实体性统一思想。英国古典政治经济学派的先驱威廉·配第在《赋税论》中提出政府经济职能思想。大卫·李嘉图则认为税收来自劳动产品的价值，其中一部分应回馈给人民。这些保护人民权益的宝贵思想是形成马克思恩格斯服务型政府建设思想的重要资源，也是本书的重要思想来源。

（一）巴黎公社"公仆"思想

巴黎公社是法国人民为维护国家尊严，捍卫自身权益成立的工人阶级政府（1871年3月18日至5月28日），是无产阶级专政的一次伟大尝试。虽然公社存在时间非常短暂，但这次实践不但丰富了马克思主义关于无产阶级革命和专政的学说，而且其初露端倪的政府"公仆"思想为新时代的服务型政府建设提供强大的理论与实践支持。马克思在《法兰西内战》中强调指出："公社的真正秘密就在于，它实质上是工人阶级的政府。"巴黎公社推崇的普选制与民主监督原则，是无产阶级政权的先进制度设计，是防止公共权力异化为特权的重要手段。为了巩固巴黎公社来之不易的革命成果，巴黎公社成立后颁布了系列公告，其中一条是这样规定的："要挑选真心实意的人，出身平民，坚定、积极、有正义感、公认为正派的人。"这一规定完全体现了人民公社人民办的核心宗旨，人民才是公社的真正主人，而推选出来管理公社的带头人必须具备良好的"社会公仆"服务意识，能够在实践中切实把公社人民的权益放在第一位。新时代中国特色社会主义事业的建设，需要一大批忠诚干净、勇于担当、为民服务的高素质干部，从而打造公共行政事务上的政府"公仆"。

历史表明，巴黎公社实行民主监督、制约权力的有效措施，是防止"公仆"变"主人"的重要途径。马克思、恩格斯在《法兰西内战》导言中有这样一段论述：由社会公仆变为社会主人，这种情况在以往所有的国家中，从世袭的君主国到民主的共和国，都是不可避免的。工人阶级夺取政权后，仍然存在这种可能。为了防范"公仆人员"在处理公共事务时耍"主人"威风，公社规定："各级领导人必须经常参加选民大会，向选民报告工作，听取人民群众的批评意见，接受人民群众的监督，对于不称职的公社干部，人民群众可以随时撤换其职务。"这一规定的真正实施，在一定程度上既促进了公职人员奋发作为，又防范了"主人"做派的乱作为。

同时，为了缩小普通工人和公社委员的收入差别，巴黎公社废除了国家机关的高薪制惯例。巴黎公社实行低薪制，实行限额薪金的制度，并颁布了《废除国家机关高薪法令》。《法令》规定："考虑到在真正的民主共和国里，既不应该有高薪的闲职，也不应该有过高的薪额；为此决定：各市政机关职员所得的最高薪金每年为六千法郎。"这个规定杜绝了政治特权与经济特权的联姻效应，防止官员的蜕化变质，废止高薪养廉的制度，让人民在同等经济地位的基础上实现民主平等，对新时代解决收入差距过大问题具有重要的启示。巴黎公社还实行兼职不兼薪制度，这是体现全社会收入公平的制度设计，也是防止"社会公仆"官僚化的重要举措。《巴黎公社公告》中指出："除去本人日常工作以外，从事其他工作的公社工作人员，没有权利再领取任何报酬。"这项制度从经济领域防范了公社工作人员在生活待遇方面有可能高于普通民众的做法，保证了"人民公仆"的经济收入平等本色。同时，巴黎公社还限制了粮食和副食品价格，用来保障人

第二章　思想政治教育视阈下服务型政府建设研究的理论依据与思想资源　◆◇◆

民生活用品的来源和供应，坚持了人民至上的原则，维护底层人民的生活保障尊严。

总之，马克思主义经典作家从一国新生政权产生的历史逻辑出发，对巴黎公社成立的世界意义著书立说，阐释无产阶级建立政权的初心与使命，为本书提供了奠基性的理论基石和实践溯源，为服务型政府建设提供了实践的方法论，为提高思想政治教育有效性提供了实践论，高度体现了政府生而为民的本质属性。

（二）马克思公共服务理论

《资本论》是马克思的重要著作，其关于剩余价值产生的过程论证，丰富了国家与政府产生职能分化的客观缘由，马克思公共服务理论衍生于《资本论》的社会总产品分配理论。社会大生产表明，资本积累与增殖是资本家提供公共服务的基本条件。马克思认为，资本"总是只寻求自己价值增殖的特殊条件，而把共同的条件作为全国的需要推给整个国家"①。马克思始终关注底层人民收入过低的问题，在《资本论》中清晰地论证了商品生产的全过程，极其深刻地揭示了剩余价值的本质及资本周转规律。他明确指出，剩余资本周转具有必要性和重要性，因为用于社会扩大再生产的剩余资本占有一定的比例和额度，它决定了资本家后期公共服务资本的深度和广度，也决定了劳动人民从中获益的程度。

马克思在《哥达纲领批判》中也提到，在未来社会里，社会总产品的分配并非"不折不扣"的劳动所得。因为社会总产品进入个人消费之前要进行以下扣除："第一，用来补偿消耗掉的生产资料的部分。第二，用来扩大生产的追加部分。第三，用来应付不幸事故、自然灾害等的后备基金或保险基金。从'不折不扣的劳动所得'中扣除这些部分，在经济上是必要的，至于扣除多少，应当根据现有的物资和力量来确定，部分地应当根据概率计算来确定，但

---

① 《马克思恩格斯全集》第30卷，人民出版社1995年版，第529页。

是这些扣除无论如何根据公平原则是无法计算的。……在把这部分进行个人分配之前,还得从里面扣除:第一,同生产没有直接关系的一般管理费用。同现代社会比起来,这一部分一开始就会极为显著地缩减,并随着新社会的发展而日益减少。第二,用来满足共同需要的部分,如学校、保健设施等。同现代社会比起来,这一部分一开始就会显著地增加,并随着新社会的发展而日益增长。第三,为丧失劳动能力的人等等设立的基金"①。至此,马克思向我们呈现出了公共服务理论产生的经济根源。也就是说,部分社会资本扣除必须用于社会公共支出,以此使工人们获得更多的服务和生活便利,而后创造更多的剩余价值。

资本扩张经验也表明,向社会提供公共服务是任何资本掌权者必须要做的事情。因为,他们提供的公共服务是有利于今后自己产业进行社会扩大再生产,是资本再创更多剩余价值的源泉基础。同时,处于底层的劳动人民获得了比较好的生活条件后,会更加努力地工作,激发劳动创造性,提升劳动效率,以此来换取更好的公共服务和生活便利。改善生活条件,是工人们毕生的追求;追逐更多的利润,改善生产条件,是资本所有者的终极追求,而二者之间达成共赢的交接点就是公共服务质量。因此,提供公共服务就成为政府机构和手中掌握财富的人的一种手段,也成为现代政府必然的一种责任与义务,这正是促进政府与社会良性循环的资本扩张手段。恩格斯明确指出,"一切政治权力起先都是以某种经济的、社会的职能为基础的"②。马克思在《不列颠在印度的统治》中曾指出,"一切政府都不能不执行一种经济职能,即举办公共工程的职能。"③ 由此,我们可以推断,最大化满足人们对公共服务的诉求是政府职能优化的前提条件,是政府履行其他职能的基础。可见,随着社会发展的需要,政府公共服务日

---

① 《马克思恩格斯选集》第3卷,人民出版社2012年版,第361—362页。
② 《马克思恩格斯选集》第3卷,人民出版社2012年版,第563页。
③ 《马克思恩格斯全集》第12卷,人民出版社1998年版,第140页。

第二章　思想政治教育视阈下服务型政府建设研究的理论依据与思想资源 ◆◇◆

趋完善，政府逐渐由低层次对"物"的管理，走向高层次对"人"的关注，成熟完善的公共服务体系在未来政府职能结构中将占据更为重要的地位。

总之，马克思恩格斯在《资本论》中对剩余价值和资本扩张进行鞭辟入里的考究和论证，提及了资本家投入公共服务资本的必要性和重要性，更充分肯定了劳苦大众在推动国家财富聚集方面的主体性价值。马克思以人民创造巨大财富的视角，奠定了政府应该为人民进行公共服务的总基调，为打造人民满意的服务型政府提供了唯物史观的生活视野。

（三）马克思"廉价政府"思想

马克思"廉价政府"思想是马克思主义政府理论的重要组成部分，对当代中国政府节俭执政、降低成本具有现实指导意义。"廉价政府"思想最初是当时法国资产阶级革命时的口号，马克思为了公开支持"公社"在革命时期作出节约开支的贡献，把"廉价政府"思想作为继续革命的指导思想。马克思在《法兰西内战》一书中对巴黎公社取消常备军和官吏两项举措给予了高度评价。他强调："公社实现了所有资产阶级革命都提出的廉价政府这一口号，因为它取消了两个最大的开支项目，即常备军和国家官吏。公社的存在本身就意味着……君主制已不复存在。公社给共和国奠定了真正民主制度的基础。"①"廉价政府"是节约的、为人民服务的廉洁政府。马克思指出，"公社主要是由普通工人组成，他们组织着巴黎的防务，对波拿巴的御用军队作战，保证这座庞大城市的粮食供应，担负着原先由政府、警察局和省政府分担的全部职务，在最困难、最复杂的情况下，公开地、朴实地做他们的工作，而且所得报酬……只是几个英镑；他们……不自以为是，不埋头在文牍主义的办公室里，不以承认错误为耻而勇于改正。公社一举而把所有的公职——军事、行政、政治的职

---

① 《马克思恩格斯选集》第3卷，人民出版社2012年版，第101—102页。

务变成真正工人的职务"①。公社里的工作人员和其他阶层的劳动人民一样,在国家困难的日子里,勤劳务实地为人民服务。马克思指出,"赋税,这是喂养政府的母乳"②。毋庸置疑,政府及其组织要维持正常的运作就必须要有一定的经费开支,它的主要来源就是民众所缴纳的赋税。因此,政府支出资金的多少,与征收人民的税收额度有着密切的关系。政府办公经费花费得越少,行政成本就会越低,相应地人民所要缴纳的赋税也就越少。马克思"廉价政府"思想对于当代服务型政府建设有着重要的借鉴意义,政府节省一分钱,就相当于人民多创造了一分钱的价值,就是节约人民的血汗钱,人民会缴越来越少的税,用于美好生活的钱就会增加,为人民努力节约税收的政府就是服务型政府的最好表现。新时代的人民政府就要开源节流、艰苦奋斗,把每一分钱用到最需要的民生领域中去。

总之,马克思的"廉价政府"思想,对本书研究政府公职人员廉洁自律、建设一支高素质干部队伍提供了实践的榜样。政府的税收取之于民,更要用之于民,用好人民的每一分钱,把钱花在刀刃上。国家的国库丰盈,都是党带领广大人民靠勤劳智慧创造的。任何奢侈浪费行为,都是对人民的不敬,对崇高职业的亵渎。同时"廉价政府"思想对新时代政府扶贫减贫工作有着极其重要的启示和借鉴价值。只有政府过紧日子,人民群众才能过上更好的日子。

二 反官僚特权思想:列宁的服务型政府建设理论

列宁是马克思主义基本原理与俄国具体实际相结合的杰出代表,他历经从建立革命政权到建设社会主义政权的曲折探索,深知建立苏维埃政权的艰辛和来之不易。和平建设时期,他对苏维埃政权内部脱离人民的错误做法,进行了严厉打击和纠偏。他认为,工农政权办事首要考虑广大人民群众的利益,社会主义政府的要义在于坚持不断扩

---

① 《马克思恩格斯选集》第3卷,人民出版社2012年版,第142页。
② 《马克思恩格斯选集》第1卷,人民出版社2012年版,第522页。

第二章　思想政治教育视阈下服务型政府建设研究的理论依据与思想资源 ◆◇◆

大人民民主，发挥人民在民主政治建设中的重要作用，建立政府廉洁、廉价、高效的运行机制。

1905年苏维埃诞生后，俄国各派政治力量对这个新生政权的长期性存在多重质疑。随着革命的深入发展，列宁在聚焦社会矛盾的基础上逐渐形成了关于苏维埃性质的价值学说。列宁认为，工人代表苏维埃是当时俄国革命正需要的"朝气蓬勃充满活力的、深深扎根于民众之中的、群众绝对信任的、革命毅力无比充沛的、同有组织的革命政党和社会主义政党有密切联系的全俄政治中心"[①]。政权性质决定了政权存在的持久性。任何机构的成立初衷只要是立足人民群众利益和立场的，就必然会充满生机活力，就具有天然存在的合法性，一如政府这个庞大组织的产生。"沿着1871年巴黎公社和1905年俄国革命的经验所指引的道路前进的无产阶级，应当把一切被剥削的贫苦居民组织起来和武装起来，使他们自己能够直接掌握国家政权机关，自己组织起这种政权的机构。"[②] 苏维埃政权的本质是人民性的，是为广大劳苦大众掌握的，是能够把议会制和直接民主制的长处结合起来的崭新的民主制度。

苏维埃政权制度具有人民管理政权的优势和特点，体现了人民当家作主的政权性质。列宁认为，社会主义政府直接来自群众，是直接代表人民群众及其意志的机关。苏维埃制度建立后，列宁积极支持人民参与国家管理。他指出："在吸收工人和贫苦农民参加国家管理方面，苏维埃共和国过去几个月所做的事情，是世界上任何一个国家连十分之一也没有做到的。……苏维埃就成了全世界无产阶级的口号。"[③] 由此我们可以看出，当时苏维埃政权的政治主张和运作方式极好地契合了人民性，人民思想也高度统一，符合无产阶级专政的宗旨。但随着国内形势的日趋稳定，在实行新经济政策时期，苏维埃政

---

① 《列宁全集》第12卷，人民出版社1987年版，第58页。
② 《列宁全集》第29卷，人民出版社1985年版，第39页。
③ 《列宁选集》第3卷，人民出版社1995年版，第771页。

◆◇◆ **思想政治教育视阈下中国服务型政府建设研究**

权却出现了一些严重的官僚主义现象,这与当初政权建立的宗旨和初衷相差甚远。列宁越来越清楚地看到,官僚主义是苏维埃国家机关内部的"最大的毛病"①和"最可恶的敌人"②。如果不及时有效地解决这个政权内的毒瘤,政权的稳定性无法保证。列宁在国家社会主义建设稳步进行的关键时刻,敏锐地抓住了这个影响国家内部稳定最大的"脓包",由此开展了声势浩大的反官僚主义运动。

针对苏维埃政权庞大臃肿、效率低下的问题,以列宁为代表的改革派进行了机构编制整治,规范了文风工作。据文献显示,1912年10月"人民委员会和劳动国防委员会裁减所属的各种委员会……总共有120个委员会。有多少是真正必要的呢?只有16个"③。这样严重低效、无效的机构重叠,这样臃肿的人员配置完全脱离了工作的实际需要,人浮于事的现象严重打击了想干事、能干事的人的信心,在机关内部形成可怕的攀比型行政文化,这对新生政权的巩固具有极大的危害性。对此,列宁专门收集欧美国家有关工作效率与人员配置的材料,考察酝酿"多大的工作量由多少人完成"的机构改革。

针对文山会海、贻误工作时机问题,列宁形象地描述:"我们的公文堆积如山,如果要党史委员会把这一切研究清楚,就得花上50个50年的工夫"④。列宁清晰地看到了一种泡沫化的形式主义官僚作风,对政风、党风及整个社会风气的破坏性。大家都去做"弹棉花"式的工作,都在纸上谈兵,没有几个人做实际有创新意义的工作,这个国家的前途着实让人忧虑。"公职人员是受到了资本主义环境的腐蚀(确切些说,有被腐蚀的趋势),是有变为官僚的趋势,也就是说,是有变为脱离群众、站在群众之上、享有特权的人物的趋势。"⑤

---

① 《列宁全集》第52卷,人民出版社1988年版,第300页。
② 《列宁全集》第43卷,人民出版社1987年版,第14页。
③ 《列宁选集》第4卷,人民出版社1995年版,第697页。
④ 《列宁全集》第43卷,人民出版社1987年版,第13—14页。
⑤ 《列宁全集》第31卷,人民出版社1985年版,第111页。

第二章　思想政治教育视阈下服务型政府建设研究的理论依据与思想资源 ◆◇◆

对此，他要求在组织制度上，建立严格的干部选拔录用制度，让能干事、会干事的人进入国家机关，提升工作效能。那些在工作方法和态度上"过分醉心于行政手段"①，玩弄"法令形式的指令"的官僚主义者注定要受到惩罚。他说："如果新的人民委员部是由一个模子出来的人组成的，假定是由官吏型的人组成的，或者排除鼓动员型的人，或者排除善于交际或深入他们不太熟悉的群众中去的人等等，那就糟糕透了。"② 列宁深刻地洞察了政府机关的浮躁作风、对人民摆架子的工作效率和方式，对于苏维埃政权健康发展的极端危害性，对于整个国家事业蓬勃发展的破坏性，他及时进行了反官僚、反形式主义的治理行动，及时挽救了苏维埃政权。

总之，列宁反形式主义、反官僚主义思想和策略对今天我国政府治理仍具有强烈的现实指导意义。空谈误国，实干兴邦。新时代，政府治理要提质增效，依旧绕不开打击隐性官僚作风的责任，反形式主义、反官僚主义、反享乐主义、反奢靡之风对服务型政府建设具有重要意义。列宁的政府服务思想是根植于苏维埃政权革命性与建设性双重任务的，他深刻地洞悉了红色政权存在的本质即服务，而非压榨人民，由此设立的反特权、反腐败规制等都对政府长期合法性执政有强烈的政治借鉴意义。

三　以人民为中心思想：中国化马克思主义的服务型政府建设理论

人民立场是我国政府施政的核心原则。无论是在新民主主义革命时期，还是全面执政的社会主义革命和建设时期、改革开放和社会主义现代化新时期，我国政府都始终坚持全心全意为人民的初心和使命。特别是改革开放以来，我国依据时代发展需要，不断推进政府职能转变的理论认识和改革探索，遵循"国家职能—政府职能—政府职

---

① 《列宁全集》第42卷，人民出版社1987年版，第529页。
② 《列宁选集》第4卷，人民出版社1995年版，第790页。

◆◇◆ 思想政治教育视阈下中国服务型政府建设研究

责—职责体系"的演化逻辑①,使政府执政能力和水平日趋走向务实理性,从而不断实现政府治理体系和治理能力现代化。这一逻辑演化诠释了政府从全能型政府走向有限政府、廉洁政府、责任政府、法治政府的实践必然性,体现了人民政府在国家治理现代化建设过程中的功能变迁,对建设新时代的服务型政府具有重大指导意义。

(一) 全心全意为人民服务的政府建设思想

政府公共服务的属性催生了服务型政府理论与实践的创新发展,我国服务型政府理论和实践贯穿中国革命、建设和改革的全过程。毛泽东根据建立人民政府的宗旨,始终强调把人民群众的利益放在首位。1934年,他在《关心群众生活,注意工作方法》中指出,要获得群众的拥护,"就得关心群众的痛痒,就得真心实意地为群众谋利益,解决群众的生产和生活的问题,盐的问题,米的问题,房子的问题,衣的问题,生小孩子的问题,解决群众的一切问题"②。"假如我们对这些问题注意了,解决了,满足了群众的需要,我们就真正成了群众生活的组织者,群众就会真正围绕在我们的周围,热烈地拥护我们。"③ "共产党员无论何时何地都不应以个人利益放在第一位,而应以个人利益服从于民族的和人民群众的利益。……大公无私,积极努力,克己奉公,埋头苦干的精神,才是可尊敬的。"④ 毛泽东对社会主义政权的人民性做了细致的规划和指导,为政府施政提供了原则遵循。改革开放早期,我国延续了新中国成立后的计划经济机制为改革护航,但随着市场经济体制的引入,政府原有的一些管理体制已阻碍了市场自由配置资源。2003年,我国市场经济体制逐步完善,促使政府提升服务效能、提高服务效率,以适应市场经济发展的需要。由此,我们党界定了政府职能转变的基本方向,以深化行政审批制度改

---

① 吕同舟:《政府职能转变的理论逻辑与过程逻辑——基于国家治理现代化的思考》,《国家行政学院学报》2017年第10期。
② 《毛泽东选集》第1卷,人民出版社1991年版,第138—139页。
③ 《毛泽东选集》第1卷,人民出版社1991年版,第137页。
④ 《毛泽东选集》第2卷,人民出版社1991年版,第522页。

第二章　思想政治教育视阈下服务型政府建设研究的理论依据与思想资源 ◆◇◆

革为契机，政府职能实现了向服务市场、优化营商环境的转向，"服务型政府"概念呼之欲出，政府的服务定位愈来愈清晰化。2005年，政府工作报告明确了我国服务型政府的内涵，即"创新政府管理方式，寓管理于服务之中，更好地为基层、企业和社会公众服务"。至此，服务型政府的理念与功能定位比较完善地确立下来，要求政府在实践工作中优化各项职能，尤其界定了政府在经济调节、市场监管、社会治理等领域的服务职能，适应了社会主义市场经济体制的公共服务诉求。

"服务型政府"不是对传统政府管理模式的局部修补，而是理念与体制机制的内生变革。如果政府内部体制与机制没有实质性的变革，服务型政府永远是"空中楼阁"式的理论概念，服务型政府的理念一定程度上体现了政府行政的本质。党的十八大以来，中国政府酝酿了新一轮的政府改革，在社会各方力量的支持下，"大部制"改革使各级政府的办事流程基本上达到了"最多跑一次"的效果。政府通过优化整合政务资源、融合线上线下渠道、打破部门利益藩篱、创新办事手段等方式，使群众在申请材料齐全、符合法定条件的情况下，从部门受理到办理结束的全过程只需要一次上门甚至是零上门，尽可能减少老百姓的办事程序，杜绝出现"谁来证明我是我"的荒唐做法。这种全心全意为人民服务的模式，这种服务姿态下沉的服务流程再造就是服务型政府内涵的直接体现，把服务的最大利益还给老百姓，这才是真正为人民服务的政府。

（二）责任政府建设理论

习近平总书记在第十二届全国人大一次会议上明确要求建设责任政府，充分调动人民积极性。责任政府是现代民主政治条件下的服务型政府模式，在价值理念上体现对人民高度负责，实现权力行政向责任行政的转化。我国提出责任政府模式，主要是针对政府在管理过程中出现的"缺位""越位""不到位"现象，针对日益繁多的政务分工不到位而导致效率低下问题，是为了解决权力"多头"而责任无主体的难题。早在新民主主义革命时期，毛泽东就意识到权力责任的问题，提出"实行地方自治，铲除贪官污吏，建立廉洁政府"①。责任政府有三个主要的本质内涵，一是法赋决策权主体；二是权责对等；三是问责机制有效。责任政府应关注权力与责任的匹配问题，提醒、告诫权力的使用者对责任承担的法定义务，有多大权，做多大的事，负多大责任，应规定明确的清单制度。这种制度会内化为公务员服务主体的内心信念，提高权力责任意识，培育良好的行政品质。

面对改革开放对传统政治经济体制改革带来的新机遇，邓小平立足人民立场，从人民群众的根本利益出发，提出了领导就是服务、坚持效率优先的工作原则，对政府提出为民、廉洁、模范、创新的要求，要求政府做人民的勤务员。他认为："自觉地认定自己是人民群众在特定的历史时期为完成特定的历史任务的一种工具。"②他在西南工作时明确提出："政府是人民的，也是为人民的。"③这个执政理念充分尊重人民群众的首创精神，政府要把党的重大决策和绝大多数人民的根本利益联系起来。"凡是符合最大多数人的根本利益，受到广大人民拥护的事情，不论前进的道路上还有多少困难，一定会得到成功。"④效率优先，兼顾公平是改革开放的核心内容和鲜明特色。邓小平明确提出："低速度就等于停步，甚至等于后退。"⑤"搞四个现代化不讲工作效率不行……领导层有活力，克服了官僚主义，提高了效率，调动了基层和人民的积极性"⑥。为此，政府要建立精干高效的责任型行政组织，他认为："机构臃肿重叠、职责不清，许多人员不称职、不负责，工作缺乏精力、知识和效率的状况……确实到了

---

① 《毛泽东选集》第2卷，人民出版社1991年版，第355页。
② 《邓小平文选》第1卷，人民出版社1994年版，第218页。
③ 《邓小平文集（一九四九——一九七四年）》上卷，人民出版社2014年版，第118页。
④ 《邓小平文选》第3卷，人民出版社1993年版，第142页。
⑤ 《邓小平文选》第3卷，人民出版社1993年版，第375页。
⑥ 《邓小平文选》第3卷，人民出版社1993年版，第180页。

第二章 思想政治教育视阈下服务型政府建设研究的理论依据与思想资源 ◆◇◆

不能容忍的地步，人民不能容忍，我们党也不能容忍。"这样下去，"不只是四个现代化没有希望，甚至于要涉及到亡党亡国的问题"①。基于时代发展任务的需要，提高行政效率是政府的重要责任。

责任政府作为一种行政理念，对人民负责有充分的理论基础。责任政府要求政府必须积极回应满足民众的基本正当诉求，并具有应急处置突发事件的能力和责任，承担由政府"失灵"引起的道义、政治与法律的责任，构建"由谁承担责任，对谁承担责任，就哪些事项承担责任，采用哪些方式和程序"的问责清单制度体系。"强调责任政府的制度设计，不能忽视思想政治教育，唯有行政人员自觉地将政府责任内化为服务的责任和义务，才会在面对角色困扰、责任不清、利益不公、权威失灵等方面的冲突时，主动启动职业道德的自律机制，做出符合公共价值的选择"②，政府方能承担应有的公共行政责任，对人民高度负责，凝聚人民的思想共识。

（三）坚持以人民为中心的发展思想

唯物史观认为，人民群众是社会物质资料的生产者，也是国家精神力量的创造者。习近平总书记指出，人民是共和国的坚实根基，人民是党和政府执政的最大底气。新中国 70 多年风雨兼程，这样长的时间跨越，是人民给予了中国共产党人一路前行的勇气和信心，我们党和政府依靠人民创造了历史伟业，并在历史伟业的激励中回报人民。根植人民、依靠人民、服务人民是政府不忘初心、砥砺前行的真实写照，服务型政府必定是一个对人民利益负全责的政府。

人民群众最痛恨腐败现象，腐败是政府治理的最大威胁。党的十八大以来，习近平总书记坚定不移全面从严治党，反腐败斗争取得压倒性胜利，人民爱党爱国爱社会主义的情感空前高涨。政府一些领域实现了重大变革，在政府机构与基本公共服务、干部选拔、党内法规等方面，尤其在遏制公共权力腐败方面，掀起一股清新的政府政治生

---

① 《邓小平文选》第 2 卷，人民出版社 1994 年版，第 396—397 页。
② 曲丽涛：《公民社会与有限责任政府的构建》，《宁夏党校学报》2009 年第 5 期。

态之风。早在 2002 年，时任福建省省长的习近平同志就已经致力于建设服务型政府，他认为："过去政府职能太多，管了不该管、管不好的事情，现在要依法定位，建设'有限政府'，管好自己该管的事情，剥离那些还权于社会、还权于企业的职能……同时要换一个角度理解服务，管理也是服务，要用服务的心态去加强管理"，因为"我们是人民政府"。① 这一论述，为服务型政府建设指明了方向。

习近平总书记指出："把以人民为中心的发展思想体现在经济社会发展各个环节，做到老百姓关心什么、期盼什么，改革就要抓住什么、推进什么，通过改革给人民群众带来更多获得感。"② 针对干部队伍建设，习近平总书记要求，"广大党员、干部特别是领导干部大力弘扬实事求是、求真务实精神，理解改革要实，谋划改革要实，落实改革也要实，既当改革的促进派，又当改革的实干家。"③ "作为党的干部，不论在什么地方、在哪个岗位上工作，都要增强党性立场和政治意识，经得起风浪考验，不能在政治方向上走岔了、走偏了。"④ 同时，更要注重"加强党内政治文化建设，倡导和弘扬忠诚老实、光明坦荡、公道正派、实事求是、艰苦奋斗、清正廉洁等价值观，旗帜鲜明抵制和反对关系学、厚黑学、官场术、'潜规则'等庸俗腐朽的政治文化，不断培厚良好政治生态的土壤"⑤。这些重要论述，奠定了服务型政府建设的总基调。

在纪念马克思诞辰 200 周年大会上，习近平总书记提出要学深悟透《共产党宣言》，深刻领会以人民为中心的发展思想的理论源头。他指出，政府工作要"在更高水平上实现幼有所育、学有所教、劳有所得、病有所医、老有所养、住有所居、弱有所扶"，依据人民最需要的衣食住行问题，不断保障和改善民生，促进改革成果分配实现公

---

① 《习近平改革开放思想研究》，人民出版社 2018 年版，第 151 页。
② 《习近平谈治国理政》第 2 卷，外文出版社 2017 年版，第 103 页。
③ 《习近平谈治国理政》第 2 卷，外文出版社 2017 年版，第 105 页。
④ 《习近平谈治国理政》第 2 卷，外文出版社 2017 年版，第 143 页。
⑤ 《习近平谈治国理政》第 2 卷，外文出版社 2017 年版，第 181 页。

第二章　思想政治教育视阈下服务型政府建设研究的理论依据与思想资源 ◆◇◆

平正义。政府是履行党的初心和使命的实践者,"对初心和使命的庄严承诺、守诺、践诺是我们党长期执政的精神源泉"①。中国共产党自成立之日起,就在革命、建设和改革实践中践行全心全意为人民服务的宗旨。近百年来,我们党始终如一,永远保持对人民的赤子之心。新时代,如何加强宗旨意识,全面践行以人民为中心的发展思想,是政府有效执政的重大使命和考验。政府是国家各项发展战略的执行者,政府执政道德、能力和水平决定了人民正当利益的实现程度。各级政府能否真正转变政府职能,能否依据需要简政放权、创新监管方式,都是考验政府公信力和执行力的重要指标,关系到人民满意执政目标的实现。

(四) 培育和践行社会主义核心价值观

习近平总书记指出,"核心价值观是一个民族赖以维系的精神纽带,是一个国家共同的思想道德基础。"② 基于核心价值观对于建构国家、政府、社会与滋养个体的重要意义,2013 年,中共中央办公厅印发了《关于培育和践行社会主义核心价值观的意见》。深入学习习近平总书记关于培育和践行社会主义核心价值观的重要论述,对提升思想政治教育视阈下我国服务型政府建设研究,具有十分重要的现实意义。社会主义核心价值观凝聚了党与人民的价值共识,回答了我们党要建设什么样的政府、培育什么样的人的重大问题。社会主义核心价值观体系完整、内涵丰富,不但包含国家层面富强、民主、文明、和谐的价值目标,而且包含社会层面自由、平等、公正、法治的价值取向,更包含公民层面爱国、敬业、诚信、友善的价值准则。这些逻辑清晰、层层递进的国家价值目标、社会价值取向、个体价值准则是新时代思想政治教育融入国民教育全过程、提升有效性的基本遵循,也是服务型政府建设必须遵循的价值"总开关"。

---

① 卓成霞:《永远保持对人民的赤子之心》,《光明日报》2018 年 10 月 26 日。
② 习近平:《习近平关于社会主义文化建设论述摘编》,中央文献出版社 2017 年版,第 124 页。

◆◇◆ 思想政治教育视阈下中国服务型政府建设研究

习近平总书记指出:"要通过教育引导、舆论宣传、文化熏陶、实践养成、制度保障等,使社会主义核心价值观内化为人们的精神追求,外化为人们的自觉行动。"① 社会主义核心价值观,其实就是一种德,既是个人的德,也是国家的德、社会的德,更是政府的德。要形成这样一种价值氛围,政府公职人员发挥模范作用至关重要。党员、干部特别是领导干部要在培育和践行社会主义核心价值观方面以身作则、率先垂范,才能以人格力量感召人民群众,获得人民群众的信任,思想政治教育工作才会更有效。政府以优良党风政风带民风,人民才会对政府主导的思想政治教育积极践行,思想政治教育有效性才会得到提升,从而为服务型政府建设营造良好的政治认同环境。

培育和弘扬社会主义核心价值观是一项凝魂聚气、强基固本的基础工程,是政府、社会与人民的伟大聚力过程。在公民层面,要求全体公职人员在公共实践中遵守爱国、敬业、诚信、友善的价值准则,建立良好的职业素养,夯实群众根基。在社会层面,要求服务型政府践行自由、平等、公正、法治的价值取向,树立起政府在人民心中的威信。由此,服务型政府只有在价值准则和价值取向上获得实质性的成效,才能实现富强、民主、文明、和谐的国家层面价值目标,从而走向善治政府。建设服务型政府必须培育和弘扬社会主义核心价值观,有效整合社会意识,构建起具有强大感召力的政府信任基础,这是政府行政系统得以正常运转、社会秩序得以有效维护的重要途径,也是政府治理体系和治理能力现代化的重要内容。作为思想政治教育内容体系的重要组成部分,社会主义核心价值观像空气一样无所不在、无时不有,必然成为新时代服务型政府建设的重要理论支撑。

总之,马克思主义中国化的服务型政府建设理论是思想政治教育视阈下研究新时代服务型政府建设的重要理论依据。我国政府历经从

---

① 习近平:《习近平关于社会主义文化建设论述摘编》,中央文献出版社2017年版,第108页。

第二章　思想政治教育视阈下服务型政府建设研究的理论依据与思想资源

高度集权到合理分权的实践演变，为建设服务型政府提供了历史性分析脉络和实践基础，使新时代的政府更具认识问题、研究问题、解决问题的立场、本领和能力。以人民为中心的发展思想和社会主义核心价值观有力契合了思想政治教育有效性的价值逻辑，在服务型政府建设中承担了道德教化的思想启迪作用。

第二节　思想政治教育视阈下中国服务型政府建设研究的思想资源

服务型政府建设是个历久弥新的现代性课题，离不开中华优秀传统文化的滋养，也离不开包括西方政治文化在内的人类优秀文化的观照。中华文明五千年的历史变迁，蕴藏着无数珍贵的治国思想，中华优秀传统文化中蕴藏着丰富的德性治国策略，是新时代建设服务型政府的重要思想资源。同时，西方在走向现代文明的进程中，政府也积累了丰富的治国经验，许多重要的政治文化思想集成对我国服务型政府建设都具有重要的借鉴价值。

一　民本思想：中华优秀传统文化中的治国思想资源

作为人类文明重要策源地的中华大地，历经繁荣、战乱、崛起、没落的无数朝代更迭。每一次的更朝换代，都伴随着治国文化的兴起与衰落。习近平总书记曾多次指出，实施以德治国方略，"要认真汲取中华优秀传统文化的思想精华和道德精髓……深入挖掘和阐发中华传统文化讲仁爱、重民本、守诚信、崇正义、尚和合、求大同的时代价值"[①]。历史表明，无论掌权者如何更换，优秀传统文化中的治国理论精髓在中华治国历史上都留下了难以磨灭的印记。

[①] 《习近平谈治国理政》，外文出版社2014年版，第164页。

(一) 优秀传统政治文化中的民本思想

儒家政治文化是中华优秀传统文化中的重要组成部分，也是服务型政府的重要行政思想资源。民本思想是儒家政治文化的精髓，也是历朝历代执政的合法性源泉。治国理政，最重要的是把握民心向背。历史表明，任何一个政权的交接，背后都映射了民心的得失。得民心者得天下，为政者实行利民、惠民政策，乃是国家长治久安的人间正道。孔子认为，"因民之所利而利之"，"择可劳而劳之"方能"惠而不费，劳而不怨"（《论语·尧曰》）。孟子认为："乐民之乐者，民亦乐其乐；忧民之忧者，民亦忧其忧。乐以天下，忧以天下，然而不王者，未之有也。"（《孟子·梁惠王下》）孔子提出"修己以安百姓""博施于民"的施政理念；孟子主张"民为贵，社稷次之，君为轻"的人民本位思想；管子主张"政之所兴在顺民心，政之所废在逆民心"的政德思想；《晏子春秋·内篇问下》则主张"德莫高于爱民，行莫贱于害民"的治理理念。两千多年来，以民为本的儒家政治伦理思想影响了中华民族发展进程，影响了历朝历代统治者的在位与作为。历史经验启示我们，儒家政治伦理的民本思想核心对国家兴衰、社会安定和政权存亡具有基础性地位和长期性作用。改革开放再出发，全面深化改革的领域都是难啃的硬骨头，本质上就是要调节利益关系，把本属于人民的利益返回人民的手中，这就考验政府执政为民理念是否能够得到真正落实，考验政府公共政策的人民性。中华文化中可贵的民本思想，正是新时代服务型政府贯彻以人民为中心的重要思想来源，也是中国特色社会主义事业兴旺发达的不竭思想动力，更是民族复兴的理论源头。

(二) 优秀传统政治文化中的政德思想

儒家政治文化发迹于春秋战国时期百家争鸣的思想碰撞中，由于诸侯割据的利益冲击，思想界形成了儒家、法家、墨家等政治文化思想体系。子曰："人而无信，不知其可也。大车无輗，小车无軏，其

第二章　思想政治教育视阈下服务型政府建设研究的理论依据与思想资源 ◆◇◆

何以行之哉?"① 孟子曰:"以力服人者,非心服也,力不瞻也;以德服人者,中心悦而诚服也。"(《孟子·公孙丑上》)战国时期的战乱与混战,不仅消耗了整个国家的物质基础,更对普通大众带来无休止的折磨和痛苦。儒家的仁政思想对于缓和阶级矛盾,调节社会矛盾发挥了巨大的引导作用。孔子指出,"为政以德,譬如北辰,居其所而众星共之。"(《论语·为政》)孟子对当时各阶级存在的暴政深恶痛绝,"庖有肥肉,厩有肥马,民有饥色,野有饿莩,此率兽而食人也。兽相食,且人恶之;为民父母,行政不免于率兽而食人,恶在其为民父母也"(《孟子·梁惠王上》)。他把君主的仁德修养水平上升到决定政权得失的高度,提出"天子不仁,不保四海;诸侯不仁,不保社稷;卿大夫不仁,不保宗庙;士庶人不仁,不保四体""夫国君好仁,天下无敌"(《孟子·离娄上》)的重要执政伦理思想。孟子曰:"乐民之乐者,民亦乐其乐;忧民之忧者,民亦忧其忧。乐以天下,忧以天下,然而不王者,未之有也。"② 荀子则要求执政者必须遵循礼义的规则治理国家,"礼及身而行修,义及国而政明,能以礼(义)挟而贵名白,天下愿,令行禁止,王者之事毕矣"(《荀子·致士》)。孟子以历史领袖的成长经历,告诫后来的执政者要尊贤使能。他说,"舜发于畎亩之中,傅说举于版筑之间,胶鬲举于鱼盐之中,管夷吾举于士,孙叔敖举于海,百里奚举于市。"(《孟子·告子下》)子曰:"有教无类。"③ 由此可以看出,儒家政治文化不但诉求各朝代在位的君主自身有政治修养,还要做到任人唯贤,唯能是举,使贤者在位,是人民之福、时代之幸。儒家文化崇尚每一个朝代的权力高层在理想中达到国泰民安,但由于多种因素的聚集,每个王朝的衰败无不来自内部的严重腐败,统治者置人民的利益、生死于不顾,最后导致朝代灭亡的可悲结局。儒家"德治"思想是中国传统政治文化的

---

① 钱穆:《论语新解》,生活·读书·新知三联书店2008年版,第23页。
② 《孟子·梁惠王下》。
③ 龚贤:《〈论语〉今读》,中央编译出版社2011年版,第263页。

重要组成部分,"为政以德"是"德治思想"的理论核心。儒家主要强调统治阶级要做表率,成为有良好道德之人,以仁德贤明或清正廉洁去治理国家、管理大众,以此达到维护其统治的目的。

(三) 优秀传统政治文化中的治国理论

国有四维,礼义廉耻。一个国家的兴旺发达,需要礼、义、廉、耻四个维度的道德支撑。"礼"是要求社会全体人员共同遵循法律准则和道德规范;"义"则是诉求国家发展伦理的公平、正义;"廉"要求从政人员廉洁节约、光明正大;"耻"要求社会大众要有羞耻之心,不纵容邪恶、罪恶。由此可以看出,德法并举的治国思想在古代就已使用。儒家思想与法家思想在治国理政中的博弈,是治理国家的宝贵政治文化遗产。儒家文化虽历经几千年的战争洗礼,但其"修身齐家治国平天下"的思想价值对于今天的服务型政府建设仍然有着重要的借鉴意义。如果人类权力本性中的恶与欲望不受节制,就会对社会产生极大的消极作用。法治是纠偏人性恶的良器。历代王朝更迭频繁的主要诱因就是当政者对政权力量的过度膜拜,没有法治制约人性的本恶,造成了政权更迭、社会动乱与人民颠沛流离。中华民族历经许多朝代的更迭,其中儒家德治与法治并举的思想发挥了重要的作用。朝代兴衰关乎治国思想选择的逻辑,"明德慎罚"是将道德教化与刑罚措施糅合的治国典范。荀子提出"三威",即"有道德之威者,有暴察之威者,有狂妄之威者""道德之威成乎安强,暴察之威成乎危弱,狂妄之威成乎灭亡也"(《荀子·强国》)。唐太宗奉行"明刑弼教""制礼以崇敬""立刑以明威"。他一方面制定严密、系统的《贞观律》法典,另一方面也制定出一套完整的道德体系,德法相济的治理模式最终成就了"贞观之治"的繁荣景象。唐高宗颁布《永徽律疏》明确指出,"德礼为政教之本,刑罚为政教之用,犹昏晓阳秋相须而成者也。"这些璀璨的政权德性思想,是新时代我国服务型政府建设的宝贵传统思想资源。

在我国宋代理学的形成阶段,德治思想深深打上了理学的烙印。

第二章　思想政治教育视阈下服务型政府建设研究的理论依据与思想资源　◆◇◆

《大学》提炼出"三纲八目"的治国思想体系。三纲，即明德、亲民、止于至善的治国纲领。八目则是治国理政措施的具体化，即格物、致知、诚意、正心、修身、齐家、治国、平天下。儒家思想在朝代繁荣时期的继承和创新，积累了丰富的德治、法治经验，对现代政府治理具有较强的借鉴意义。历史经验表明，无论是以德治还是法治手段进行政府治理，都离不开执政者的道德教化决策。法治理念必须以德治精神为道德基础，德治的扬善抑恶为法治的政策运行创造了良好的社会氛围和精神动力。依法行政是政府道德执政的制度基础，政府行政决策要体现人民意愿，要符合生产力发展的前进方向，这实质上就是执政的大"德"，实际就是"依法治国""以德治国"的兼容并蓄、同向发力。

二　权力制衡：西方政治文化思想中的治国思想资源

自古以来，政府被西方古典政治哲学家视为一种维护社会良性运转必不可少的国家公器，在真正的民主社会实现之前，政府依然要承担全部国家职能与社会职能。西方理论界关于国家治理的社会契约理论、理性选择理论等都是我国服务型政府建设的宝贵思想资源。

（一）社会契约论

契约的本质是信守承诺，践行协议责任。政府与人民之间的纽带和契约促成公共权力的恰当使用，服务型政府的本质就是信守权为民所赋的自由裁量权，为民服务。英国政治思想家霍布斯综合了个人主义和"利维坦"相对立的观念，提出由自然状态之糟糕寻求自然理性，由此建立"利维坦"这个强大的政府集团去修正个体行为，使社会走向善治。个人拥有"自我保存"的权利，这是社会契约建立的基本前提。霍布斯向世人描述了不存在最高权力的自然状态下人与社会的乱象，即为保全自己的权利不受侵害，人人都会拿起武器向他人开战的混乱自然状态。他指出，"最糟糕的是人们不断处于暴力死亡的恐惧和危险中，人的生活孤独、贫困、卑污、残忍而短寿"① 的"一切人反对一切人"的战争状态。霍布斯针对这种损人不利己的无序状态，提出规制无序自然状态的法则，提出自然律，即"理性所发现的诫条或一般法则"②。由此，人们承诺，"我承认这个人或这个集体，并放弃我管理自己的权利，把它授予这人或这个集体，但条件是你也把自己的权利拿出来授予他，并以同样的方式承认他的一切行为"③，其本质为：一大群人相互订立信约，每个人都对他的行为授权，以便使他能运用全体的力量和手段，按其认为有利于大家的和平与共同防卫的方式，形成一个人格。承担着这一人格的，就是主权者，其余的人都是他的臣民。从一定意义上看，这种契约诉求主权者对臣民的保护责任，在面对重大风险时，主权者有为人民免除恐惧的责任，这是服务型政府的道德责任之一。

法国思想启蒙家卢梭，也是社会契约思想的集成者。他认为："人是生而自由的，但却无往不在枷锁。"④ 探讨社会契约对政府的价值，我们需要追溯人们订立原始约定的主观和客观动因。在自然状态下，人们遇到了单独个体无法克服的生存障碍和危机，人类如果不改变其生存方式，就会走向灭亡。为了改变这种窘况，人类只有联手借用集体的力量，一致行动才能战胜自然阻力。卢梭认为："要找出一种联合的形式，使它能以全部共同的力量来保卫和维护每个联合者的人身安全和私有财产。同时，在这一联合体中，每个人在与全体人相联合的时候，所保持的服从仅是对他本人意愿的服从，而且仍然保留着像以前一样的自由。"⑤ 这就是社会契约要解决的根本问题之所在。契约的核心精神就在于，"我们每一个人都要把我们自身和我们的全部力量置于公意的最高指导之下，而且把共同体中的每个成员都接纳

---

① [英] 霍布斯：《利维坦》，黎思复译，商务印书馆1985年版，第95页。
② [英] 霍布斯：《利维坦》，黎思复译，商务印书馆1985年版，第97页。
③ [英] 霍布斯：《利维坦》，黎思复译，商务印书馆1985年版，第131—132页。
④ [法] 卢梭：《社会契约论》，李平沤译，商务印书馆2017年版，第3页。
⑤ [法] 卢梭：《社会契约论》，李平沤译，商务印书馆2017年版，第19页。

第二章　思想政治教育视阈下服务型政府建设研究的理论依据与思想资源　◆◇◆

为全体不可分割的一部分"①。因此，每个缔约者都肩负了共同体的责任与义务，其行为本身更具公共道德性。卢梭还认为，人们"结合的行为包含有一个公众与个人之间的相互约定；可以说，每一个个人在与他自己定约时，便有了双重身份，即对个人来说，他是主权者的一个成员；而对于主权者来说，他又是国家的一个成员"②。因此，人们一旦结合成了一个共同体，义务和利益缔约的双方都要互相帮助，公意是使人们结合起来的共同的利益。在这种制度下，政府无疑是公意和人们让渡权力的代理人，但政府的创建绝不是一项契约，而是一项法律，要防止政府篡权、滥用权力。制度必须明确，"行政权力的受托者不是人民的主人，而是人民任命的官吏；只要人民愿意，人民既可以委任他们，也可以撤换他们"③。这些宝贵的思想为政府执政为民提供了丰富的思想资源，有关权力让渡的契约规章依然是政府及其公职人员敬畏人民、谨慎用权的法典。卢梭认为，政府统治下，公民人数繁殖和增长得最多的，就确实无疑地是最好的政府。

处于自然状态的人们对公共权力寄予一种美好的愿望，向公意主体让渡个体权力，这种权力的集体递交是基于社会契约精神的公共信托。而社会现实是，处于社会状态的人们出于自私本性，利用公权把别人的蛋糕拿到自己手中，蓄意破坏权力"公意"，从而出现诸多谋私个体集合体，形成无序的政治社会。这就是一切社会问题产生的根源，也是政府得以存在的理由。处于政治社会中的人们要以既存的价值评判、思索并承认政治秩序的前提。换言之，社会成员应该追问公共权力具有怎样的理由和条件，才能让支配权力者主动承认谋私过失。处于政治社会中的人们应该理解，或者应该让他们理解，政治对于他们每个人本应有的价值，找寻政治社会的道义基础，这既是近代社会契约论者关注的主题，也是新时代服务型政府建设需要彰显的契约精神。

---

① ［法］卢梭：《社会契约论》，李平沤译，商务印书馆2017年版，第19页。
② ［法］卢梭：《社会契约论》，李平沤译，商务印书馆2017年版，第20页。
③ ［法］卢梭：《社会契约论》，李平沤译，商务印书馆2017年版，第112—113页。

(二) 理性选择理论

寻求理性的命题就是寻求一种均衡。"理性选择理论"一般用在政治学与经济学研究中，具有广泛的普适性和广义的内涵性。理性选择理论是以"经济人"的假定为分析源头，探讨政治领域中的"经济人"是怎样决定和支配集体行为的，特别是对政府行为的集体选择所发挥的制约作用。所谓"经济人假定"，是指一个人无论身居何种地位，他的本性都是趋利避害的，具有使个人利益程度最大化的原始动机，无论是自然状态的人还是社会状态的人，假定都具有"经济人"特点。目前，理论界主要运用的理性选择理论是运用经济学方法来分析政治领域问题的公共选择方法。早期的理性选择理论来源于布坎南的公共选择模型、安东尼·唐斯的官僚经济学、奥尔森的集体行动理论和赖克的政治联盟理论等。这些思想流派一定程度上反映了世界经济与政治发展的热点，传统自由主义、保守主义与新自由主义流派的博弈趋向，以及国家与政府、社会力量的角逐状态。

理性选择理论在20世纪80年代成为西方政治思想中的重要流派，它从经济学视角考察政治现象与政府行政问题，旨在将市场制度中的人类行为与政治制度中的政府行为纳入同一分析轨道，即"经济人模式"，从而修正传统经济学将政府制度置于经济分析之外的理论缺陷。公共选择理论属于一种新公共经济理论，是政治学领域中的一个极为重要的研究领域，是研究政府职能与角色转换的理论基石。其中最有代表性的是美国诺贝尔经济学奖获得者布坎南为代表的公共选择理论。他认为，"国家（政府）不是神的造物，它并没有正确无误的天赋。因为国家（政府）仍是一种人类的组织，在这里做决定的人和其他人没有什么差别，这些人一样会犯错误，因此，建立在道德神话基础之上的国家政治理论一旦遇上'经济人'这一现实问题便陷入难以解决的困境。"[1] 也就是分析政治现象是基于"经济人"角

---

[1] 丁煌：《西方行政学说史》，武汉大学出版社2004年版，第343页。

第二章　思想政治教育视阈下服务型政府建设研究的理论依据与思想资源 ◆◇◆

色的假设，因为人们在面对众多选择时，更愿意选择利己的方法。

理性选择理论极大地提升了人们对社会生活中制度作用的理解，在多数理性选择的解释中，政党试图实现利益最大化取决于他们在选举中获得胜利的机会，而不是什么特殊的意识形态议程，而选民则寻求通过政治过程来实现最大化利益。由此可以看出，理性选择是一种基于"自身利益"的代理法则，但民主发展所要求的理性抉择是诉求公意达成共识。比如，唐斯（Downs）在《民主的经济理论》一书中谈道，当两党在赢得选民支持的努力中沿着意识形态连续统一体而相互抢占有利位置时，他们的"纲领"会倾向于向"中间选民"的意识形态位置汇集。该书从政党竞争的角度，阐释了理性选择理论的立场偏好，说明理性选择的结果可能在实践中并没有把持"公意"立场，这是造成政府与民众关系紧张的原因，也是当今政府执政需要重视自身道德品质的原因。理性选择理论的起点逻辑是一种假设，即理性的行动涉及功利最大化，达成民众认为的既有效率又有效果的期望值，这就是一种理性。理性选择对于政府行政来说，判断命题真伪的唯一标准就是是否站在人民立场，这是建设服务型政府最重要的立足点。

事实上，政府职能的施政者在选择机会上都存在以上基本假设，对于理性与非理性的意念，在不同的社会语境下，不同的社会主体会作出不同的选择。但对于公共领域的政府服务者，建立理性选择理论的实践体系至关重要，所有公职人员的选择偏好在一定程度上不能偏离公共服务属性，否则就无法体现出政府的服务功能。学术界运用"理性选择理论"是基于韦伯的"工具合理性行动"理想类型作出的行动选择，其价值指向是社会优先、国家优先还是个体优先的选择行动。在公共行政过程中，政府时常处于利益场、权力场的胶着博弈中，如何理性选择、决策、分配利益成为服务型政府建设的难题。从应然角色看，政府天然地要以服从公共利益为天职，但行政过程充满了多重诱惑，其实然角色才是我们要研究和关注的焦点课题，这也是思想政治教育有效性受制于政府实然角色与应然角色摇摆的主要原因。随着人们对行政管理体制的关注,政治领域的理性选择走进了人们的视野,人们更为关注的是,自己的合法利益是否得到了制度选择的保障。建设服务型政府就是要养成政府采取最优策略、理性行政的公共品质和素养,保证实现人民利益的最大化或服务效用的最大化。随着时代的变迁,社会科学中的理性个体所追求的利益趋向发生了偏移,已从经济学的物质利益扩展到了政治生活的权力、尊严和人民满意度等多维价值,理性选择理论成为服务型政府建设的重要思想资源。

第三章 思想政治教育视阈下中国服务型政府建设的特质、要义与价值

马克思主义认为，人类活动是合规律性与合目的性的统一，是真理尺度与价值制度的完美结合。思想政治教育立德树人的目的性，与服务型政府建设的工具性，二者具有本质上的一致性。思想政治教育有效性是要素有效、过程有效、结果有效的内在集合体，这种微观运行机理贯穿于我国服务型政府建设的全过程，促进了服务型政府建设的深度、广度与效度。服务型政府具有的工具理性和价值理性，是推进国家治理体系与治理能力现代化的必然要求。本章重点论述思想政治教育视阈下我国服务型政府有效建设的特质、要义与价值，为服务型政府建设现状分析提供思想前提。

第一节 思想政治教育视阈下中国服务型政府建设的特质

要素的有效性，意指要素在推动具体系统、活动的有效运行方面所表现出的积极属性。思想政治教育要素的有效性，意指思想政治教育诸要素所具有的有利于实现自身理想在思想政治教育活动中所担负功能的属性。政府是思想政治教育的重要主体，是众多要素中的关键要素，其有效性取决于政府及公职人员是否具有相应的主体意识和包括政治素质、人格素质、理论素质、能力素质等在内的主体素质。这种主体素质是建设服务型政府必备的，它关系到人民至上性、权力公

意性、制度权威性、治理效能性等实现程度。而诸多要素特质中，政治特质是服务核心要素。关于服务型政府建设的特质，本书从思想政治教育有效性视角进行概括与分析。

一 人民至上的政治性

民心是最大的政治。人民至上的政治性是指政府的一切公共行政行为要体现其为民服务的属性，践行以人民为中心的发展思想，始终以创造公共利益为施政宗旨。人民性是我国服务型政府建设的本质属性，与西方国家倡导的政府形态有着本质上的价值分割。"人民至上"生动诠释了习近平总书记关于正确权力观、政绩观、事业观的要义，就是要求政府"在任何时候都把群众利益放在第一位"。全心全意为人民服务，这是中国共产党人的一贯主张和根本宗旨，也是政府存在的本质。习近平总书记指出："人民对美好生活的向往，就是我们的奋斗目标。"[1] 这一要求从根本上回答了中国共产党人和人民政府执政"为了谁""依靠谁"的问题，生动地诠释了政府立党为公、执政为民的高贵品质。政府在日常的行政事务中践行以人民为中心的发展思想，创造性实践了"发展为了人民、发展依靠人民、发展成果由人民共享"的人民主体地位理论，是对新时代服务型政府建设本质的精准把握。服务型政府建设就是政府主动在服务领域、服务环节中始终把人民放在心中最高位置，始终坚持在发展中保障和改善民生，聚焦不同层次群体诉求的利益痛点与难点，提供切实可行的解决方案，真正解决人民后顾之忧。

人民至上是无产阶级政权通过艰苦卓绝的斗争换来的政治立场。马克思认为，"国家和国家机关由社会公仆变为社会主人"[2] 的现象在迄今为止的所有国家中都是不可避免的，（资产阶级国家政权）

---

[1] 《十八大以来重要文献选编》（上），中央文献出版社2014年版，第69页。
[2] 《马克思恩格斯文集》第3卷，人民出版社2009年版，第110页。

第三章 思想政治教育视阈下中国服务型政府建设的特质、要义与价值 ◆◇◆

"变成了为进行社会奴役而组织起来的社会力量"①。只有进行无产阶级专政才是社会公仆的实现路径，我国服务型政府就是立足人民立场而建立的公仆政府。唯物史观指出，人民群众是历史的创造者。人民是国家、政党、政府长期执政的力量来源和牢固基石，人民性是服务型政府的本质特征。马克思是人民至上思想的奠基人，《共产党宣言》是践行人民主体思想的最早宣言书。习近平总书记指出，学习马克思，就要学习和实践马克思关于坚守人民立场的思想。所谓政府的人民性就是政府按照人民的利益、意志和愿望建设中国特色社会主义伟大事业，按照人民的诉求及时调整政府公共行政的路线图和时间表。政府机关、各级领导干部在公共行政中始终以人民利益为最高准则，立德修身，发挥示范作用，以推动整个社会系统良性发展。

人民至上，就是要"把为民造福作为最重要的政绩"，这是政府的政治任务。人民所需所盼的，就是政府要干的。然而，在现实中的民生领域，依旧存在着非人民性思维和施政行为，在改革开放40多年的历史进程中，一些群体的获得感、幸福感、安全感在某些领域并没有得到增强，相反，人们的生存紧张感、生活焦虑感却日益增加。例如，人民对于教育领域"抢跑"现象焦虑、对高房价的透支焦虑、对雾霾天气的环境焦虑、对公共卫生领域的恶劣事件焦虑等系列糟心事，呈现了心理上阵阵的迷茫和久久徘徊。归根结底，是个别地方政府的公共决策和施政策略出现了异化，脱离了政府本应为人民服务的常规渠道。建设服务型政府，就是要彻底改变以往某些干部阳奉阴违"两面人"的执政行为，避免对人民生产、生活与生态造成人为伤害，还人民应得的物质财富和精神财富，增强人民的获得感、幸福感、安全感。

二 政治权力的公意性

一切权力来自人民。政治权力的公意性是指政府要以渐进性的政

---

① 《马克思恩格斯文集》第3卷，人民出版社2009年版，第152页。

治体制改革举措,保证公共权力回归公共利益本位,充分保障人民的政治参与权和监督权,保障权为民所用。马克思高度评价巴黎公社政权模式,为抑制公职人员脱离群众,巴黎公社制定了严格而明确的法令,"彻底清除了国家等级制,以随时可以罢免的勤务员来代替骑在人民头上作威作福的老爷们"①。马克思主义权力观为服务型政府建设破除利益固化的藩篱,提供了制约公共权力的制度范本。加快形成系统完备、科学规范、运行有效的制度体系,有利于各级政府着力解决人民群众所需所急所盼的难题,人民过上梦寐以求的好日子,就会对政府充满信心。习近平总书记指出,"国家监察体制改革试点取得实效,行政体制改革、司法体制改革、权力运行制约和监督体系建设有效实施。"② 这些举措都在逐渐破除以前不合理的体制机制,以新的体制机制创新修补权力漏洞,极大地防范了公共权力行使的真空状态。同时,这些改革举措更加保障了人民的监督权和参与权,健全了人民利益表达、利益协调、利益保障机制,引导群众依法行使权利、表达诉求、解决纠纷,充分发挥广大人民群众参与治理国家的主动性和创造性,有效促进社会公平正义,确保社会有机体既充满活力又和谐有序,以真正体现服务型政府的价值。

权力为民是服务型政府本质的集中体现。服务型政府秉持公共权力的法律权限,保证权力为民的利益最大化。政府权力的授权和运用必须符合宪法,符合宪法规定的范围、种类、程序和限度。政府产生程序必须符合宪法和有关法律法规,得到人民的拥护和认可。马克思提出,"从前国家的高官显宦所享有的一切特权以及公务津贴,都随着这些人物本身的消失而消失了。"③ 人民是公共权力的主人,政府则是行使公共权力的代理者。但在实践中,权力的威力和魔力往往使

---

① 《马克思恩格斯文集》第 3 卷,人民出版社 2009 年版,第 196 页。
② 习近平:《决胜全面建成小康社会 夺取新时代中国特色社会主义伟大胜利——在中国共产党第十九次全国代表大会上的报告》,人民出版社 2017 年版,第 4 页。
③ 《马克思恩格斯文集》第 3 卷,人民出版社 2009 年版,第 154—155 页。

第三章　思想政治教育视阈下中国服务型政府建设的特质、要义与价值 ◆◇◆

使用者异化公权的本质，背离人民性的基本属性。权力具有二重性，在造福人民的同时，权力异化也会严重损害公共利益。不受制约的权力会导致绝对的腐败，这与党中央领导集体一直倡导的权力为民精神背道而驰，损害了政府公信力，也损害了党对人民的赤子之心。因此，服务型政府无论是从拥有权力的本源上，还是使用的目的性上必须坚守公权姓民的政治原则，必须服务于公共利益的分配，绝不能让权力沦为某个集团或个人的谋私工具。

权力公意体现在政府用权实现公共利益的程度上。习近平总书记指出，"党员、干部特别是领导干部要清醒认识到，自己手中的权力、所处的岗位，是党和人民赋予的，是为党和人民做事用的，只能用来为民谋利。"最大程度实现公共利益是政府合法执政、长期执政的政绩来源。实践表明，一切政府公共行政活动，由于政府"政治人"与"经济人"的角色纠结，都会遭遇公私两种利益的冲突与博弈，模糊了政府自身利益与公共利益的判定标准。"在谈及政府利益时，必定涉及权力利益，权力利益包括了三种层面的博弈：一是国家政府机关作为一个整体在与社会公众的矛盾之中体现出的利益之争；二是各级国家政府机关发生矛盾时所表现出的对各自利益的争夺；三是国家政府工作人员凭借权力为个人牟取私人利益，这些利益在超过一定的'度'之后就与公共利益背道而驰。"[①] 事实上，改革开放40多年来，我国取得世界第二大经济体的伟大成就，人民更希望在衣食住行等生活细节方面拥有更多、更实在的获得感、幸福感。这里就涉及由公权力主导的利益分配机制问题，服务型政府的公意应体现人民利益的唯一至上性，维护国家利益与人民利益是兼容的，政府特别要防范那些以"国家利益""人民名义"为幌子的公职人员，不遵守权力契约的精神、谋求私人利益的权力异化行为导致损害人民利益。

---

① 卓成霞：《政府自身利益与公共利益关系的调适研究》，《天津市财贸管理干部学院学报》2011年第3期。

三 政治制度的权威性

制度威严来自人民当家作主。政治制度权威性是指政府施政行为要充分发挥中国特色社会主义制度优势,始终坚持权为民所用、利为民所谋,体现人民对我国政治制度的高度服从,发挥我国制度特色和优势。中国特色社会主义制度是坚持党的领导、人民当家作主和依法治国的有机结合,是我国根本政治制度、基本政治制度和基本经济制度以及其他重要具体制度的有机统一,是政府公共行政的制度指南和价值依归。习近平总书记指出,"人民代表大会制度是符合中国国情和实际、体现社会主义国家性质、保证人民当家作主、保障实现中华民族伟大复兴的好制度。"[①] 我国根本政治制度保障了人民当家作主之路越走越宽,体现了人民政府为人民的根本宗旨。人民代表大会制度实现了全体人民参与管理国家和社会事务,是社会主义民主政治的本质体现。人民代表大会制度的开放性极大地推进了政府治理体系和治理能力现代化,显现出政党制度的巨大生命力,体现了集中力量办大事的制度优势。正如邓小平所言,"社会主义国家有个最大的优越性,就是干一件事情,一下决心,一做出决议,就立即执行,不受牵扯。"[②] 这高度体现了服务型政府的执行力和实践效率,这就是服务型政府建设的最大制度优势。

制度权威性还体现在政府公共政策的输出层面。中国特色社会主义制度是党和人民在长期实践探索中形成的科学制度体系。服务型政府的本质特点,就是依托公共决策的平台,以决策正义为指向,为人民群众办实事、解难事、做好事,在人民心中树立政府的公信力、权威性。马克思公开支持公社"把自己的所言所行一律公布出来,把自

---

① 习近平:《在庆祝全国人民代表大会成立 60 周年大会上的讲话》,人民出版社 2014 年版,第 5 页。
② 《邓小平文选》第 3 卷,人民出版社 1993 年版,第 240 页。

第三章　思想政治教育视阈下中国服务型政府建设的特质、要义与价值　◆◇◆

己的一切缺点都让公众知道"①。这一优势，应成为一种制度规范，保证权力运行公开透明，体现制度优势。服务型政府建设的过程，就是政府实施顶层设计的政策执行过程，就是使人民的意愿体现在政府不忘初心、砥砺奋进的意志权威上。政府的权威建立在决策科学、分配正义的基础之上，是服务型政府建设的着力点。政府权威还反映在决策理性层面，即执行理性模式：以界定问题—建立评估标准—认定可选择政策—评估可选择政策—选定偏好的政策—执行偏好的政策—界定问题的循环模式进行。② 政府与生俱有权威是因为它有着公共服务职能的光环，以公共政策为载体，以满足人们对美好生活的向往为行为目的。公共政策应该最终提高大家的福利而不只是几个人的福利，它不能成为利益集团牟利的工具。改革开放再出发，最难啃的骨头就是政府必须努力要做的，也是人民一直期望的。新中国成立70多年来，政府历经高度集中的计划经济体制向社会主义市场经济体制的转轨，这种体制的转变涉及政府服务理念、服务方式、体制机制的系列变革，更涉及权力主体的无数次交接。如果政府自身做不到责任承诺，就会使执政为民成为一条宣传标语，政府的权威就无法树立在人民心中。

邓小平指出，"我们的制度将一天天完善起来，它将吸收我们可以从世界各国吸收的进步因素，成为世界上最好的制度。"③ 历史经验表明，政府在公共政策的制定、执行中，有成就也有教训。现阶段民生领域出现的矛盾和问题，大多是公共政策实施不当而导致的公共利益减量行为，引起群众不满，引发人民对政府信任度的降低。强势政府"仅仅把公共政策研究作为引导、控制社会的工具，或单纯作为

---

① 《马克思恩格斯文集》第3卷，人民出版社2009年版，第164页。
② 卓成霞、郭彩琴：《公共政策视角下政府治理伦理困境及政府正义》，《深圳大学学报》（人文社会科学版）2016年第5期。
③ 《邓小平文选》第2卷，人民出版社1994年版，第337页。

提高行政效率的工具"① 的时代必须终结。服务型政府就是要牢牢把握公共政策为民利民的本质属性，维护发展成果分配公平正义。新时代，服务型政府必须承担公共决策失误的后果，及时修正政策，不能按照不当利益偏好左右公共政策的效力，招致公众对公平与效率的质疑。一项重大公共政策的成功实施，需要政府从应然角色出发，对人民利益进行权衡与考量。政府只有完全回应人民的关切，出于对人民需要的应答，才能保证政策输出保留最大程度的公意，对政策可能存在的未来风险，作出理性的分析和判断，对国家与人民负责。

四 治理机制的效能性

运行有效的制度体系保障最广大人民的利益。治理机制效能性是指政府作为国家治理的主体，按照党和国家决策部署推动经济社会发展、管理社会事务、服务人民群众，依靠完善的国家行政体制、政府组织体系和工作职责体系，完成各种服务职能效能的外在表现形式。马克思指出资本主义建构政权的严重缺陷，即"消灭以民族统一的体现者自居同时却脱离民族、凌驾于民族之上的国家政权，这个国家政权只不过是民族躯体上的寄生赘瘤"②。不同政体下的政府，有截然不同的治理导向和价值。评估服务型政府的治理效能，关键看政府能否在制度优势的保障下，最大程度地将各项制度优势转化为治理效能，真正彰显政府为民执政的能力。政府各项具体工作的推动和落实，关键要看政府效率体制内循环情况和岗位执行人的履职履责情况。制度执行对效能转化有着十分重要的作用，习近平总书记反复强调，"各项制度制定了，就要立说立行、严格执行，不能说在嘴上，挂在墙上，写在纸上，把制度当'稻草人'摆设。"③ 这一论述，为

---

① 徐湘林：《面向21世纪的中国政策科学》，《北京大学学报》（哲学社会科学版）2000年第4期。
② 《马克思恩格斯文集》第3卷，人民出版社2009年版，第156页。
③ 习近平：《之江新语》，浙江人民出版社2007年版，第71页。

第三章　思想政治教育视阈下中国服务型政府建设的特质、要义与价值

制度转化为效能指明了方向。

治理效能更体现在领导干部的落实能力上。将制度优势更好转化为治理效能，是一个知行合一的过程。领导干部作为政府治理的具体实施者，应不断加强干部队伍治理能力和执行能力建设。一是在政策文件精神的把握能力上，一定要学深悟透，不能只唯上、只唯书，而不唯实，防止仅靠个人的理解断章取义转发文件精神，曲解中央精神。二是在贯彻执行政策上，要坚决杜绝干部急功近利的心态、争抢头功的邀宠意识。有些干部在基层搞选择性落实，认为对自己有利的政策就大肆发挥，自己做不了的就一带而过，这种做法对维护稳定、防范化解风险起到了反作用，群众意见很大。三是要把监管机关充分调动起来，监督政策落实情况和干部执行效果。那些做选择、搞变通、打折扣的做法，肯定会影响治理的成效。那些有令不行、有禁不止、阳奉阴违的做派，肯定会影响制度威信，影响政府公信力，最大的危害就是贻误发展时机。

治理效能还体现在推动经济社会发展的成效上。经济社会发展的主动脉关键要靠国家行政体制的循环大系统畅通无阻。一是在各级各类行政部门的协同上，一定要避免"比谁权大"的不当想法，坚决铲除脱离实际的形式主义、官僚主义的思维。政出多门最大的害处就是无人负责、无人担责、互相推诿，导致紧要的事务推不动，最后耽误的还是国家和人民的事情。二是在执法体制的改革上，需要畅通行政部门小循环，实行跨领域跨部门综合执法，推动执法重心下移，关键要看谁执法更有利于解决矛盾问题、切实维护人民的利益、更能有效维护制度权威和政府公信力。

治理效能更体现在政府职责体系的优化上。厘清政府和市场、政府和社会关系，确认政府职责清单、市场清单、社会清单，形成三方合力，激发"放管服"改革的效力提升。特别是政府在履行经济调节、市场监管、社会治理、公共服务、生态环境保护等职能环节上，一定要形成高效率、高质量的组织供给体系，体现出政府执政为公的服务属性。执政效率与效能是一个硬币的两面，促进政府组织机构和职责体系的有机循环，也会强化服务效能。经济社会高效运转，主要还是要看政府组织机构微循环的科学配置，推进机构、职能、权限、程序、责任法定化，使政府机构设置更加科学、职能更加优化、权责更加协同。

第二节　思想政治教育视阈下中国服务型政府建设的要义

服务型政府作为一种价值追求和目标指向，施政过程涉及思想变革、制度修缮、社会示范等各种角色价值的博弈，主要体现在过程有效性上。过程的有效性，意指其在最大限度地发挥各施政要素的效能、促进施政目的实现方面所表现出的积极属性，取决于诸子过程的充分展开及其有效性的确立，取决于政府主导作用的充分发挥。建设好服务型政府是一项系统工程，本书通过对政府公共实践过程有效性的探讨，揭示政府营造的政治生态环境对公共行政过程的影响、机制与规律，进而通过教育引导、精准落实、组织示范、效能强化等手段对服务型政府建设筑牢群众根基、夯实人民利益、强化人民立场、彰显初心使命等发挥过程有效的作用，实现与思想政治教育有效性的共生共荣。

一　以精准落实夯实人民利益

服务型政府建设的基准点就是务必保证党中央的各项决策在基层开花结果。实现思想政治教育的社会建构功能，关键是靠政府踏踏实实地逐项落实，保障人民利益最大程度的实现。习近平总书记指出，抓落实，要"力戒形式主义、官僚主义，推动党的路线方针政策落地生根"，"不断增强人民群众获得感、幸福感、安全感"。[①] 确保重大

[①] 习近平：《在"不忘初心、牢记使命"主题教育工作会议上的讲话》，人民出版社2019年版，第8页。

第三章　思想政治教育视阈下中国服务型政府建设的特质、要义与价值 ◆◇◆

政策和措施在各个领域落地、落实、落细，是托举国家强大实力的关键环节。挂在墙上的宏图，如果不去落实，永远都只是镜中花、水中月。马克思针对官僚主义、形式主义的危害提出："就单个的官僚来说，国家的目的变成了他的私人目的，变成了追逐高位、谋求发迹。"① 做好自己的事，就是要求领导干部在各自的岗位上真正以百姓心为心，以百姓苦为苦，弯下腰去不折不扣地执行党中央的决策，切实解决发展中不平衡不充分的问题，推动解决人民群众反映强烈的突出问题。新中国70多年来的伟大成就是无数领导干部踏踏实实带领人民干出来的，经得住任何风险和压力考验。

政策落地生根必须精准施策，畅通人民利益获得的渠道，提高政府公信力，增强思想政治教育的政治认同。习近平总书记强调："出台政策措施要深入调查研究，摸清底数，广泛听取意见，兼顾各方利益。政策实施后要跟踪反馈，发现问题及时调整完善。要加大政策公开力度，让群众知晓政策、理解政策、配合执行好政策。"② 开启全面建设社会主义现代化国家新征程中，我们面临的新问题比不发展的时候还要多，还要棘手，问题的解决必须靠干部出实招、出硬招、出高招，靠干部脚踏实地出实绩，精准施策。政策的制定、细化、执行等过程考验着政府干部干事创业、狠抓改革落实的能力和水平。领导干部在落实过程中，要列出难题清单，遵循科学的工作方法，确保理解政策不走偏、贯彻政策不打折、推广政策不变形，打通落实服务政策的"最后一公里"，切实解决政策不配套、不衔接、不落地的问题。

精准落实必须体察民意，搞清楚人民最需要解决什么问题。服务型政府要当体察民情的"大脚掌"，多做雪中送炭的实事好事，既要有想干事、真干事的自觉，又要有会干事、干成事的本领。习近平总书记指出，领导干部要"像好榜样焦裕禄、孔繁森、郑培民等英模人

---

① 《马克思恩格斯全集》第3卷，人民出版社2002年版，第60—61页。
② 《习近平谈治国理政》第2卷，外文出版社2017年版，第363页。

物那样，做一个亲民爱民的公仆，做一个忠诚正直的党员，做一个靠得住、有本事、过得硬、不变质的领导干部"①。脑子里想的，身体里装的，手里做的，一定与党中央精神高度一致，决不可做"两面派""多面人"。老百姓是天，老百姓也是地。领导干部心中常思百姓疾苦，脑中常谋为民之策。理想信念不是挂在嘴上的，而是要以切实行动为政府分担压力，为百姓解决实际问题。不同的地方有不同的资源和禀赋，要坚持摸清地方情况，想出来的点子、举措、方案一定要符合本地的实际情况。面对群众工作难题，要有明知山有虎、偏向虎山行的劲头，真正成为带领人民战风险、渡难关的主心骨。历史终将证明，我们前进道路上的那些"绊脚石"，一定会成为奋斗者的"铺路石"。我们要以钉钉子的精神，精心做好自己的分内事。政府机关公职人员应从国内大局看自己执政区域存在的问题，看到自己的历史责任与使命担当。

精准落实必须坚持"改"字当头，切实破除阻碍人民利益获得的旧体制机制。服务型政府既要敢于抓改革，又要善于促改革。习近平总书记指出，"要把'改'字贯穿始终，立查立改、即知即改，能够当下改的，明确时限和要求，按期整改到位；一时解决不了的，要盯住不放，通过不断深化认识、增强自觉，明确阶段目标，持续整改。"② 要把关系经济社会发展全局的改革、涉及重大制度创新的改革、有利于提升群众获得感的改革放在更加突出的位置，一些重大试点任务，要形成倒逼机制，抓紧时间，倒排工期，早出成果。中央改革政策在地方落实，离不开基层结合实际制定实施细则、出台配套举措。政策越往基层延伸，各级干部抓落实的工作情况就越多样、越复杂。强化基层政策的执行落实，就是要把鼓励基层改革创新、大胆探索作为抓改革落地的重要方法，既要杜绝上热下冷的落实"温差"，又要

---

① 习近平：《之江新语》，浙江人民出版社2007年版，第84页。
② 习近平：《在"不忘初心、牢记使命"主题教育工作会议上的讲话》，人民出版社2019年版，第11页。

第三章　思想政治教育视阈下中国服务型政府建设的特质、要义与价值 ◆◇◆

因地制宜、逐层细化，力求精准有效，凝聚人民对政府的绩效认同。

二　以组织示范强化人民立场

政府体现人民立场，关键是看政府施政是否以人民为中心，是否站在人民的立场上出政策，这与实现思想政治教育有效性是高度统一的。习近平总书记指出：始终站稳群众立场，真心为群众着想，全力为群众造福，坚决"纠正损害群众利益的行为"①。政府有效履行施政义务是建设人民满意的服务型政府过程的重要组成部分，其组织示范的效应比任何说教都具有说服力。政府的榜样示范作用，主要体现在思想道德领域和公共行政领域两个方面。"见贤思齐焉，见不贤而内自省也。"② 这是先哲大师孔子对弟子训诫之言，时至今日，依然振聋发聩。见贤思齐，见不贤而自省，对于政府及公职人员而言，具有重大启示价值。榜样示范是任何时代发展都需要的精神引领，也是思想政治教育有效性的"风向标""指南针"。

服务型政府建设的组织示范是指政府运用先进的思想观念与道德实践为示范，提升自身思想道德素养，继而在公共行政中践行全心全意为人民服务宗旨，养成符合政府治理现代化的理论品质。马克思认为，"一切官吏对自己的一切职务活动都应当在普通法庭面前遵照普通法向每一个公民负责。"③ 如果政府公职成员忽视思想政治教育素养的养成，或者仅仅在形式上注重，而在思想和行动上背离国家意志、背离人民利益，这种行为更具破坏性。相反，如果政府自身高度重视意识形态建设，发挥政府工作人员的思想政治教育榜样示范作用，以社会主义核心价值观引导政府人员心怀国家与社会责任，保持对人民的赤子情怀，并在深化改革中发挥组织示范的作用，就会在人民心中形成会干事、能干事、干成事的行政事务集体，成为中华民族

---

① 《习近平谈治国理政》，外文出版社2014年版，第16页。
② 《论语·里仁》。
③ 《马克思恩格斯文集》第3卷，人民出版社2009年版，第414页。

伟大复兴凝聚力和向心力的发力点。因此,政府在思想政治教育领域发挥道德主体力量,对强化国家主流意识、民族忧患意识、人民服务意识等有着重要意义。

党的自我教育历史经验彰显组织示范的重要性。20世纪社会主义国家阵营苏联战旗的轰然倒塌,使世界社会主义事业出现曲折发展。我们要时刻警惕政党政府脱离人民的危害性,"苏共垮台、苏联解体的根本原因,关键在执政党——苏共自身的和平演变,首先是苏共领导层的意识形态蜕变"[1]。可以说,苏联的解体是政党高层内部体系的离心离德,在社会主义国家重大跨越期,对马列主义和社会主义信仰、信念的动摇和背叛、遗弃,导致人民思想上对政党执政的强烈背离。一个具备德性的服务型政府,必定示范社会公德向善,产生强大凝心聚力的示范作用。正如马克思所言,"在这里,国家制度不仅自在地,不仅就其本质来说,而且就其存在、就其现实性来说,也在不断地被引回到自己的现实的基础、现实的人、现实的人民,并被设定为人民自己的作品。国家制度在这里表现出它的本来面目,即人的自由产物。"[2] 建设服务型政府既是思想政治教育有效性的重大任务之一,也是政府本质职能所在。政府自身利益与公共利益在不同时期的博弈结局直接影响政府组织示范的效果。政府作为开展理想信念教育的主体,要在深化民族复兴中国梦的宣传教育方面,以实实在在的成绩向人民展现组织示范的重要性,全方位体现政府爱国主义、集体主义、社会主义行为的价值,引导人民形成正确的历史观、民族观、国家观、文化观、义利观。

三 以效能强化彰显初心使命

政府以卓越有效的为民执政成绩,打造让人民满意的服务型政

---

[1] 徐海燕:《步入歧途:苏联解体进程中的意识形态蜕变》,《政治学研究》2010年第3期。
[2] 《马克思恩格斯全集》第3卷,人民出版社2002年版,第39—40页。

第三章　思想政治教育视阈下中国服务型政府建设的特质、要义与价值 ◆◇◆

府，实现人民的全面发展，凸显党和政府的初心使命，这与思想政治教育的社会价值殊途同归。习近平总书记指出，"中国共产党人的初心和使命，就是为中国人民谋幸福，为中华民族谋复兴。"① 这就要求政府施政始终与人民同呼吸、共命运，强化政府服务效能，把已有的好经验、好做法加以总结、推广、复制，在全社会营造政府干事创业、创新发展的氛围。效果强化是对政府执政效能的一种有效宣传方式，是对实践主体的最大褒奖。马克思、恩格斯在《德意志意识形态》中提出，"每一个力图取得统治的阶级，即使它的统治要求消灭整个旧的社会形式和一切统治，就像无产阶级那样，都必须首先夺取政权，以便把自己的利益又说成是普遍的利益，而这是它在初期不得不如此做的。"② 服务型政府建设的效能强化是指政府及其成员选择什么样的思想体系或价值观作为公共行政的行为动力实施服务的过程，即通过不断改变行政行为产生的效果刺激达到增强某种精神或思想动力的过程。政府在发展中积极保障人民利益、改善民生，集中力量做好基础性、兜底性工作，公信力自然而然就会得到提升，人民在心中就会信服政府，从而更加信任伟大的执政党。在我们攻坚克难的改革纵深阶段，人民与政府同心同力、同向同行，互相信任、互相支持，必定会形成一股强大的合力，使新时代中国特色社会主义伟大事业熠熠生辉。服务型政府需要强化这样一种效能逻辑，来保障建设过程中的道德品质永不褪色。思想政治教育有效性也表明，人们的思想一旦形成认同惯性，是难以发生改变的。政府的公信力，即人民对政府的认同度，是政府行政走向卓越的强大精神动力所在。只有不断推动公共行政效能提升，并不断在治国理政中加以强化，人民对政府的信任才会得以提高、巩固。政府及其公职人员通过政策优化、自身勤政获得人民的认同，提高公信力。政府公信力的提高，鼓励广大行政

---

① 习近平：《决胜全面建成小康社会 夺取新时代中国特色社会主义伟大胜利——在中国共产党第十九次全国代表大会上的报告》，人民出版社2017年版，第1页。
② 《马克思恩格斯选集》第1卷，人民出版社2012年版，第164页。

人员再接再厉提质增效，从而获得人民更高的赞誉，由此形成行政效能的优质循环链。反之，政府公信力低，就会降低政府在人民心中的地位，由此会带来相反的效果。因此，建设服务型政府应自觉用习近平新时代中国特色社会主义思想武装头脑，进而在深化改革进程中增强政府德性执政的效果。

改革开放再出发，更要进一步强化人民与政府的信任关系。良性的政府和公民关系必定是政府权力和公民权利的有机统一，深化政府和公民信任关系的关键，在于实现政府权力和公民权利的双赢。政府政治生态结构比较良好体现在，公民权利的边界、程度和范围不断扩大，政府权力与权限合理减少。人民与政府的信任是在机会平等基础上通过契约关系建立起来的，不是单向度的人民对政府无条件地服从。马克思认为，"法的关系正像国家的形式一样，既不能从它们本身来理解，也不能从所谓人类精神的一般发展来理解，相反，它们根源于物质的生活关系"[①]。人民信任政府，必须保留人民对公共服务的理性选择权，对政府决策保持有效的监督权。建设服务型政府有助于政府积极担当责任、人民主体责任意识的养成，缩减政府与人民沟通的信息运行成本。实践证明，政府保持对人民的初心会不断强化人民对服务效能的价值认同，会增强人民对政府的认同感，对服务型政府建设具有催化作用。

四 以教育引导筑牢群众根基

服务型政府贯彻落实党的大政方针，需要有一个良好的群众认同环境作为支撑，这与思想政治教育的有效性密不可分。提高思想政治教育有效性，必须遵循思想政治工作规律，为服务型政府建设提供自我教育的科学方法。服务型政府建设是一个动态复合的有机系统，教育引导始终是彰显服务型政府建设效能的基础，是政府治

---

① 《马克思恩格斯全集》第31卷，人民出版社1998年版，第412页。

第三章　思想政治教育视阈下中国服务型政府建设的特质、要义与价值　◆◇◆

理有效的关键，对塑造道德政府有着良好的导向作用。因此，政府道德建设也要遵循思想政治道德的提升规律、履职能力的提升规律，注重公共实践的教育引导与人文关怀作用，发挥思想政治教育育人功能。一般来说，政府行为内化为一种社会美德或德性，在实际服务过程中进行正确的引导或有效的规范，培育公职人员职业精神的思想自觉理论自觉。政府作为思想政治教育的主体，政府组织及其成员理应是接受思想政治教育的关键主体，政府及其成员只有自身达到了国家层面思想政治领域要求的标准，树立起政府领域的道德标杆，才能真正示范他人、教化他人，号召全体人民对国家、民族进行思想认同、价值认同和政治认同，思想政治教育才能真正有成效、有实效。政府公职人员在入职岗位前，进行了必要的职业能力与道德训练，在公共实践中，需要把为人民服务的宗旨转化为个体服务准则和职业道德，在头脑中形成主观意识，使之成为改变世界、提高服务水平的一种理论自觉，从而孕育服务型政府变革创新的强大精神动力。

政府解决好人民群众不满意的问题，要多做、做好雪中送炭的事情，这是贯彻落实群众路线的实践要求，也是筑牢政府长期执政群众根基的重要抓手。马克思认为，巴黎公社"所采取的各项具体措施，只能显示出走向属于人民、由人民掌权的政府的趋势"[1]，这充分印证了服务型政府建设中教育导向必然环节的重要性。服务型政府建设的教育引导是理论与实践、主观与客观相互作用的过程，是把职业精神融入服务人民的各项职责中，形成一套服务理念，从而完成服务职责、服务品质的确立与完善过程。事实上，建设服务型政府就是要遵循哲学意义上的物质与精神相互转化的过程，这是客观存在上升为主观意识的过程，服务型政府需要在长期大量的公共行政事务中，提炼成一套执政理念、执政行为和为民服务价值

---

[1] 《马克思恩格斯文集》第3卷，人民出版社2009年版，第163页。

观。总之，建设服务型政府需要长期教育引导和实践转化的过程，是无数主观意识统一到客观需要的价值观中，是主观意识推动公共事务实践，从而形成社会需要的服务价值共识，并在实践中检验而得以发展的螺旋上升过程。政府立足国家主流意识形态的框架下，维护整个社会的高效运转，这种已形成的行政理念和服务口碑在群众中有瞬时传播效应，人们对政府的评价好坏，往往来自自身办事的体会。政府的德性体现在人民满意、人民高兴、人民赞成、人民答应的价值中，这是政府自我思想政治教育效果的重要检验标尺，也是升华政府德性的内驱力。

第三节　思想政治教育视阈下中国服务型政府建设的价值

政府作为思想政治教育的主体，通过诉求思想政治教育结果的有效性，促进政府服务价值的提升。思想政治教育结果的有效性，通过其与教育者所代表的社会、与教育对象、与思想政治教育活动的持续开展之间所形成的价值关系体现出来，它表现为价值主体的需求满足属性。在全面加强思想政治教育的大环境下，强化服务型政府建设意义重大。服务型政府建设遵循价值导向逻辑，从增强政府公信力、示范社会道德风尚、优化思想政治教育环境、促进人的全面发展等方面呈现其结果的有效性，进而与思想政治教育结果有效性达成同频共振的功能叠加。

一　以增强政府信任提高人民政治认同

服务型政府建设的主要价值是通过体制机制的内部优化循环提升自身公信力，提高人民政治认同。服务型政府既是一种道德理念，更是一种社会实践方式。正如马克思所言，政府"就其本质而言是'作为形式主义的国家'"，"它不得不把形式的东西充作内容，而把内容充作形式的东西。国家的目的变成行政办事机构的目的，或者行

第三章　思想政治教育视阈下中国服务型政府建设的特质、要义与价值　◆◇◆

政办事机构的目的变成国家的目的"。① 树立以人民为中心的发展思想，是服务型政府建设的根基。只有满足了人民所需所想所盼的政府，人民才会发自内心地支持、拥护、服从，才会激发出人民与政府同心聚力干事的活力和热情，厚植我们党和政府长期执政的思想基础和群众基础。习近平总书记指出，"人民不是抽象的符号，而是一个一个具体的人，有血有肉，有情感，有爱恨，有梦想，也有内心的冲突和挣扎。"② 人民群众对政府的认同基于其治理绩效，始终认同为人民难事"敢作为"的政府。改革开放以来，中国特色社会主义事业蒸蒸日上，逐步构建了"五位一体"总体布局的政府施政框架，党和政府赢得了人民群众广泛的支持和认同，执政地位牢固而稳定。当然，我国在发展中也存在一些无法回避的发展不平衡不充分问题，如生态环境恶化、收入差距扩大、民生短板等问题，在一定程度上损害了党和政府的公信力。因此，服务型政府应立足于人民日常所思、所想和所需，把解决人民的物质匮乏、丰富人民的精神世界、提供宜居生活环境作为着力点，切实从解决群众小事入手，增强人民群众对政府的信任度。同时，政府思想政治教育工作要以直观明白的方式做好与人民的沟通，向人民群众讲清楚哪些是马上可以解决的问题，哪些是短期不能解决的问题，还有哪些问题是需要经过长期努力后才能解决的，争取人民的理解、谅解和支持，增强政府与人民之间的互信关系。坚持以人民为中心做好政府工作，要更多关注人民的生活需要，从最基本的衣食住行出发，提高人民生活质量，特别是在日益焦虑的教育、就业、医疗、食品安全和疫苗等关系国计民生的重要领域，下大力气拿出有效解决问题的方案、措施，有时间节点地逐步解决好"人民的小事"这个天大的问题，政府在人民心中的信任度必会与日俱增。

服务型政府提振公共行政精神增强了政府公信力。公共行政精神

---

① 《马克思恩格斯全集》第3卷，人民出版社2002年版，第60页。
② 《习近平谈治国理政》第2卷，人民出版社2017年版，第317页。

集中展现了政府为民的风貌。马克思指出:"无产者对全社会负有消灭一切阶级和阶级统治的新的社会使命,只有在这一使命激励下的无产者才能够把国家这个阶级统治的工具,也就是把集权化的、组织起来的、窃据社会主人地位而不是为社会做公仆的政府权力打碎。"①服务型政府通过提升服务效率,增强了政府公信力。推进政府职能转变,优化政府机构设置和职能配置,立足在服务效率上做加法。服务型政府通过增强政府执行力来增强公信力。增强执行力就要依靠众多部门的公职人员来逐项落实,建立公职人员职责清单和服务框架,提高政治素质和工作本领,求真务实,干字当头。对于那些表态多、调门高、行动少、落实差的同志要进行约谈、问责,要督促其在其位谋其政,不能损害责任政府的形象。服务型政府应使部门职能赏罚制度化,建立完善的公开办事制度、首问责任制度、预约服务制度、服务承诺制度、限时办结制度、廉洁自律制度、责任追究制度等制度体系,以保障政府履职能力的提高。服务型政府激励干部担当作为、敢闯敢试、敢为人先。政府有必要出台具体的措施,来保护那些因敢于干事而出错的公职人员,对那些慵懒、散漫、懈怠的干部必须进行组织处理和必要的惩罚。服务型政府建设有利于建立权责交接的账目簿,厘清上下两任领导的责任与成绩。这种权力的交接是对人民责任的持续传递,必须改变新官不理旧账的责任脱钩做法,提高责任交接效率,抓落实促实效。

二 以优良党风政风引领社会道德风尚

党风政风是整个社会道德的风向标,优良的党风政风对社会道德建设具有示范作用。古往今来,无数朝代更迭的重要原因就是统治阶级内部出现了严重的权力腐化,破坏了社会秩序正常运转的道德基础。马克思在《法兰西内战》中提出,"公社公开宣布'社会解放'

---

① 《马克思恩格斯文集》第3卷,人民出版社2009年版,第194页。

第三章　思想政治教育视阈下中国服务型政府建设的特质、要义与价值 ◆◇◆

是共和国的伟大目标,从而以公社的组织来保证这种社会改造"①。历史与现实表明,一旦公权力脱离社会道德性与人民性,政权的土崩瓦解就不远了。服务型政府通过汲取优秀传统政治文化资源的精髓,涵养了党风政风。新中国成立70多年来,人民政府始终立足中华优秀传统文化,继承革命文化精神,建设新时代中国特色社会主义先进文化,以社会主义核心价值观为引领坚定文化自信,为服务型政府建设厚植文化根基与血脉。中华优秀传统文化的家国一体情怀,革命文化敢为天下先的奉献精神,社会主义先进文化改革创新的有为精神,滋养着政府行政文化,培育了政府组织体系的道德力量,引领了社会道德水平大幅提升。服务型政府通过对领导干部进行政德建设,发挥"关键少数"示范作用,改善了社会道德的榜样环境。习近平总书记特别强调领导干部立政德,政府机关的政德建设是构建新时代政府事业观、价值观的"牛鼻子",政府自身讲政德、立政德,社会道德才能风清气扬。

政府公职人员通过明大德示范社会公德正能量。社会道德是建立在政府公职人员明大德的理念的基石之上。服务型政府的大德,就是要筑牢公职人员的理想信念、锤炼坚强党性。社会公德体现在广大党员和干部对社会发展进步的责任和担当上,在本职岗位上全心全意为人民服务就是最大的党性,就是坚定理想信念、不忘初心的最好实践方式。推进政府治理体系和治理能力现代化,我们需要那些在坑洼泥泞道路上像焦裕禄一样的奉献式干部,那些具有雷霆万钧的干事风格的"李云龙"式干部,那些为了维护人民利益不怕丢掉自己"乌纱帽"的干部,切实做到对党的事业无限忠诚、对外在诱惑有坚强免疫力的干部。干部对党的忠诚不是体现在口头表态上,而是体现在为人民鞠躬尽瘁的服务精神和担当能力上,要以无私奉献的情怀提升思想政治教育的内在环境。

---

① 《马克思恩格斯选集》第3卷,人民出版社2012年版,第150页。

◆◇◆ 思想政治教育视阈下中国服务型政府建设研究

政府恪守职责、严守公德，就是要始终强化服务宗旨意识，在各项公共职能中践行全心全意为人民服务的优良传统。遵守契约精神，把人民赋予的权力用在立党为公、执政为民上，科学理性制定符合人民利益的各项方针政策，在大是大非问题上决然选择党和人民的利益，站稳人民利益立场，做到心底无私天地宽。政府守公德有利于领导干部不忘初心、牢记使命，在关系国计民生的重大问题上，始终以人民的利益为执政方向。例如，政府养老问题上的政策变迁，折射了政府执政为民的实践力度，有效解决了政府关于养老政策的阶段性失语问题。从 1985 年"政府来养老"、1995 年"政府帮养老"、2005 年"养老不能靠政府"、2012 年"自己来养老"到新时代"构建多层次养老服务体系"来看，我国养老政策一直随着时代和社会发展的总任务而变化。新时代，老龄社会的到来对政府的执行力有一定的冲击，服务型政府应承接不同语境下老龄化服务的道德责任。从"政府养老"到"自己养老"政策的时空跨度，需要人们调整政策改变后的心理落差，重新建构对政府的期望与信任。政府也要及时补位，跟进政策措施，全面解决养老的难题，切实履行好职责，增进人民福祉。实践表明，社会道德的整体提升，得益于政府良好的职业精神，以"公仆"的服务态度解决了"主人"在经济、政治、文化、社会、生态等各方面的诉求，使人民在共享改革开放成果中，有了更多层面的获得感。

政府公职人员通过严私德提升美德水平。私德是社会公德的重要组成部分。一个具有高度社会美德的政府，官员往往既具有公共行政美德，又具有家庭生活美德。干部讲私德，以自身的道德行为去教育和感化人民群众，是思想政治教育有效性提升的外在表现。私德代表了政府官员内外兼修的高贵品质，是思想政治教育有效性提升的基石。一个干部除了履行好 8 小时工作的行政美德外，更多的是个人私德在生活空间上的拓展，对社会公德仍具有榜样作用。在人民看来，政府官员应该在日常生活中做人民的道德表率。在 24 小时工作圈和

第三章　思想政治教育视阈下中国服务型政府建设的特质、要义与价值 ◆◇◆

生活圈的公共权力分配格局中，权力身份占 8 小时，其余 16 小时都应与人民群众一样，没有超越其他群众的任何特权。一些官员在生活圈里的腐化行为，严重损害了政府公信力。例如，公车私用、为亲朋好友谋私等行为，人为地激化官民矛盾，危害更深的是，他们这种非道德的徇私行为具有强大的负面效应，降低思想政治教育效能。有权不用、过期作废的丑恶行为，恶化了整个社会道德生态。严私德要求干部在生活中严于律己，保持廉洁操守，筑牢道德底线，不逾矩、不越轨，时刻牢记人民身份。

公职人员作为政府体制内的一员，一言一行都影响政府形象。服务型政府建设就是要培育有德性的公共行政人员，他们是涵养社会政治生态的主要元素，干部形象是政府为民执政的一面镜子。建设服务型政府有利于破除政府公职人员"权力分裂"的行为怪圈，彰显思想政治教育教化的力量。现实中，一些领导干部在政德建设方面大话、空话喊得多，对下级和人民"冷面"，对上级领导"热面"，做冷面人与热面人的"两面人"。生活中，个别官员与民交往中显示出高人一等、高高在上的样子，处处在人民群众中显示自己的权力，对人民的服务吹毛求疵，遇到问题时就扬言是某某权力部门的领导，恐吓人民。这类官员的家属更是没素质，飞扬跋扈，在生活中欺负弱小，蛮不讲理，炫耀中带着恐吓。长此以往，人民对官员更加失望，对政府更加不信任。因此，干部严私德，不仅要在生活中低调做人，还要告诫家属、子女和身边的人，不能狐假虎威，依仗权势欺人。任何时候，谦虚谨慎低调都是对干部和家人最好的保护。严私德是社会政治生态建设的重要部分，"如果河里有一两条鱼死了，那可能是鱼本身的问题；但如果一片鱼都死了，那就很可能是这条河的生态系统出了问题"[①]。社会道德水平的提升，既要靠每个公民的共同努力，更要靠干部的榜样示范，在全社会形成人人向好向善向上的风气。建

---

① 温红彦、盛若蔚：《涵养政治生态的绿水青山》，《人民日报》2018 年 10 月 12 日第 1 版。

设服务型政府，把干部违规的现象讲出来，拿出惩戒措施，增强对腐败分子的震慑力，给老百姓一个交待，形成不敢腐、不能腐、不想腐的环境约束和体制机制。

三 以德性策略优化思想政治教育环境

思想政治教育总是在一定的环境中开展，受到一定环境的影响和制约，并随环境的变化而变化。马克思在批判黑格尔君王主权思想时指出，"人民主权不是凭借君王产生的，君王倒是凭借人民主权产生的。"[1] 新时代提升思想政治教育的有效性，不仅要求作为马克思主义理论阵地的高校系统要从源头上加强思想政治教育工作的效能，更要求从践行马克思主义理论精髓的社会实践系统上强化思想政治教育的政府道德责任。

服务型政府通过政府自身的德性培育，优化思想政治教育的道德环境。一直以来，政府都是思想政治教育工作的主体，面向的是社会大众这个最大的客体，而恰恰忽略了政府自身也应是思想政治教育环体的重要组成部分。因此，政府作为人民事务与公共行政的沟通媒介，树立公信力强的道德榜样，对提升思想政治教育有效性具有重大意义。因为政府公共服务过程中产生的不良社会影响导致公信力的下降，会让人民质疑政府进行思想政治教育的意义到底是什么。如果政府本身不能做到取信于民，它去教化群众遵循社会主义核心价值观的各项要求，效果可能达不到预期。如果政府及其公职人员在公共行政过程中，严格遵循其公共服务的本质底线，确保公共利益的人民性，履行社会主义核心价值观的价值要义，政府就会趋近实现服务型政府的价值目标。建设服务型政府，首要解决的是政府自身内部思想的问题，把权力、利益、资源回归人民利益属性，祛除私利之心，打造出政府公正无私的带头人形象，以此营造风清气正的思想政治教育生态

---

[1] 《马克思恩格斯全集》第3卷，人民出版社2002年版，第37页。

第三章　思想政治教育视阈下中国服务型政府建设的特质、要义与价值 ◆◇◆

环境。

服务型政府通过加强法治建设，营造思想政治教育的法治保障环境。习近平总书记强调，改革开放40多年的经验告诉我们，政府做好改革发展稳定各项工作离不开法治，改革开放越深入越要强调法治。做好社会主义法治建设规划，事关全面依法治国工作全局。党的十八届四中全会专题研究了全面推进依法治国重大问题，为服务型政府依法执政提供了原则遵循。党的十九大描绘了我国到2035年基本建成法治国家、法治政府、法治社会的目标要求。加强法治政府建设，重在加强对政府示范创建活动的指导，杜绝形式主义，务求实效。政府营造良好的法治氛围，不但要科学立法、民主立法、依法立法，最重要的是加强法治政府的建设，提高领导干部的法治意识，依规依法运用手中的权力。如果政府自身建设上存在违法问题，就会失去群众的信任，就会降低思想政治教育的效力。政府法治建设将会使群众与政府的关系更加紧密，让群众充分相信政府，从而劲往一处使、汗往一处流、拧成一股绳，形成强大的政府认同。依法治国，依法执政，依法行政，就要不断完善我国的国家制度体系，这是中国特色社会主义发展的必经之路，也是政府必须要走好的一条路。政府只有依法执政，营造良好的法治环境，才能让群众生活得更加放心、更加幸福，才能实现治理体系和治理能力现代化。政府倡导法治让人民群众在遇到事情时，能拿起法律武器维护自身的合法权益，做到人人学法、人人守法、人人用法。

服务型政府利用主流媒体优化思想政治教育的舆论环境。一个国家走向治理现代化，既要把握国际发展大势，又要立足国情壮大自己，这就需要适应互联网时代信息爆炸引发的治理挑战。新时代，公众处于多方信息包围的磁场中，人们的视野在自媒体的便捷信息中拓展，对于政府执政效能的评价有了多角度的参考因子，不再局限于传统思想政治教育介质的灌输，其多元化的思考方式对整个社会主流价值观带来冲击。现在人们手不离机，碎片化的信息铺天盖地布满屏幕，影响人们全面观察世界、进行思考和融入现实世界的方式。在海量的信息资源中，人们逐渐丧失了分辨信息真伪的能力，容易被一些负面信息牵着鼻子走，从而逐步丧失正确的政治立场，在不知不觉中脱离思想政治教育的主旋律。同时，虚拟信息容易使人们在网络空间放松思想的改造，在熙熙攘攘的不明真相群众中，放纵自己的言论立场，加入负面舆论放大的环境中，被不法分子所利用，消解业已培育的思想政治教育成果。真假难辨的自媒体信息对不同背景、不同生活环境的社会群体，在思想意识上产生一定政治立场扰乱甚至误导作用。对此，服务型政府应增强自媒体效应的忧患意识，始终保持政治立场的清醒头脑，在思想政治教育过程中提高政治警觉，尽快研究解决新媒体场景中的挑战问题，与时俱进地加强和改进思想政治教育的内容体系，不断在思想上赶上时代、在实践中走在时代前列。思想政治教育要完整呈现国家与政府承载的思想动态与主旨要义，完成政党对全体人民思想道德的培育使命，完成思想政治教育肩负的教化责任，就必须通过服务型政府这个载体实现。

服务型政府通过制度建设优化思想政治教育的制度环境。制度的力量是巨大的。建设服务型政府不但取决于道德自觉，更需要通过制度设计来规范政府组织行为和个体行为。服务型政府制度设计的规律是基于时和势的需要建构系列化的体制机制。服务型政府建设的制度安排就是要求政府施政遵循创新、协调、绿色、开放、共享的发展理念，以人民为本，以法治为纲，设计政治制度、经济制度、社会制度、文化制度、生态制度，以制度集成护航人民利益。党的十八大以来，我们坚持制度治党、依规治党，以党章为根本、以民主集中制为核心，逐渐把我们党建成规章完善有效的政党，在党的组织制度、干部人事制度、基层组织建设制度、人才发展制度等方面，以空前的改革力度和重拳反腐，为全面从严治党落地落实、为反腐败取得压倒性胜利提供坚强制度保障。服务型政府建设就是在以习近平新时代中国特色社会主义思想为指导的制度框架下，强化政府的制度改革精神，

第三章　思想政治教育视阈下中国服务型政府建设的特质、要义与价值 ◆◇◆

全面贯彻落实党的大政方针，在微观运行机制方面进行改革创新，以适应政府政务调整的需要，为人民服务提质增效，提高政府的制度公信力。

四　以"两个和解"实现人的全面发展

170多年前，马克思、恩格斯在《共产党宣言》中对人的最终价值形态作了美好的定位，"代替那存在着阶级和阶级对立的资产阶级旧社会的，将是这样一个联合体，在那里，每个人的自由发展是一切人的自由发展的条件"①。马克思这句预言是人类通往自由之路的根本遵循，它包含对国家、政府与人类个体存在价值的反思与调整，是人类自身解放的信念灯塔，也是服务型政府建设的最高价值诉求。马克思还指出："共产主义……是人和自然界之间、人和人之间的矛盾的真正解决，是存在和本质、对象化和自我确证、自由和必然、个体和类之间的斗争的真正解决。"② 政府执政的过程也是不断解决社会矛盾的长期过程，实现人的全面发展是渐进性、螺旋式上升的过程，当然，也会出现曲折性倒退，引起人民对政府信任的思想波动。

服务型政府立足公共性理念，促进人与社会的和解。人的全面发展理论是解决社会"公共性"问题的重要指南，体现"个人""群体""社会"和谐共生的趋向，是实现人与社会和解的理论武器。马克思关于人的解放的理论逻辑，具有三个层面层层递进的阶段性特质，即从个体自我意识和自由的彰显到群体解放（无产阶级的解放），最后实现每个人及整个人类解放。事实证明，人类走向最终解放的唯一途径是建立在生产力高度发达的基础之上，政府具有履行好公共服务的职责。由此，政府所要做的就是，在社会发展中不断修正公共政策，以有效解决人民生产生活中遇到的大事、小事，在群体层面实现解放，逐步走向马克思主义视阈下人的本质意义的回归。

---

① 《马克思恩格斯选集》第1卷，人民出版社2012年版，第422页。
② 《马克思恩格斯全集》第42卷，人民出版社1979年版，第120页。

◆◇◆ 思想政治教育视阈下中国服务型政府建设研究

服务型政府扬弃利益分配模式，促进人与个体的和解。马克思关于人的全面发展理论，折射出政府在代理人民权力中的责任体系。由于历史条件的局限性，实现这样一种美好的社会理想，马克思并没有给出明确的解决方案，他也不可能预料到，社会多元复杂性对实现人的自由全面发展产生的羁绊与挑战。实现这个美好的目标，政府必将在历史进程中承担更多的服务责任，因为，服务好坏的评价尺度是处于这个时代的人民给出的。马克思认为，"共产主义是私有财产即人的自我异化的积极的扬弃，因而是通过人并且为了人而对人的本质的真正占有……这种共产主义……是人和自然界之间、人和人之间矛盾的真正解决，是存在和本质、对象化和自我确认、自由和必然、个人和类之间的斗争的真正解决。"① 马克思"自由人的联合体"思想理论，在新时代社会主要矛盾转化的逻辑中发生了实践转向，人民关于政治、经济、社会、文化和生态方面的所有美好诉求，都构成了政府公共行政的新价值目标，这也是评价政府德性的重要标准，也使思想政治教育有效性的内涵有了新的注脚。

服务型政府通过社会主义核心价值观引领，促进个人和类之间的和解。党的十九大报告指出："发挥社会主义核心价值观对国民教育、精神文明创建、精神文化产品创作生产传播的引领作用，把社会主义核心价值观融入社会发展各方面，转化为人们的情感认同和行为习惯。"② 思想政治教育借助于各种载体对人们进行思想政治教育的有效灌输，其主要施教对象最终会落实到一个个鲜明的个体。实践表明，国家对人精神和意义的建构，离不开政府有组织、有步骤、有目的的思想政治教育活动。有学者提出，思想政治教育的育人功能，"旨在寻求现代社会中，国家统合思想的供给与现实中个人思想需求如何实现有效供需的问题。在新的社会形势下，思想政治教育应该立

---

① 《马克思恩格斯全集》第3卷，人民出版社2002年版，第297页。
② 习近平：《决胜全面建成小康社会 夺取新时代中国特色社会主义伟大胜利——在中国共产党第十九次全国代表大会上的报告》，人民出版社2017年版，第42页。

第三章 思想政治教育视阈下中国服务型政府建设的特质、要义与价值 ◆◇◆

足社会,关注现实中人的思想变化,从现实逻辑出发,以新的思维审视和认识思想政治教育功能及其发挥途径"①。马克思矛盾发展论已反复证明,实现人自由而全面发展的状态是个漫长的、不断修正的、螺旋式上升的实践过程。人要实现基本的生存权,就必须要满足衣食住行最基本的需要。马克思认为,"我们首先应当确定一切人类生存的第一个前提,也就是一切历史的第一个前提,这个前提是:人们为了能够'创造历史',必须能够生活。……第一个历史活动就是生产满足这些需要的资料,即生产物质生活本身……是一切历史的基本条件。"② 马克思揭示了人存在的社会本质,认为人既有自然属性,又具有社会属性,不仅需要思想上的引导,更需要富裕物质的滋养。人的一切生活条件的实现,是基于时代现有的政府服务条件,以此得到基本生存上的实惠与保护。思想政治教育赋予人不断成长的思想动力,有利于促进个体对政府服务进行准确的价值判断。公众若要获得高质量的公共服务,就必须监督政府机构公职人员的服务质量与效能,促使其不断提升政府的公共政策水平和执行能力。思想政治教育作为提升公共行政人员及其精神生活的一种美好方式,不仅要引导公职人员摆脱功利化物欲的浅层需要,更要实现以道德化方式获得物质财富,由此促使政府对"物欲"化的攫取方式进行反思,培育具备国家和社会需要的人格特质与职业素养的理性人。

---

① 刘红梅、孙其昂:《现代性视域下思想政治教育社会哺育功能的双重逻辑探析》,《南京社会科学》2018 年第 7 期。

② 《马克思恩格斯选集》第 1 卷,人民出版社 2012 年版,第 158 页。

第四章　思想政治教育视阈下中国服务型政府建设的历时考察

人民至上始终贯穿于我国社会主义革命、建设、改革的全过程、全方位，只是不同历史时期、不同历史任务下表现形式不一样，服务型政府的执政理念始终彰显了以人民为中心的发展思想。世界现代化发展的进程表明，政府选择哪一种公共行政方式，是由一定国家的国情与社会历史条件决定的。新中国成立 70 多年来，政府治理模式与我国特殊国情及发展进程密切相关，人民强大的爱国之心与政府简政放权互融共进、一心一意奔小康与人民满意型政府建设同向同行，形成了富有中国特色的政府治理体系和治理结构。我国服务型政府建设的历程也是思想政治教育环境不断建设与优化的过程，因此，在思想政治教育视阈下研究我国服务型政府建设的历史，其实也是探索两者之间关系变迁的过程与规律。不同社会或同一社会的不同发展时期，人民对于政府的职能需求是不同的，政府的职能供给也会发生相应的变化，变化中有哪些必然性、本质性、稳定性的联系，这是由政府职能规律规定的。

第一节　思想政治教育视阈下社会主义革命和建设时期中国服务型政府建设的初步探索

人民强烈的爱国之心与政府强大的动员能力同频共振，彰显了政

第四章　思想政治教育视阈下中国服务型政府建设的历时考察　◆◇◆

府的向心力、凝聚力。从新中国成立伊始到改革开放前这一段时间里，基于百废待兴、一穷二白的基本国情，党和人民建设新家园的急切心情和艰难任务，都需要一个强有力的政府调动一切积极力量护航新中国建设工程。由此，我国采用了权力高度集中、资源高度聚集的计划经济体制，统一调配全国资源，政府强制性的管理模式应运而生，这是历史的选择、人民的选择。这段时间，人民的思想空前统一，万众一心建设新家园，思想政治教育工作极易达成共识，政府也形成了强大的体制性动员能力，一些主要做法、有益探索及成功经验成为我国服务型政府建设的重要基础。

一　聚焦国家建设凝聚人民共识：社会主义革命和建设时期中国服务型政府建设的主要做法

历史表明，高度集中的计划经济体制促成了行政管控型的政府形态。新中国成立后，面对国外严峻的政治环境和国内百废待兴的局面，国家需要强有力的政府对社会进行整体动员，整合各类资源，全力以赴建设新中国，重塑国家形象。这个时期的政府组织具有鲜明的高度集权特征，政府机构改革主要立足于调整、理顺权力机构，能更好地服务新中国建设的大局。

动态调整中央政府机构设置，聚焦国家建设，人民高度认同。新中国成立后的荣耀光环聚集了人民对新政权的很多渴望，人民期待共和国的新政府能够快速转变现有的生存困境，实现国富民强的夙愿和梦想。为此，我国频繁地进行政府机构改革，主要目的是为国家建设扫清体制性障碍，探索高效有力的政府治理模式。"现代民族国家的产生，其目标是要造就一个国家行政力量对社会全面渗透的社会；它的形成基础是国家对社区的全面监控。"[①] 在学界中，比较有代表性的系统研究社会主义革命和建设时期政府建设是，1993 年吴志平、

[①] ［英］吉登斯：《民族国家与暴力》，胡宗泽、赵力涛译，生活·读书·新知三联书店 1998 年版，第 146—147 页。

◆◇◆ 思想政治教育视阈下中国服务型政府建设研究

蒋永清在《福建党史月刊》上发表的《建国以来中央政府机构改革的回顾与思考》一文中，翔实地阐述了中华人民共和国成立以来中央机构改革探索与历史轨迹，向我们展开了一幅关于新中国成立以来政府机构变革与人民思想统一互动的历史场景，展现了政府在党的坚强领导下为人民利益进行机构改革的决心和信心。历史这样记载，"1949年9月27日，中国人民政治协商会议第一届全体会议通过了《中华人民共和国中央人民政府组织法》。10月1日，中央人民政府下设人民革命军事委员会、最高人民法院、最高人民检察署和政务院，其中政务院下设35个委、部、署、院。为顺利执行第一个五年计划，从1952年底开始，中央政府进行了新中国成立以来第一次较大规模的机构改革。11月15日，中央人民政府委员会第十九次会议通过《关于改变大行政区人民政府（军政委员会）机构与任务的决定》，决定将大行政区人民委员会或军政委员会一律改为行政委员会，不再作为一级政权，而只是代表中央人民政府在各地区进行领导与监督的地方政府机关。这次机构变革对强化中央集权，提高机关工作效率，集中财力和物力，进行大规模国家建设发挥了撬动杠杆的作用"[①]。1954年9月20日，通过《中华人民共和国国务院组织法》，规定国务院在原政务院42个部门的基础上增设了22个工作部门，这样就形成了部委机构35个、直属机构20个、办公机构8个和秘书厅1个的政府框架。随着1954年第一届全国人大召开和1954年宪法的通过，国务院正式成立，标志着我国政府机构设置运转进入正轨。仅1955年至1956年两年间，国务院又增设了17个工作部门，总计达到81个工作部门。至此，我国形成更为完备的部门管理体制，更有利于全国经济总动员。而后，"从1956年到1959年，政府进行了较大规模的体制改革和机构改革。1958年撤销合并了国家建设委员会等10多个单位，1959年国务院工作部门又作了进一步调整和撤并。从

---

① 吴志平、蒋永清：《建国以来中央政府机构改革的回顾与思考》，《福建党史月刊》1993年第9期。

第四章　思想政治教育视阈下中国服务型政府建设的历时考察 ◆◇◆

1960年到1964年，为贯彻落实国民经济发展任务和调整方针，政府再次进行了较大规模的机构改革，主要以事业单位为重点，对行政部门和事业单位同时进行精简"[1]。由此，我们可以看出，党中央对政府机构如何更有效服务国家建设进行了励精图治的可贵探索和调适，向人民递交了合格的机构改革答卷。

精简扩容的政府机构改革再调适，提高了机关效率，增强了政府公信力。基于巩固新生政权的需要，我国机构增减频次太高，导致了部门职能权力太集中的弊端。计划经济体制下，政府机构出现"精简—再增设"现象，人民给予了政府高度信任，只要是有利于国家建设的一切机构变革，人民都支持维护政府权威。新中国成立初期，思想政治教育工作的高效性，体现在人民对新政府的高度信任上，体现在政府强大的动员能力上。虽然当时政府政治动员一度呈现出运动化的模式、权威化的动员主体等特点，人民对机构改革依然选择了无条件服从，坚决相信党和政府的国家建设能力。因此，社会主义革命和建设这一段时期，政府在党中央的大力支持下，在全人民思想高度统一建设新中国的雄心壮志激励下，初步构建了集权型政府的管理体制，形成了具有举国体制优势的管理模式，这是在当时生产力发展水平制约下，使政府管理走向理性的必由之路，为改革开放后的政府治理改革提供了基本经验和重要借鉴。

二　破除机构臃肿复归人民本位：社会主义革命和建设时期中国服务型政府建设的有益探索

从历史经验看，这一时期的政府执政基本是围绕国家利益展开的，我国亟须在世界舞台上展现新生社会主义国家的特别优势，人民利益高度服从国家利益调配。这一时期的政府任务是举全国之力建设好国家，人民的利益服从国家利益需要进行调配，乃是国情所致。在

---

[1] 吴志平、蒋永清：《建国以来中央政府机构改革的回顾与思考》，《福建党史月刊》1993年第9期。

◆◇◆ 思想政治教育视阈下中国服务型政府建设研究

当时的国际形势下,国家利益更为重要,需要一个成功的国家在世界立足,政府高度吸纳、汲取社会资源建设国家,重塑我国在国际舞台的强大形象。因此,依靠高度集中的计划经济体制整合社会资源,政府形成权力与资源口径高度统一,体现的是集中力量办大事的先发优势。

社会资源的权力再分配。这一时期,一定程度上,高度集权的计划经济体制制约了政治体制变革的步伐。政府为维护当时高度组织化的利益结构,遵从国家意志自上而下分配全社会的各种资源。政府权力在这个时期已全面延伸到国家与人民的政治生活中。比如,中央政府通过社会主义改造建立了社会主义经济制度,全面实行公有制,制定了"全体福利"型资源的消费计划。政府权力高度自主,在决策过程中保持了很强的自主性,整个社会被行政权力分割为蜂窝式的利益单位,这样更有利于社会协调。正如罗兹曼所言,"在中国,政治是统帅,政府被其他成员认为是驱动社会其他部门走向现代化的主要决策来源。"[1] 国家全面推行高度集中的计划经济体制,对整个国民经济实行指令性计划,政府在财政上实行统收统支,对各种物资进行统购包销、集中调拨,对企业生产经营进行直接干预。政府"通过指令性计划集中配置资源,将人、财、物、产、供、销全面纳入政府管理之中,这大大加深、强化了政府对社会经济的管理,使政府职能空前扩大,而社会组织、个人决策的能力与空间大大减弱、缩小"[2]。所有社会资源都由政府来管理,实现对全社会资源的管控,有利于资源有序分配,资源利用最大化。

强化社会的高度统一。这一时期,与人民利益相比,国家整体利益高于一切,"任何部分和个体的利益都必须服从整体利益,每个人以及每个单位的利益分配都是由上级主管政府部门进行控制和调配。国家通过经济的再分配体制和板块化的社会结构,将社会分割为各种

---

[1] [美]吉尔伯特·罗兹曼:《中国的现代化》,江苏人民出版社2003年版,第405页。
[2] 赵立波:《政府行政改革》,山东人民出版社1998年版,第67页。

第四章　思想政治教育视阈下中国服务型政府建设的历时考察 ◆◇◆

性质的利益单元"①。到 20 世纪 60 年代末，社会主义中国已成为一个"组织的中国"②。个人的利益、单位的利益、局部的意见和要求只能通过行政组织系统构成的"条条块块"来逐级向上反映，这些来自基层、下级的意见往往成为上级部门进行决策的参考。"政府不仅要负责对全社会的物质资料生产进行全面的计划安排、监督实施，对全社会的物资流通与交换进行严格的计划调节、价格管控和行政管控，对计划体制内所有成员的薪金、收入作严格的制度性安排，而且要对全社会所需要的安保、教育、医疗、劳保等公共性服务进行统一的计划配置等等。"③比如，"在城市，单位制是一个严密的组织系统，是一套高效的政治动员机制，党和政府的意志通过单位制传导到系统末梢的每一个公民，确保公民与国家步调一致。国家通过单位制对各种资源进行控制和配置，通过单位调拨人力、财力和物力，通过单位分配劳动产品和社会福利，从而实现计划经济目标。譬如，在农村，人民公社与基层政权合而为一，人民公社管理生产，管理生活，管理政权，国家通过人民公社实现对乡村社会的全面控制。人民公社实行组织军事化、行动战斗化、生活集体化，人民公社的各级组织都必须执行国家的政策和法令，在国家计划指导下管理和组织生产。这一时期整个国家几乎都被纳入了行政权力的控制范围之内，政府的触角延伸到了社会的每一个领域和角落"④。政府权力的高度集中，导致了思想政治教育的高度政治化，在当时历史条件下思想政治教育效能较高。

三　强化国家认同落实人民利益：社会主义革命和建设时期中国服务型政府建设的成功经验

在计划经济体制的主导下，全能型政府管理模式嵌入国家与人民

---

① 廖魁星：《新中国成立以来我国政府治理模式变迁》，《沈阳干部学刊》2019 年第 5 期。
② Franz Schurmann, *Ideology and Organization in Communist China*, Berkeley: University of California Press, 1970, p. 63.
③ 郁建兴、徐越倩：《服务型政府》，中国人民大学出版社 2012 年版，第 260 页。
④ 廖魁星：《新中国成立以来我国政府治理模式变迁》，《沈阳干部学刊》2019 年第 5 期。

生产生活的方方面面。新中国成立后,数次机构改革的初衷都是为了人民富裕、国家富强、民族振兴,政府全力服务国家与人民是不争的事实。尽管在今天看来,当时政府职能出现越位情况,权力集中有些严重,但政府建设的一些成功经验仍值得学习思考。

发挥思想动员优势。这一时期,全能型政府体制之所以能够在当时历史条件下得到全社会认同,离不开思想政治教育卓有成效的工作。这一时期的思想政治教育工作比任何时候都有效,因为有全国人民全力支持、理解、服从党和政府的决策。人民具有国家大局观,对新中国成立后的国际国内局势有深刻而全面的认识。国际上,我们时刻要应对来自西方敌对势力的政治、经济、军事封锁。国内更是百废待兴,既要在复杂形势下有效开展阶级斗争并取得胜利,又要面临保障民生、恢复正常政治和社会秩序等重要难题,还要处理内战后遗留的系列问题。在当时内忧外患的政治环境下,政府体制机制还未完全理顺的情况下,全能型政府自然也就成为巩固政权的最优选择。全能型政府必须统筹兼顾各个领域的实际发展需要,对政府职能有全面的评估,适当发力,保存实力。人民包容政府、谅解政府的艰难处境,积极服从并自觉投身于国家建设,是该时期思想政治教育工作的最大功绩和特点。

集中力量办大事的先发优势。唯物史观认为,人民群众始终是创造历史的伟大主体。集中人民力量办大事也是革命事业成功反复被证明的密钥。当人民力量与权力共同聚焦到社会主义建设的伟大事业中来,就必然形成政府管理的特殊优势。我们党依靠人民群众成就建国大业,政府更是依靠人民群众成就建设蓝图。全能型政府以超强的社会动员能力,使得社会资源与人民力量的合力竞相迸发,在当时异常贫瘠的土地上,快速建立了较为独立的工业体系,奠定国民经济发展的物质基础。在国防上,我国克服自主创新能力不足的缺陷,紧紧依靠人民的无私奉献和技术专家的攻坚克难,历尽千难万险,成功研发"两弹一星",展现了新中国与人民百折不挠的脊梁与傲骨。尤其是

第四章　思想政治教育视阈下中国服务型政府建设的历时考察 ◆◇◆

百废待兴的新中国开始社会主义建设，帝国主义挑起战争妄图遏制中国发展，但我们的党和政府不畏霸权，依靠人民聚集起强大的保家卫国力量，打赢了抗美援朝战争，向世界宣告了中国共产党领导下的中国政府是神圣不可侵犯的。战争胜利的背后，呈现的是政府强大的政治与社会动员能力，呈现的是人民对党和政府一心一意的无限忠诚与无私奉献。当时，政府在国计民生的重要领域取得重大成就，建立了覆盖城乡的较为全面的公共医疗卫生体系，使人民享受到党和政府的关爱。从实践发展看，政府在特定时期虽然集权过度，但也符合当时我国社会主义建设的实际，积累了一定的治理经验，为改革开放奠定了基本的物质基础。

纠偏机构权力过度集中的弊端。这一时期，政府历经多次机构调整，走过了精简—膨胀—再精简—再膨胀的调适路径，但全能型的管理体制确实发挥了聚集民心的效力。实践证明，权力过度集中也有两方面的影响，一方面，它既能在特殊时期举全国之力办大事，体现政府效率；另一方面，它又影响了其他社会主体的发展权益，限制了社会创新的活力。政府通过单位制、户籍制、人民公社等形式实现对城市和乡村社会成员的全面管理，使社会成员的生产生活完全依赖于国家，这种管理方式深深嵌入人民群众的日常生活中，集体主义观念深入人心。当然，从民主国家的建构看，全能型政府治理方式有其存在的价值和合理性，但从正当性看，其缺陷和不足也是显而易见的。党和政府已觉察到政府机构臃肿、办事效率低下、人浮于事的现象，影响了经济社会发展的质量与速度。比如，一个项目的审批环节，可能要等上一年半载，在漫长的等待中让办事的人失去了创业的信心，也失去了人民对政府的信任之心。政府拖拖沓沓的行风政风绝不是人民所希望的，人民让渡权力建立的政府，应该是为人民尽心尽责服务的，而不是给自己找个"主人"，给自己添堵的。因此，政府迫切需要来一场自我变革，以突破陈旧、僵化的政府组织形式与权力运行，激活社会创造力。

第二节　思想政治教育视阈下改革开放和社会主义现代化建设新时期中国服务型政府建设的深入实践

社会存在决定社会意识，社会意识反作用于社会存在。改革开放后，我国经济体制改革撬动了政治体制改革的历史车轮，也对政府职能定位带来新的冲击。随着社会主义市场经济的深入实践，政府应以什么样的方式出场，公共服务如何更有效，是服务型政府建设考虑的根本任务。改革开放后，我们党不断深化对服务型政府建设的理论认识与实践运行，有组织、有计划地持续推进政府职能转变，调整了治理理念、治理方式，提高了现代化治理能力与水平，切实形成与经济改革发展相匹配的治理逻辑，政府公信力不断增强，思想政治教育有效性也不断提升，成绩斐然，为建设服务型政府积累了许多宝贵的治理经验。

一　确立富民目标进行职能优化：改革开放和社会主义现代化建设新时期中国服务型政府建设的发展历程

思想解放是行动破冰之举的前奏。伴随国内外社会发展形势变化，计划经济体制曾有的优势和红利逐渐式微，全能型政府的弊端日益凸显，整齐划一的指令限制了社会发展的内在活力，人们迫切需要自主性，改善长期被规划的状态。思想的大解放带来社会层面的整体变革，随着市场经济体制理念的不断引入，政府高度集中、全面控制的历史随着改革开放的号角而走向理性。建设服务型政府不仅是改革开放的应然之举，而且成为我国政治体制改革的重要组成部分。

（一）政府服务在思想大解放中的萌芽

计划经济体制下政府管理工作中出现的一些形式主义、官僚主义现象，严重伤害了人民对政府的信任。邓小平对此提出严厉的批评，"现在，我们的经济管理工作，机构臃肿，层次重叠，手续繁杂，效

第四章 思想政治教育视阈下中国服务型政府建设的历时考察

率极低"①。官僚主义是人民的敌人,同社会化的大生产是根本不相容的。在今天看来,政府那种高高在上的服务模式和优越感早就引起了人们的不满,基于形势需要,人们更加希望党和政府能够革除封建等级的残余观念。党的十一届三中全会《解放思想,开动脑筋,实事求是,团结一致向前看》的精神直达人心,激励人民迫切希望改变现有的窘况。改革率先从农村开始,家庭联产承包责任制的破冰之举,拔开了阻碍社会发展的"活塞",人们的积极性创造性空前高涨,长期积聚在心里的怨气逐渐消失了,思想政治教育工作更加有的放矢,效能也在不断提高。邓小平指出,"一个党,一个国家,一个民族,如果一切从本本出发,思想僵化,迷信盛行,那它就不能前进,它的生机就停止了,就要亡党亡国。"② 经济基础永远是实现人民美好理想的基石,要解决肚子空空的现状,就必须把国民经济搞上去,政府服务就必须跟上去。随着经济体制改革的逐渐推开,原有的政府职能模式和理念已远远不能适应经济变革的需要,阻碍发展活力的体制机制必须破除。因此,党的十二届三中全会提出"实行政企职责分开,正确发挥政府机构管理经济的职能"的新要求,政府按照政企职责分开、简政放权的原则进行改革。至此,人们对政府力量的认识发生了微妙的转变,深刻认识到,政府职能需要优化改革是历史必然。在此基础上,党的十三大提出,"使政府对企业由直接管理为主转变到间接管理为主。"这一精神开启了全国上下对政府职能定位的新阐释,产生了政府究竟是干什么的,政府今后如何发挥功能,服务企业的发力点在哪里等疑问,这是政府权力逐步下放、向社会赋权的实质性改革,是政府利益与公共利益第一次真正分野的开端,服务型政府建设呼之欲出。

(二) 政府服务在经济体制变革中的发展

时代变革的车轮滚滚向前,人们的思想意识逐渐走向开放自主,

---

① 《邓小平文选》第2卷,人民出版社1994年版,第150页。
② 《邓小平文选》第2卷,人民出版社1994年版,第143页。

开始理性认识与科学研判国内发展格局对社会生活的冲击，以及国外局势变化带来的发展机遇。市场经济体制的引入对公共权力的运行逻辑与走向起到了一定程度的矫正作用，思想政治教育也呈现前所未有的活力。政府要转变使用权力的传统观念，使使用权力的人遵从权力的本质与规律。党的十四大明确提出，要建立社会主义市场经济体制，与其相适应的政府职能也加速推进调整，服务型政府建设进入发展阶段。与政府服务质量最为密切的是权力，权力"傲慢"与权力"裙带"等都是建设服务型政府的天敌。自古以来，不受制约的权力腐败带给人民太多的伤害，冲击思想政治教育效能，降低政府公信力。为此，人们对权力既恨又爱，因为权力异化带来太多的不正当好处，让一些权力使用者沉迷，不惜以牺牲国家利益为代价，进而损害人民利益，这就是思想政治教育凝聚功能逐步丧失的根本原因。从表面看，思想政治教育的有效性与政府的公信力高低有一定的差异性，但在本质上，二者是互相嵌入的，其有效性标识了人民对思想政治教育的接受程度，对政府执政行为的认同程度。而后，党的十四届三中全会提出了"转变政府职能，建立健全宏观经济调控体系"。从经济发展看，宏观经济调控体系事关民生利益，政府职能转变是否到位，更事关人们的"菜篮子""米袋子"等的获得感、幸福感。

（三）政府服务在制度体系落地中的完善

社会发展是以螺旋式的方式向前运行的，这是亘古不变的真理。即使政府权力有再多的利益诱惑，政府也逃脱不了自我优化的责任，思想上自我革命是政府能力提升的重要路径。思想政治教育工作之所以能够成为我们党一切工作的生命线而历久不衰，是因为它具有强大的社会矫正功能和政治修复功能。政府作为思想政治教育的施教者，本身就必须肩负自我净化美德。由于社会系统有太多变量因素干扰，考证思想政治教育工作的有效性，是一项十分困难的研究工作。如果要删繁就简，那么人民满意度就是评价思想政治教育效能与政府效能最有价值的标准。党的十五大提出，政府"建立办事高效、运转协调、

第四章 思想政治教育视阈下中国服务型政府建设的历时考察

行为规范的行政管理体系,提高为人民服务水平",就必须强调优化政府运行过程与机制。由此,我们的政府改革路径越来越趋向政府的本质属性,那就是从内部变革抓住政府改革的精髓。多少年来,政府机构改革都是从外围着手,减人数、减部门,但在利益和人情关联下,却衍生出更多部门、更多人员,使政府改革陷入一精简就膨胀的怪圈,由于不正当利益羁绊太多,削弱了改革效能。市场经济是一种法则,有其内在运行规律,政府干预太多或太少,势必会降低市场经济配置资源的效率,最直接的危害就是使经济活力受限,国家经济受损,人民收入减少,人民怀疑政府能力。优化行政管理体系,是一次权力分配的利益革命。继而党的十六大提出,"要完善政府经济调节、市场监管、社会管理和公共服务职能"。当前,经济发展的形势不等人,政府机构的服务效能要跟上,具体职能要落地落实落细,部门职责要理清,改革才能真正发挥利益合理再分配作用,激发起人民为国为己干事创业的雄心。根据国家经济社会发展的需要,党的十六届六中全会提出了"建设服务型政府,强化社会管理和公共服务职能"的任务,对服务型政府定章建制,厘清服务型政府建设的内涵、重点及基本内容,服务型政府建设在理论上更加充实。党的十七大提出,"加快行政管理体制改革,建设服务型政府"。梳理政府改革的逻辑与路径,我们发现政府改革举措越来越务实,职责清单越来越清晰,服务范围和半径日益缩小,人民的满意度也越来越高。我们坚信,政府坚持一张蓝图绘到底,渐进性地自我革命,把各种利益关系正确复位,政府公信力自然会提升,思想政治教育工作也会更加有说服力。

二 提升服务效率推进机构改革:改革开放和社会主义现代化建设新时期中国服务型政府建设的实践创新

持续推进机构改革,激活政府活力。改革开放后,为了适应国内经济形势需要,国务院分别在1982年、1988年、1993年、1998年、2003年、2008年、2013年进行了多次机构改革。建设服务型政府,是人民政府的人民性所决定的,涉及经济体制改革、政治体制改革、文化体制改革、社会体制改革、生态文明体制改革等领域,任务十分艰巨。面对经济高质量发展的要求和社会结构的巨大变迁,党和人民更加重视政府的执政效能,服务型政府在新时期有了新的内涵和任务。政府如何调整自身体制与经济社会发展同步而行,在思想领域成为思想政治教育工作的领头羊,是服务型政府迫切要解决的主要问题。回望40多年来机构改革的历史动因和实际举措,我们可以看出,每次政府机构改革的力度与效度都有其进步性与局限性,但激发政府活力、提高人民政治认同的改革思维占据主导地位。

精简机构和提高效率。1982年的机构改革,主要是针对机构繁多、效率低下、人员超编的问题而进行的。1982年改革前,国务院各部、委、直属机构和办事机构近100个,人员4.9万多人,其中一个部委的副部长数目竟然高达20多位。机构改革后,国务院副总理由原来的13人减为2人,部委减为43个,直属机构减为15个,办事机构减为2个,办公厅减为1个,人员约3.2万人。但政府体制的强大权力福利效应,成为那个时代人才出人头地的奋斗目标。机构人员的权力优越性与资源便利性,是机构屡次精简而后再膨胀的重要诱因,也成为思想政治教育有效性不足的间接原因之一。虽然改革从农村发轫,延伸至城市,群众的积极性、责任感被激发出来,但体制内外的各种利益落差,还是让人们意识到了机构特权继承的危害性。改革时代,人们的权利意识开始觉醒,思想政治教育工作不再像改革开放前那么好做了,人们更加关注政府及其公职人员的服务效率。由于一些政府相关人员在干群关系、公共危机事件等处理上发声不及时、不到位,人们开始质疑,政府要求群众做到的事情,政府自己没有做到,又如何来教育群众。如果政府机关人员还是以那种高高在上的傲慢态度,去做群众的思想政治教育工作,效果就可想而知了。事实上,人民与政府之间的不信任感、疏离感,可能从社会福利差距不断扩大时就存在了,一些政府公职人员人浮于事,门难进、脸难看、事

第四章　思想政治教育视阈下中国服务型政府建设的历时考察 ◆◇◆

难办,不给好处不办事、给了好处乱办事的工作作风,早就应该被时代抛弃。因此,1982年的机构改革是加强人民与政府之间信任的破冰之举。与此同时,世界现代化进程的快速发展,让我们感受到了政府机构效率提高的重要性。但事实是,有些既得利益集团想永远保留体制内的安逸、官老爷的做派,注定成为机构改革的绊脚石。

转变职能和理顺关系。马克思主义唯物史观认为,经济基础决定上层建筑,上层建筑反作用于经济基础。政治体制不改革,必然会束缚经济体制改革的步伐。1987年党的十三大提出改革政府工作机构的任务,再度精简机构,消除机构臃肿现象,提高行政效率的总要求。1988年3月,我国政府正式启动第五次大规模的机构改革,实行定职能、定机构、定编制的"三定"方案。通过这次机构改革,国务院常设机构由72个变为66个,非常设机构由75个减少为49个。改革前实有人数5.28万人,改革后为4.48万人,共减少8000人。同时,按照党政分开的原则对党中央直属机构进行改革。党中央原有直属机构和事业单位26个,改革后保留22个。对于这次机构改革,人民群众的期望值很高,人民对政府责任与角色有了新的认识,任何脱离人民利益的机关腐败行为,都是对服务型政府理念的亵渎。这个时期,人民对于政府机关人员的服务效率与态度,超越了早期整齐划一的盲从心理,对机构人员不作为、乱作为、腐败等问题更是深恶痛绝。这一时期,社会主义大国苏联的轰然解体,更引起了党和人民的警觉和反思。一个政党长期执政的密钥就是紧紧依靠人民、根植于人民,政府的一切公共行政工作围绕人民的美好生活需要开展。一个强大的服务型政府,在保证思想政治教育效能的前提下,如何有效履行职能和责任,如何取信于民,如何为稳固政权服务等,都是政府走向深层次改革的重大课题。

厘清政府与市场边界。保持经济持续增长是政府必须担负的责任,经济体制主导经济增长幅度。计划经济的红利在现代化进程中已逐渐式微,市场经济的活力与效能在世界经济引擎中爆发,逐步成为人们收入增加的新动能。1992年邓小平南方谈话发表之后，我国经济体制改革进一步加快，逐步建立社会主义市场经济体制，对政治体制改革形成了巨大的冲击。邓小平提出"不管黑猫白猫，抓住老鼠就是好猫"的经济增长论，对经济体制改革提出新要求，更对政府行政效能产生较高的期望值。由此，厘清政府与市场的边界进入人们的视野。1993年，中央政府进行改革，国务院部委、直属机构、办事机构由86个减为59个，非常设机构由85个减为30个，原有机关行政编制36700人，改革后核定为29200人，精简人数达20%。国家明确提出，要建立适应社会主义市场经济需要的组织机构，将坚持政企分开作为主要内容，以改变政府像"企业"、企业像"车间"的政企不分局面。自此，政府职能转变的改革方向和节奏趋于稳定，改革目标日益趋近。1998年，由于传统管制型行政管理体制的弊端，与市场经济不相适应的深层次矛盾日益尖锐。为消除政企不分弊端，我国对专业经济管理部门进行了大刀阔斧的改革，将煤炭、冶金、机械等9个工业部先改成国家经贸委管理的国家局。经过这次改革，国务院组成部门减少为29个。国务院直属机构设15个，办事机构设6个，机关行政编制总数减少一半，使得政府与市场的边界逐渐明晰。

注重社会管理和公共服务职能。这一时期，政府放权，向社会赋权，逐步转向加强和改善政府宏观调控，成为政府机构改革的一次大考。2003年，为适应加入世贸组织的需要，政府重点推进了相关经济、金融管理机构改革，撤销经贸委和对外经贸部，建立国资委、银监会等。尤其是，全球性公共卫生事件频发，更加凸显了政府公共服务和应急管理职能的重要性与紧迫性，以政府职能转变为导向的机构改革逐步转向非经济管理部门，例如社会管理和公共服务部门。随着国内外经济形势的重大变化，金融危机席卷世界，对政府的应急服务能力提出了更高要求。由此，2008年的机构改革开始探索政府大部门体制，国务院加大机构改革力度，整合了社会管理和公共服务部门（将劳动和社会保障部、人事部合并，组建人力资源和社会保障部），整合完善了工业和信息化、交通运输行业管理体制。由此，建立一个适应市场经济要求的、职能优化的、人民满意的服务型政府，是时代进步所需，人民幸福所盼。

三 促进先富带后富创新执政理念：改革开放和社会主义现代化建设新时期中国服务型政府建设的基本经验

社会主义的富裕是全体人民的共同富裕，政府依据"先富带动后富，逐步实现共同富裕"这一经济社会发展的价值理念，在改革开放中凸显政府服务的本色。改革开放40多年来，我国服务型政府建设从初步探索到全面推进，逐渐形成了法治政府、创新政府、廉洁政府等多维度的政府价值形态，对服务型政府建设规律有了更加清晰的认识，理论上更加成熟，实践上积累了丰富经验。40多年的政府机构改革形成了这样的逻辑认识和成功经验，那就是必须坚持和加强党的全面领导，坚持以人民为中心，注重政府自身建设，以转变政府职能、建设人民满意的服务型政府为目标。

始终坚持和加强党的全面领导。改革开放以来，政府的历次改革始终在党的坚强领导下坚实有力、稳步推进。在党的全面领导下，中国的改革开放率先从农村起步，农村经济体制改革带动了政府机构效能的转变。农村经济激发的活力也带动了政治体制变革的速度，如何变革传统的政府管理体制来激发经济领域的发展潜能，成为服务型政府建设首要解决的问题。实践证明，政府自改革开放以来的每一次体制变革，皆是因为有我们党充分发挥总揽全局、协调各方的领导核心作用，才有了政府服务职能发挥的行稳致远。在不同历史阶段，政府有不同的发展任务，诸如，农村经济体制改革、市场经济体制的建立等，这些重大改革事项都是在党的正确领导下，对服务型政府建设设计出明确的任务路线图与时间表，保证了政府的每一项服务职能发挥最大的效力，进而增强服务型政府建设的系统性、科学性和协同性，最大程度地使最广大的人民群众从改革中受益。尤其是在政府努力解

◆◇◆ 思想政治教育视阈下中国服务型政府建设研究

决社会发展中的不充分不平衡问题上，我们党更是在制度建设上打破利益固化藩篱，维护支持政府部门协同配合解决难题，提升服务效率和水平，有力推动服务型政府建设向纵深发展。40多年的政府改革实践证明，党的坚强领导是政府顺利完成职能转变和发挥效益的根本保证，是我国建设服务型政府的独特政治优势和政党优势。

始终坚持以人民为中心。改革开放以来，政府变革的每一寸试验田都是为人民而设计。人民的需要才是政府变革的原动力，才是思想政治教育有效性提升的保障。实践证明，失去人民诉求的改革举措，一般达不到预期效果。政府公信力的每一次提升，聚焦的都是人民群众普遍关心的问题，无不与人民的需要密切相关。无论是深化简政放权，还是规范行政行为、优化办事流程，都是顺应人民的要求才得以顺利实施落地。邓小平指出，"现在我国的经济管理体制权力过于集中，应该有计划地大胆下放，否则不利于充分发挥国家、地方、企业和劳动者个人四个方面的积极性，也不利于实行现代化的经济管理和提高劳动生产率。应该让地方和企业、生产队有更多的经营管理的自主权。"[1] 因此，在建设服务型政府过程中，政府始终以人民需要向社会稳健赋权，进而缓解因权力太过集中导致的权力滥用现象发生，人民对政府适度放权的行为、提高公共服务品质的改革深感欣慰与满意，思想政治教育有效性也不断提升。

政府始终注重内部优化。改革开放40多年来，服务型政府理念落地生根，各项利好人民的措施长成参天大树，在全社会形成较高的政府公信力，人民的思想政治觉悟高度统一，思想政治教育工作形成合力。实践证明，服务型政府建设有如此好的成绩，主要来源于政府组织架构的科学合理、政府服务机制体制的良性循环。一是始终把政府机构改革当成大事来抓，理顺精简政府机构，从机构职能协调通畅上下功夫，及时清理那些虚设的、不符合社会发展形势

---

[1] 《邓小平文选》第2卷，人民出版社1994年版，第145页。

的机构，提高政府服务效率，给全国人民一个交代。二是对政府机构内的工作人员进行思想政治教育培训，培育壮大一批为人民服务的高素质干部队伍。政府机构人浮于事、吃空饷等现象，严重影响思想政治教育的效能，影响政府形象。为此，政府部门公职人员的能力和素质对提升政府服务效率至关重要，提升公职人员的履职能力，成为服务型政府建设的重中之重，这也是为了适应改革开放后社会经济高速发展的要求。三是在加强公共服务职能建设上，政府构建完善的公共服务制度体系和保障机制，目的是确保国家与人民的意志得到同步落实。同时，服务型政府主动适应新形势、新任务，积极运用新的科技手段，推行"互联网＋政务服务"，加强政务信息共享，优化政府服务流程，让人民群众办事更加方便快捷，也大大提高了政府的公信力和执行力。

第三节 思想政治教育视阈下新时代中国服务型政府建设的创新发展

党的十八大以来，随着我国反腐倡廉的深入推进，政府施政的外部环境和内部环境发生了重大变化，服务型政府建设更趋向全面深化改革的轴心。中国特色社会主义进入新时代，治国理政的新任务、新目标、新矛盾叠加，政府责任更大了，担子更重了，必须要逐一解决难啃的硬骨头。建设人民满意的法治政府、廉洁政府、创新政府、责任政府，政府必须出实招、亮真招，在重塑公权力运行系统、完善政府决策机制、规制官员行政行为、营造清正廉洁的机关作风等方面进行创新实践。

一 让人民群众共享改革发展成果：新时代中国服务型政府建设的目标要求

建设人民满意的服务型政府是新时代任务所需，是人民渴望美好

◆◇◆ 思想政治教育视阈下中国服务型政府建设研究

新生活所盼。党的十九大报告指出:"深化机构和行政体制改革。统筹考虑各类机构设置,科学配置党政部门及内设机构权力、明确职责。统筹使用各类编制资源,形成科学合理的管理体制,完善国家机构组织法。转变政府职能,深化简政放权,创新监管方式,增强政府公信力和执行力,建设人民满意的服务型政府。"[①] 党的十九届四中全会对服务型政府做了更加细致的顶层设计和制度安排,在政府治理体系、监督体系、法治体系上对政府履职提出了明确目标和要求,是新时代建设人民满意政府的制度遵循,这将极大增强政府公信力和执行力,更好满足人民对美好生活的新期待。

(一)坚持和完善行政体制,构建职责明确、依法行政的政府治理体系

新时代建设人民满意的服务型政府,必须坚持一切行政机关为人民服务的准则,对人民负责,受人民监督,提高行政效能。我国行政体制经过多年的改革优化,更趋科学性、系统性、精准性。国家的平稳运行,必须依靠政府超强的行政管理能力,推动经济社会发展、管理社会事务、服务人民群众。第一,切实完善国家行政管理体制。以推进国家机构职能优化、协同高效为着力点,优化行政决策、行政执行、行政监督体制,形成制度合力。服务型政府应以人民利益和需要为立足点,创新行政管理和服务方式,怎么方便人民办事,就怎么完善行政体制,要防止政出多门,提高政府执行力,夯实思想政治教育有效性的民心基础。第二,优化政府职责体系。我国家大业大,政府作为大管家,管理的事情多而散。新时代,我们要逐渐建立比较成熟的社会主义市场经济体制和运行机制,有些事情市场自主调节就行了,政府应该抽出手来,集中治理难啃的硬茬,在监管效能、公共服务、宏观调控等方面下功夫。实行政府权责清单制度,厘清政府和市场、政府和社会关系边界,进一步优化营商环境,激发各类市场主体

---

① 习近平:《决胜全面建成小康社会 夺取新时代中国特色社会主义伟大胜利——在中国共产党第十九次全国代表大会上的报告》,人民出版社2017年版,第39页。

第四章 思想政治教育视阈下中国服务型政府建设的历时考察

活力。第三,优化政府组织机构。组织机构运行顺畅是政府政务服务高效的关键,推进职能、权限、程序、责任的法定化,才能体现出政府机构本身存在的正当性、科学性,权责对等的协同性。要严格各个行政机构的编制管理、人员管理,打通机构效率内循环的最后环节,统筹利用好行政管理资源,节约行政成本,让人民满意。

(二) 坚持和完善监督体系,强化对权力运行的制约和监督

新时代建设人民满意的服务型政府,必须增强监督体系的严肃性、协同性、有效性,形成决策科学、执行高效、监督有力的权力运行机制。权力是把"双刃剑",用好、用准、用对权力,必须有完善的监督体系。要确保人民赋予的权力始终用来为人民谋幸福,杜绝以人民的名义以权谋私。政府权力用好用对了,就会提升人民对政府的满意度;私用滥用了,就会对政府公信力带来严重的损害。所有腐败案例证明,不受制约的权力必然导致权力腐败,引发社会道德滑坡,也必然导致思想政治教育环境的恶化,有效监督才能制约权力滥用。第一,健全党和国家监督制度。近些年,一些地方由权力腐败导致的"窝案"频发,使得政府形象大打折扣,多年的思想政治教育成果付诸东流,公信力一降再降。如果使用权力者对权力没有敬畏之心,不受任何制约和监督,权力就会走向为人民服务的对立面。因此,服务型政府建设要重点加强对各级领导干部的监督,尤其对"一把手"监督和同级监督的难题进行破题。强化政治监督,完善巡视巡察整改、督察落实情况报告制度。第二,完善权力配置和运行制约机制。要建立权力外循环与内循环的衔接机制,权责界限明晰,既要提高权力服务效率,又要确保权力不被寻租、责任到人。坚持权与责透明公示原则,推动用权公开,完善党务、政务办事公开制度,鼓励"挂图"公示的权责制度,建立权力运行可查询、可追溯的反馈机制。第三,构建"不敢腐、不能腐、不想腐"的体制机制。由权力个体的腐败带来的负面社会影响,就如温水煮青蛙般慢慢吞噬人民对政府的信任,导致思想政治教育工作的失效、无效甚至衰退。要坚决查处政

治问题和经济问题联姻交织的腐败案件,依据人民利益受损的情况,要给予政治上、经济上的补偿,重塑人民群众的信心和信任。例如,近期一些地区曝出的高考顶替事件,刷新了人民对高考公平正义的认知底线,权力腐败异化、人为改变他人人生的命运轨迹,使人民对相关政府机关公信力产生质疑。因此,政府必须坚决破除权钱交易的关系网和利益链,给人民一个满意的答复,这也是建立人民满意的服务型政府的最基本要求。

(三)坚持和完善法治体系,提高政府依法执政能力

新时代建设人民满意的服务型政府,必须坚持法治国家、法治政府、法治社会一体化建设。加快形成完善的党内法规体系,全面推进科学立法、严格执法、公正司法、全民守法,推进法治政府建设。第一,健全依宪施政的体制机制。宪法是国家的根本大法,是政府施政的原则遵循,依法执政首先要坚持依宪执政。党的十八大以来查处的诸多腐败要案,一些地区大面积的"塌方式"腐败原因就是宪法在这些权力腐败者眼中成了摆设,没有形成对宪法的敬畏。有些官员大权在握,气焰嚣张地认为,宪法只是给人民制定的,而非用于他们这些掌权者。这些人本身是思想政治教育的施教者,但他们内心深处却认为,思想政治教育是一种愚弄人的"伪"教育,他们在思想上、行动上给人民群众做了非常坏的负面表现。因此,服务型政府建设必须坚持宪法法律至上,对违反宪法法律的行为予以追究、公示,及时向人民公开解决方案和处理结果,以维护法律尊严、权威。第二,完善立法体制机制。在中国特色社会主义事业的蓬勃发展期,在全面改革深化期,法律有破有立,是符合社会变革规律的。加强重要领域立法,是保障新问题用新思维解决的红线,也是保障人民利益不受损害的善治之举。第三,健全社会公平正义的法治保障制度。公平正义是服务型政府建设必须坚持的施政原则,是思想政治教育有效性实现的前提条件。法治建设要坚持为了人民、依靠人民,坚持有法必依、执法必严、违法必究,严格规范公正文明执法,规范执法自由裁量权,

第四章 思想政治教育视阈下中国服务型政府建设的历时考察

加大关系群众切身利益的重点领域执法力度，确保司法公正高效权威，努力让人民群众在每一个司法案件中感受到公平正义。

二 以人民需要为纲进行职能优化：新时代中国服务型政府建设的重要举措

党的十八大以来，服务型政府建设以全党掀起反腐败斗争为切口，对政府各级官员进行了深刻的廉政行动，夯实了政府的执政基础，净化了党风政风，营造了良好的政治生态环境。特别是党的十九大以来，在新的起点持续推动全党"不忘初心、牢记使命"主题教育，加速服务型政府建设的步伐，更加注重加强宏观调控、市场监管和公共服务等职能建设，有力地推动政府改革向纵深发展。

（一）深度进行大部制改革，政府职能再优化

政府职能转变是服务型政府建设的核心，优化机构组织是关键。党的十九届三中全会审议通过《中共中央关于深化党和国家机构改革的决定》，出台了深化党和国家机构改革的方案。这次机构改革根据国家发展和改革实际需要，率先从党中央机构改革开始，对职责相似度和关联性强的部委，采取合并、撤销的加减法整合方式，组建了新部委。比如，组建国家监察委员会、中央全面依法治国委员会、中央审计委员会等，使机构职能职责更加明确、清晰。依据目前改革的攻坚点，深化了全国人大机构改革，在重点领域组合新部委。比如，组建全国人大社会建设委员会、自然资源部、生态环境部、农业农村部、国家市场监督管理总局、退役军人事务部等，提升治理效能。而对那些特殊时期紧急设定的、现阶段职责不明确的机构，这次改革采取直接撤牌的方式。比如，不再设立中央维护海洋权益工作领导小组、中央社会治安综合治理委员会及其办公室、中央维护稳定工作领导小组及其办公室等，把人员和编制用到更需要的地方，这也是对人民群众一直诟病、吐槽的机关自我膨胀臃肿形象的积极回应。同时，更加深化行政执法体制改革，整合组建了市场监管综合执法队伍、生

态环境保护综合执法队伍、文化市场综合执法队伍、交通运输综合执法队伍、农业综合执法队伍等。这次执法体制的改革和执法队伍的建设，改变了"权"出多头的重复执法弊端，及时解决了人民敢怒不敢言的执法不端问题，也解决了执法队伍事务繁杂、职责模糊问题，使单一领域有独立的执法队伍，解决问题更有针对性，也破除以往九龙治水"踢皮球"方式。人民对这种执法方式的变革拍手称快，人民内心对政府的信任感、满意度油然而生，政府公信力与思想认同也在改革中共同提升。此外，这次改革也涉及了群团组织改革，着重解决群团机关化、行政化、贵族化、娱乐化等问题，这些也是人民群众一向反映强烈、深恶痛绝的群团机构庸俗化现象，是思想政治教育工作长期减效、失效和无效的一个根源。同以往历次机构改革不同的是，这次改革力度之大、影响之广、触及的利益关系之复杂，前所未有地回应了人民关切。根据改革方案，国务院机构设置将更加符合实际、科学合理、更有效率，是新中国成立以来我们党最为深刻的一次自我革命，这是一场系统性、整体性、重构性变革，充分彰显了以习近平同志为核心的党中央将改革进行到底的坚定信心，充分体现了我们党下决心解决难题的坚强意志，在思想政治教育领域达成全民共识。

(二) 夺取反腐败斗争压倒性胜利，提振人民信心

腐败问题是党和国家事业发展中存在的毒瘤。如果任凭腐败问题愈演愈烈，最终必然会亡党亡国。人民群众最痛恨腐败现象，腐败是我们党和政府面临的最大威胁，个别官员腐败是梗在人民信仰心中的一根巨刺，也是人民群众对思想政治教育不信服的重要根源。人们见惯了个别官员上一秒还在台上侃侃而谈廉洁奉公、为遏制腐败出思路，下一秒却因腐败问题而锒铛入狱的可悲可笑结局。这种表里不一的"两面人"极其恶劣，破坏了党和政府的形象。党的十八大以来，党和政府始终保持对人民的赤子之心，打破了自古以来刑不上大夫的神话，查处腐败大案要案毫不手软，形成强大震慑效应。不论什么

第四章　思想政治教育视阈下中国服务型政府建设的历时考察

人，不论其职位多高，比如周永康、薄熙来、令计划、徐才厚、郭伯雄等位高权重者，只要触犯了党纪国法，都要受到严肃追究和严厉惩处。自2013年以来，据中央纪委监察部网站公布的有关数据，截至2017年6月底，共立案审查中管干部280多人、厅局级干部8600多人、县处级干部6.6万人。探索实践监督执纪"四种形态"，有效遏制腐败蔓延势头。截至2017年6月底，共处置问题线索236.2万件，立案141.8万件，处分140.9万人，移送司法机关依法处理5.4万人。从2013年至今，我国掀起的反腐风暴席卷全国各个角落，"老虎""苍蝇"一个都不放过。梳理反腐的"成绩单"，我们并没有成就感，只有深深的反思与忧虑。我们庆幸，我们党书写了一个百年大党"自我革命"的崭新篇章，对人民的需求有了及时的回应。但悲哀的是，政府部门公职人员中竟然出现这么多"老虎""苍蝇"，怎么叫人民不痛心、不寒心。尤其是那些"两面人"，天天台上喊着叫着为人民服务，台下最后服务的还是自己，如何让人民相信政府的诚意，思想政治教育的意义何在？其效能何在？政府公信力又何在？一个制定规则的部门，带头违反党纪国法，人民怎么放心把权力交给这些利欲熏心、违法乱纪之人。人民庆幸，我们党以壮士断腕的勇气掀起反腐风暴，挽回了人心，挽救了党和国家，服务型政府拿出自我革命的诚意向人民表达真心。因此，服务型政府只有在党的领导下，以反腐败永远在路上的坚忍和执着标本兼治，保证干部清正、政府清廉、政治清明，才能确保党和国家长治久安，人民安居乐业。

三　人民满意度与政府公信力双赢：新时代中国服务型政府建设的实际效果

党的十八大以来，党和政府始终以人民需要为改革轴心，更加重视服务型政府建设，以破釜沉舟的勇气继续深化改革，刀刃向内修正异化的权力与利益格局，取得了反腐败斗争压倒性胜利，大力提升了人民满意度，持续提升了思想政治教育效能，稳步提升了政府公信力。

(一) 政府机构改革效能得到提升

大部制改革是政府行政管理体制及政治体制的重大创新，它注重机构整合、职能转变、权力制约、决策民主、管理科学等多方面，是建设服务型政府的重要途径。通过2013年、2018年持续的大部制改革，我国政府机构统筹整合，向服务型政府的高效率、低成本大步迈进。一是政府机构精简。2018年的机构改革方案对国务院组成部门和其他机构进行了较大幅度的调整，减少了8个正部级机构和7个副部级机构，优化了机构设置和职能配置，理顺了职责关系。这次改革的重点是从中央机构开始"瘦身"规划，为省市机构改革作出了表率，有力推进了地方性的机构改革，减少了地方政府改革的阻力，为全面提升政府服务效能赢得了宝贵时间。比如，极大减少了地方人情关系的障碍，把一些职能相近的部门合并为一个部门，使权责更加明确，杜绝人民办事机构责任不清"踢皮球"的现象再发生，少让人民跑冤枉路，多些时间干实事。这种由上至下的机构改革思路和办法，减少了地方行政层级的改革内耗，加快了行政指令的传达速度，提高了服务效率，降低了行政成本，更减轻了国家与人民的财政负担。二是部门职责更加明确。改革进入攻坚期，改革举措向下推动的过程中，来不得半点推诿扯皮，在竞争激烈的今天，良机不可失，更不可多得。无论是哪个部门、哪个人因个人私利阻挡改革步伐、降低服务效率，都会被严厉问责、追责。政府通过制定切实可行的"三定"方案，将各部门职责和功能以清单的形式确定下来，形成权有人领、事有人干、责有人担的服务新格局，为我国政治权力有序运行奠定了坚实的基础。三是政府职能更加精准。近年来，我国政府与市场关系日益优化，政府的职能定位愈来愈清晰，市场机制自发作用越来越凸显。大部制改革的初衷是优化政府职能，更是改革的试金石。有人欢喜有人忧虑，那些有能力、有担当的人，走到任何一个部门都不会发怵；而那些平时不务正业、靠关系走后门的人，服务态度差、服

第四章　思想政治教育视阈下中国服务型政府建设的历时考察 ◆◇◆

务能力弱的人，才会忧虑自己的未来。这次改革对机构部门人员来说，是一场职业生涯版的深度思想政治教育实践课，体现了能者上、庸者下的人才定律，是对当代官员服务意识和责任意识的实践考核。大部制改革也让各级政府官员认清了当今的国家发展格局与大势，拥有一颗尽心履职、尽责为民之心，才是仕途发展的最好盾牌。

（二）人民满意度得到大幅提升

人民满意是服务型政府建设的核心。习近平总书记强调，我国社会主要矛盾已经转化为人民日益增长的美好生活需要和不平衡不充分的发展之间的矛盾。2018年党和国家机构改革的重要目标就是建设人民满意的服务型政府，适应新时代我国社会主要矛盾的变化，聚焦发展所需、基层所盼、民心所向，更好服务人民，让人民更加满意。一是人民衣食住行更有保障。让老百姓过上好日子，是政府工作的出发点和落脚点，是机构改革的根本价值所在。习近平总书记指出，改革开放40年来，我们的党和政府"坚持在发展中保障和改善民生，全面推进幼有所育、学有所教、劳有所得、病有所医、老有所养、住有所居、弱有所扶，不断改善人民生活、增进人民福祉。……建成了包括养老、医疗、低保、住房在内的世界最大的社会保障体系，基本养老保险覆盖超过9亿人，医疗保险覆盖超过13亿人"[①]。这些伟大成绩浸透着政府励精图治的耕耘，人民在衣食住行等各个方面有了更多、更实在的获得感、幸福感。我们的父辈与他们小时候相比，在物质、精神等方面的富裕程度可谓天壤之别，其满足感、满意度极大强化了对党和政府的认同。2018年国务院机构改革方案更是精准聚焦重点民生领域，立足建立健全更加公平、更可持续的社会保障制度和公共服务体系，在教育文化、卫生健康、医疗保障、生态环保、应急管理等人民群众普遍关心的领域加大了机构调整力度，更好地保障和改善了民生、维护公共安全。只有以造福人民为最大政绩，想群众之

---

① 习近平：《在庆祝改革开放40周年大会上的讲话》，人民出版社2018年版，第14—15页。

所想，急群众之所急，办群众之所需，才能建设好人民满意的服务型政府。二是人民办事更便利。由中央政府启动的行政管理体制改革、行政审批制度改革以及"放管服"改革等举措，使人民办事效率大解放。例如，浙江等省的政府改革真真切切以人民为中心，创造"最多跑一次"的模范壮举，带动了全国政府改革服务方式的变革，由"以行政为中心设计改革思路"转换为"以人民为中心审视行政审批制度"的改革思维。通过服务流程再造、机制创新、能力提升、质量改进，增强政府公信力和执行力，为人民服务的宗旨落到了实处，提升了人民群众对党和政府工作的满意度。

（三）政府公信力得到稳步提升

"宁可得罪千百人，不负十四亿。"这是我们党和政府的决心，是承诺，更是鞭策。党的十八大以来，党和政府审时度势，稳健施策，集中力量向腐败分子发起总攻，雷厉风行地夺取反腐败斗争压倒性胜利。这个胜利使政府赢得了民心与信任。一是反腐败斗争提升了政府决断能力。反腐败会触及利益集团的"奶酪"，阻力之大可想而知。有些问题政府想解决，但多年解决不了，这是一个权力与利益交换的"死循环"，是思想政治教育生态环境恶化的深层次原因，直接导致思想政治教育功能的无效流失、耗损，直接导致民心民意的丧失，导致政府公信力下降。在国家经济社会发展的紧要关口，党和政府当机立断斩断腐败链，"老虎""苍蝇"一起打，无禁区、零容忍、全覆盖，反腐败斗争取得压倒性胜利。

梳理从2017年到2019年反腐"成绩单"，可以看出党和政府的决心和信心。比如，关进牢笼的国家机关、国企和金融单位的高级干部，2017年9人，2018年15人，2019年62人；关进牢笼的省管干部，2017年221人，2018年354人，2019年408人。从2017年到2019年的反腐成绩单看，反腐败斗争持续保持着高压反腐的态势和节奏，反腐败工作走上法治化、规范化道路。特别在脱贫攻坚、环境污染治理、扫黑除恶三大领域开辟了反腐败新战场，反映出反腐败斗

第四章　思想政治教育视阈下中国服务型政府建设的历时考察

争的艰巨性。

二是反腐败成绩赢回了涣散的民心。习近平总书记指出，一个政党，一个政权，其前途和命运最终取决于人心向背。我们"必须下最大气力解决好消极腐败问题，确保党始终同人民心连心、同呼吸、共命运"①。党的十八大以来，反腐败斗争有力清除了腐化变质分子，以实际行动和成效回应了人民期盼，厚植了党和政府执政的群众基础。"打虎"步伐一刻不停，"拍蝇"力度持续走强，一个又一个贪腐官员的落马刷新了人民对政府执行力的再认识，"丹书铁券""铁帽子王"必须被废弃，不能再上演。对这样的高压反腐，这样的铁腕惩贪，百姓无不拍手称快，政府更是大获人心。三是反腐败产生了外部溢出效应。党的十八大以来，中央纪委监察部网站备受世人关注。以前，人们以为这些监察监督部门都是形同虚设，但在新时代的反腐败斗争中，彰显了其强大的职能价值，使腐败存量逐渐减少、腐败增量有效遏制。这是人们对纪检监察机构职能的重大认识改变，也是对政府监督机构改革的价值认同、政治认同。

（四）思想政治教育效能得到提升

政府低一寸，人民升一尺。习近平总书记指出："为人民服务是我们党的根本宗旨，也是各级政府的根本宗旨。"政府从细节改变，见其决心、见其信心。一是政府政务大厅的服务一体化展现了诚心。一个大厅，再造了办事流程，方便了群众。比如，一个办事大厅的柜台高度改变，折射出政府微小细节的变化对人民的尊重。以前，部分单位的接待窗口高度非常尴尬，让办事人员站也不是，蹲也不是，只能"半蹲"着和工作人员勉强交流，这种"弯腰求人"式的高度，实在让群众憋屈难受。现在，政府服务大厅的服务柜台基本定位于80厘米，既能保证群众舒适地表达诉求、办理业务，又有助于接待员近距离倾听人民群众的诉求。正是政府服务细节的改变，潜移默化

---

① 《习近平谈治国理政》，外文出版社2014年版，第391页。

中让人民接受了政府、认同了政府,人民对党和政府推行的思想政治教育活动就会更加维护和信服,使得思想政治教育的亲和力、凝聚力明显提升。二是政府优化了思想政治教育大环境。多年来,思想政治教育的客体主要聚集在高校,单方面向大学生灌输爱祖国、爱人民、爱党、爱社会主义的知识体系。对于社会中的个体,仅从灌输角度做硬性要求,显然是不够的。现在的大学生早已不是"两耳不闻窗外事"的群体,海量信息使他们对社会百态有深入的认识,成长中的磨砺更加深了他们对党和政府的多角度认知,对整个社会的思想道德状况与环境也有一定的认知和评判。党的十八大以来,政府通过自身改革,优化了政治生态,人民群众舒心了,对政府的认识也改观了,对政府加强思想政治教育工作也理解了,不再抵触政府的思想教育政治工作,形成了共商、共建、共享的实践模式。近年来,人民看到了党和国家正在努力修正体制上的不足、政府自身的改革和变化,在获得感、幸福感、安全感提升的同时,也理解了政府的难处。现在国际局势瞬息万变,政府治国理政要让所有人都满意是不现实的,人民体谅了政府的难处,政府报之以桃李,也尽最大能力服务人民,政府与人民的信任关系日益增强。三是突发公共卫生事件考验了政府能力。习近平总书记强调,思想政治教育的力量在于"真",提出"要用真理说服人、用真情感染人、用真实打动人"。这次新冠肺炎疫情的全球暴发,让国人看清了事实真相。人民群众积极主动地了解国内外疫情的变化,对政府的处境、政府的作为感同身受。反观,西方国家信奉钱和权的万能优先,以牺牲老弱病残来获得"群体免疫",使确诊病例数据不断飙升,践踏生命,不再强调所谓人权。而我国政府举全国之力,尽最大努力护佑人民的生命安全、身体健康,无论你是腰缠万贯,还是一贫如洗,政府都应收尽收、应治尽治,竭力救治,诠释了生命平等的人权真谛。我们的政府在突发公共卫生事件中不断总结、不断调整应对决策,尽可能地满足人民群众反映强烈的各种需要。在公共危机面前,政府用实际行动打动了人民,感动了人民,体现了思

第四章 思想政治教育视阈下中国服务型政府建设的历时考察 ◆◇◆

想政治教育内化与外化的知行合一。危难之际，政府对人民的爱护行为，让人民群众认清了政府以人为本的真情，思想政治教育在新时代彰显了更闪亮、更持久的真理光芒。

第五章　思想政治教育视阈下中国服务型政府建设的实时考察

当前，服务型政府建设面临前所未有的机遇，也面临因自身原因造成的思想政治教育有效性不足的问题，分析研究现阶段我国服务型政府建设存在问题的形成原因，对新时代服务型政府建设具有重要意义。建设人民满意的服务型政府，既是政府服务追求的最高价值形态，也是政府德性建设的实践方向。新时代，服务型政府建设要解决思想观念、体制机制等方面的问题，始终坚持人民至上原则，最大可能地让改革开放成果惠及全体人民，提高人民对政府的思想认同、情感认同与政治认同。

第一节　思想政治教育视阈下中国现阶段服务型政府建设面临的机遇

中国特色社会主义进入新时代，我国处于新的历史发展方位。我们既要看到当下中国发展面临复杂的国内外环境，国外面临西方霸权主义、单边主义、贸易保护主义的干扰，国内面临经济下行压力增大，政府公共行政工作重点发生转移，今后政府工作面临的风险挑战将更多更大。但更要看到我们有习近平新时代中国特色社会主义思想的指导，有中国共产党的坚强领导，有中国特色社会主义制度的优势保障，建设人民满意的政府面临着前所未有的机遇。

第五章　思想政治教育视阈下中国服务型政府建设的实时考察 ◆◇◆

一　习近平新时代中国特色社会主义思想为服务型政府建设提供理论指导

伟大的时代孕育伟大的思想。新中国成立70多年来，中国特色社会主义事业之所以取得伟大而不平凡的成就，就在于形成了与中国发展国情相适应的科学理论体系。习近平新时代中国特色社会主义思想，是社会主义初级阶段伟大实践的理念集成，是建设人民满意的服务型政府的行动指南。各级政府的使命就是按照党制定的理论、路线方针政策一以贯之地、不折不扣地执行下去，这就是服务型政府建设的核心要务。人民追求美好生活的愿望与政府廉政勤政同频共振，国家的主人与人民的勤务员在这个美好的时代同向发力，共建新时代更加美好的明天，这是服务型政府建设面临的最大机遇，促使各级政府放开手脚，大干一场，为民拼搏解难题，为实现政府治理体系和治理能力现代化，奋力夺取新时代中国特色社会主义伟大胜利，实现中华民族伟大复兴中国梦而不懈努力。

习近平新时代中国特色社会主义思想是具有明确指向的科学内体系，集结了政府今后公共行政的发力点，是服务型政府建设的重大理论指导和实践指南。一是制定了21世纪中叶要全面建成"富强、民主、文明、和谐、美丽"社会主义现代化强国的总目标，为政府服务型执政指明大方向。二是坚持以人民为中心的发展思想，为政府服务型建设指明执政的出发点，今后一个时期，政府工作的重点就是要解决好人民日益增长的美好生活需要和不平衡不充分发展之间的矛盾，让人民有切实的幸福感、获得感、安全感，努力实现马克思主义创始人预设的人的全面发展的终极目标。三是明确政府治国理政的总体布局和战略布局，为建设服务型政府设定了价值框架，通过"四个全面"的贯彻落实机制，形成政府及其公职人员的道路自信、理论自信、制度自信、文化自信，从而达成"五位一体"总体布局的全面协调、有效落实。四是通过明确全面深化改革的总目标，为服务型政府建设提供制度支持与目标设定，政府以其制度设计，协调推进治理体系和治理能力的现代化。五是明确全面推进依法治国的总目标，为服务型政府建设提供法治保障。六是明确中国特色社会主义最本质的特征是中国共产党领导，是服务型政府建设的核心力量。"中国特色社会主义制度的最大优势是中国共产党领导，党是最高政治领导力量，提出新时代党的建设总要求，突出政治建设在党的建设中的重要地位。"[①] 总之，习近平新时代中国特色社会主义思想对政府如何科学执政、民主执政、依法执政指明了解决路径和方法，各级政府按照习近平总书记的要求，一张蓝图绘到底，撸起袖子加油干，一定会有大作为、大成就。

二 社会主要矛盾变化为服务型政府建设提出更新更高要求

党的十九大报告指出，我国社会主要矛盾已经转化为人民日益增长的美好生活需要和不平衡不充分的发展之间的矛盾。这一重大科学论断为制定党和国家大政方针、长远战略提供了科学依据，成为今后服务型政府建设的工作方向。习近平总书记指出，"我国社会主要矛盾的变化是关系全局的历史性变化，对党和国家工作提出了许多新要求。我们要在继续推动发展的基础上，着力解决好发展不平衡不充分问题，大力提升发展质量和效益，更好满足人民在经济、政治、文化、社会、生态等方面日益增长的需要，更好推动人的全面发展、社会全面进步。"[②] 作为践行人民根本利益的代表，政府必须在党的领导下统领发展全局，在破解不平衡不充分问题上大有可为、有大作为。

政府要更加注重解决人民日益增长的美好生活需要。新时代，人民需要的内涵大大扩展了，已经由浅层次的物质生活需要上升为深层

---

① 习近平：《决胜全面建成小康社会 夺取新时代中国特色社会主义伟大胜利——在中国共产党第十九次全国代表大会上的报告》，人民出版社2017年版，第20页。
② 习近平：《决胜全面建成小康社会 夺取新时代中国特色社会主义伟大胜利——在中国共产党第十九次全国代表大会上的报告》，人民出版社2017年版，第11—12页。

第五章　思想政治教育视阈下中国服务型政府建设的实时考察 ◆◇◆

次的人的全面发展和社会全面进步的需要。尤其是人民对整个生活生产的生态环境，对社会分配中的公平正义等有了更高层次的要求。诸如，人民期盼有更好的教育、更稳定的工作、更满意的收入等来保障人生发展的基本盘；人民期盼更高水平的医疗卫生服务、更舒适的居住条件等来巩固人生事业发展的大后方；人们期盼有更优美的环境、更丰富的精神文化生活等来滋养人生品质的新源泉。要实现人民各种美好生活的期盼，需要各级政府一届接着一届干，一张蓝图绘到底。

政府要更加注重解决发展不平衡不充分的问题。我国存在发展不平衡、不充分的状况，既有历史因素，也有发展中出现的新问题造成的，这些新旧问题叠加，政府要在短期内解决，是有很大难度的。但如果不尽快解决，落后地区与发达地区、农村与城市发展不平衡，就会加剧贫富差距，人民的获得感、幸福感会有更深的鸿沟，长此以往，人们内心积聚的不满就会爆发出来，形成社会不稳定因素。同时，发展不充分的问题也在不断扩大，所谓强者愈强、弱者愈弱，就是这个道理，发展充分的地区会利用优势，扩大优势，形成资源网。而发展不充分的地区，创新能力不够强，发展的能力和水平、质量和效益还需要提高，转变发展方式还处于攻坚阶段，等等。这些由内而外累积的问题，都需要政府花大力气、出真招、亮实招才能逐步解决，提升人民的满意度。

政府要更加注重解决思想政治领域的问题。新时代社会主要矛盾发生了重大变化，必然会引发意识形态领域的深层次变革，这对建设具有强大凝聚力的社会主义意识形态意义重大。我们党和政府作出社会主要矛盾变化的新论断，为唱响时代主旋律、汇聚社会正能量，有效应对意识形态领域面临的风险挑战，提供了实践依据。一是社会主要矛盾变化标志着中国特色社会主义取得了重大历史性成就，科学社会主义在21世纪中国焕发出生机活力，使党的坚强领导更加坚如磐石。人民从求温饱到求环保、社会从先富带后富到共建共享、经济从高速增长转向高质量发展等目标实现蝶变，揭示了只有中国共产党才能解人民、国家、民族之困,唯有中国特色社会主义道路才是解决中国所有问题的密钥。二是社会主要矛盾变化标志着人民深层次需要正不断拓展,经济社会发展成效显著提升,人民美好生活正一步步地向前推进,服务型政府的观念更加深入人心。我们党和政府深刻认识到,在社会主义初级阶段,满足人民日益增长的美好生活需要的艰巨性,解决发展不平衡不充分问题的紧迫性。为此,政府树立了以人民为中心的执政思想,全面深化改革,有效缓解供需矛盾,民心民意民德渗透在建设中国特色社会主义伟大事业中。三是社会主要矛盾变化标志着全面建成小康社会成功在望、全面建设社会主义现代化国家乘势而上,彰显了中国特色社会主义制度的显著优势。长期以来,资本主义与社会主义意识形态之争的焦点,就是哪一种政治制度更能激发生产力效能的问题、更能创造人民幸福生活的问题。社会主要矛盾的变化表明,决胜全面建成小康社会、开启全面建设社会主义现代化国家新征程,政府已积聚了一定的条件和能力,人的全面发展、社会全面进步正在不断推进,现有生产力水平在许多方面已经超越了发达资本主义国家,有力地证明了社会主义制度的优越性。

同时,社会主要矛盾变化对提升思想政治教育有效性带来了新的机遇。社会主要矛盾变化的本质动因与思想政治教育有效性的预期目标产生了共振效应,是做好思想政治教育最丰富的素材、最坚实的基础和最深厚的底气。一是政府求真务实的执政作风凝聚了民心。实事求是是我们党获取人民认同的根本法宝,客观理性对社会主要矛盾作出新判断,显著提升了思想政治教育工作的效能。党和政府紧紧围绕中国共产党为什么"能"、马克思主义为什么"行"、中国特色社会主义为什么"好"等重大问题,坦诚地向人民递交出释疑解惑的答卷,是解放思想、实事求是、与时俱进、求真务实,带领全国人民团结一致向前看的伟大实践创新,彰显了政府推进思想政治教育有效性的科学品性。二是政府为人民服务的执政思维强化了政治认同。我们党对新中国成立70多年来的成绩作了实事求是的客观总结,公开宣示了人民对美好生活的各种需要，对于发展中的不足、遗憾与弊端都对人民做了开诚布公的时代之答，讲出了人民需要的内心话、真心话，引起了人民的思想共鸣，使得思想政治教育不宣而胜，此时无声胜有声。三是政府尊重发展规律性增强了执政合法性。政府自觉推进思想政治教育新的实践，不回避社会矛盾与问题，敢于承担执政党的重大历史责任，这是我们党领导人民政府，建设人民满意的服务型政府的伟大气质所在。新时代社会主要矛盾变化的论断揭示，人类社会发展规律、中国特色社会主义建设规律和党的长期执政规律是党和政府在新时代治国理政中必须遵循的科学逻辑和实践逻辑，是人民信任政府的实践源泉，极大契合了建设服务型政府与提升思想政治教育有效性的本质要义。

三 实现"两个一百年"奋斗目标为服务型政府建设指明新方向

奋斗目标是鼓舞人民群众创造历史伟业，推动服务型政府改革创新发展的不竭动力。党的十八大报告高屋建瓴地提出了"两个一百年"的奋斗目标。第一个一百年是，到中国共产党成立100年时（2021年）全面建成小康社会。小康社会是全面的、全体人员的小康，小康路上一个都不能少。因此，政府的工作重心必将转移到建成小康社会各项指标的实现上，逐一进行核查、落实。习近平总书记明确指出，"全面小康不是平均主义"。由于我国幅员辽阔，各地情况千差万别，各省市小康社会的具体指标不可能是统一的，因此政府在施政方式上也是各不相同的。第二个一百年是，到新中国成立100年时（2049年）全面建成富强、民主、文明、和谐、美丽的社会主义现代化强国。党的十九大清晰擘画了全面建成社会主义现代化强国的时间表、路线图。未来中国的30年，将是服务型政府展示新形象、提升治理体系和治理能力现代化水平的30年，这为政府提供了大有作为、大展宏图的新方向。这些重大目标能否如期实现，涉及人民对政府的信任程度，涉及政府对人民承诺的实现程度，更涉及思想政治教育有效性的提升程度。因此，政府要立足富强、民主、文明、和谐、美丽的价值指标做科学分析研判，在实现人民对美好生活的向往中如何体现、落实、达成远期目标，是政府必须思考的重大责任。因为，全面建成社会主义现代化强国，不是我们自己关起门来搞建设，政府应具备国际视野，未雨绸缪地分析研判国际形势的变化给我们带来的影响，政府在危机面前如何作出最好的应对。新冠肺炎疫情在全世界蔓延，给政府敲响了警钟，对政府治理能力现代化建设提出了新的更高要求。

全面建成社会主义现代化强国，政府应加快建立完备的政府工作体系。建立科学的指标体系，政府应明白该干什么、怎么干、怎样干好。建立完备的工作体系，优化工作流程，增强内部合力。建立协同的政策体系，加强顶层设计、统筹安排和综合集成，发挥政策效应最大化。建立精准科学的评价体系，做到"政府绩效评价+第三方评价+群众满意度评价"有机统一，力求评价科学公正合理。要坚持廉政为公、勤政为民、善政为要，互相支持、互相配合，做到思想同心、目标同向、行动同步。建设服务型政府，政府公职人员应争当信念过硬的表率，把理想信念转化成为人民谋幸福的实际行动。要争当政治过硬的表率，做政治上的明白人、老实人。要争当责任过硬的表率，做到说一件、干一件、成一件。要争当能力过硬的表率，做到本领高强。要争当作风过硬的表率，做到一身正气、两袖清风。在"两个一百年"的历史交汇期，要把深度学习当作终身本领，把团队学习作为看家本领，在学习中提高本领，在实践中锤炼本领，不断提高研究谋划、解决问题、狠抓落实的能力。

全面建成社会主义现代化强国的总目标，为政府制度建设提供新思维。在全面发挥党总揽全局、协调各方的作用下，各级政府可以放手大胆地去探索高效的治理模式，把党和国家的重大决策部署一一落实到位，特别是在解决发展不平衡不充分的问题上，切实把各项工作安排落到实处，让人民群众有看得见、摸得着的实际利益，使政府言而有信，提升政府公信力。要圆满完成"两个一百年"的奋斗目标，政府要作出踏踏实实的改变，在政府组织架构、公职人员管理、政德建设等方面要形成从中央到地方科学化、规范化、制度化的改革体系，把新发展理念落实到各项重大举措、政策法规和实际工作的方方面面，使人民利益至上体现在经济社会发展全过程、全领域、全方位。服务型政府要在更高层次上，坚决贯彻落实好权力、资源、利益的优化配置，杜绝权力腐败、资源滥用、利益失调等问题出现，让人民对政府放心，在全社会形成政府德性施政的氛围。我们坚信，只要政府始终坚持贯彻以人民为中心的发展思想，事事以人民满意为执政初心，人民就会支持政府、拥护政府，定能形成全面建成社会主义现代化强国的强大合力。

第二节 思想政治教育视阈下中国现阶段服务型政府建设存在的问题

思想政治教育作为一项认识世界、改变世界的重要教育活动，肩负着对各级政府官员进行世界观教育、政治观教育、人生观教育、价值观教育、法治观教育、道德观教育等的重任，其有效性直接影响着政府在公共行政中的行为。政府作为思想政治教育的主体，处于权力、资源、利益、职能的博弈场中，政府自身思想政治教育的效能直接影响政府把握公共利益、资源约束、权力制约之间的边界与施政效果。当前，服务型政府建设中存在思想、观念、体制、机制等问题。本书为更清晰、精准聚焦服务型政府建设的问题，特从思想政治教育视阈分析政府在政治、经济、社会、文化、生态领域呈现的一些问题。

一 政治领域出现一些消极腐败问题

腐败是人类社会进步的天敌，与权力使用不当有密切关联，继而造成人民思想认同的低效。由于少数干部用权失误，一些地方政府在处理社会矛盾上出现了偏差，表现出"捂盖子"的解决问题逻辑，以至于出现矛盾高发点，甚至造成公共危机事件，人民不满意的情况时有发生，造成政府公信力下降，引起人民对整个社会系统思想政治教育效果的质疑。

（一）不作为的权力导致政府公信力下降

不作为的权力贻误改革发展良机，错失发展最好机遇期，损害国家与人民利益。近年来，社会领域出现了一些重大公共问题，有些政府部门对这类问题的应对能力明显不足，一些行政部门与公职人员的不作为、懒政行为时常发生，使得政府公信力下降，导致人民对政府的认同感下降。对一些社会突发事件，政府有关部门处于一种事前盲目自信、事后敷衍了事的应对思维中，对损害人民群众切身利益的公共问题监管不力，造成生命和财产损失。政府治理的惯用逻辑是"被动应对"逻辑，往往是一旦公共问题出现了，先是问责监管部门，然后是惩治；惩治后，再出现层出不穷的公共问题，长此以往，人民对政府就失去了信任，以至于政府的公信力被消耗。目前，对于政府在空气质量治理、环境卫生、食品药品安全和住房、教育、医疗、就业、养老等方面的工作，群众中还有不少不满意的地方，甚至在一些与民生保障和改善相关的关键领域，依然出现政府"失语""失信""失灵"的现象。尤其是一些重大公共事件带给人们的切肤之痛，让人民群众对政府权力部门的不作为更是痛心、痛恨。比如，涉及千家万户的"疫苗大案"，有关政府部门的监管处于真空状态，监管权力处于虚设虚置状态。一种公共问题带给当事人的伤害，第三方往往是不能真切地感受到这种痛苦的。因此，建设服务型政府必须与人民交换角色与位置，设身处地地为人民考虑，体察人民群众遭受的痛苦，才知道这种问题的危害性，才能切实有效发挥公权力的职责。

有些权力部门的公职人员在权力光环的膨胀下，失去应有的职业道德，在涉及基层群众生产、生活、生态等切身利益时，故意摆脸色，不依照政策规定及时解决，而是刁难、为难基层的民众，从内心看不起这些来办事的基层群众，本应提前告知的办事程序不公布，让人民群众办事多跑几次，显示出个别工作人员高人一等。正是由于个别公职人员的失职渎职，严重损害了党群、干群关系，降低了政府公信力。人无信则无人信。问题虽出在政府个别工作人员身上，但严重损害的是政府形象。在2019年政府工作报告中，李克强总理特别强调了政府部门工作人员的执政力不足问题。他指出，民生问题存在的"中梗阻"和"最后一公里"不到位等现象，导致人民享受不到顶层设计的益处与待遇。其主要原因是政府部门的有些工作人员"看人下菜"，在人民群众面前搞选择性落实、象征性执行。自党中央实施问责制度以来，一些地方政府接连出现了懒政、不作为现象，有些干部干事怕担责，索性不作为，该做的不做，遇到困难躲着走，出现一些渎职行为，使地方经济错失发展的大好机遇，这让人民如何认同政府？

（二）乱作为的权力导致政府失信于民

一些政府公职人员在社会领域的权力腐败、徇私现象，导致了思想政治教育领域的权力信任危机。个别官员权力任性导致的公共资源浪费问题，拍脑袋、拍胸脯、拍屁股的决定，以集体决策的名义大行其道的权力乱作为在经济领域尤为明显。有些政府部门的官员对大工程、大项目非常热衷，搞"面子工程"，靠政绩排名。比如，西部地区的一个国家级深度贫困县，"一把手"权力遮天，主政官员为追逐政绩乱作为、罔顾民生，透支了贫困县未来发展的财力，留下一堆"烂摊子"，使贫困县更贫困，当地老百姓苦不堪言，又何谈群众对政府的认同、信任呢，思想政治教育又何来有效呢？而一些胡乱决策的风险后果却由人民税收来买单，风险由当地百姓承受，腐败官员丝毫没有对人民的愧疚感。当前，政府问责机制比较健全，这些乱作为的干部一定会受到应有的法律惩罚，但因重大决策失误带给当地人民群众的损失谁来弥补，政府由此损耗的公信力如何来拯救？同时，凌驾于宪法、法律的权力异化行为，也严重伤害了整个政府的政治生态。有些权力部门出现了一些违反组织纪律的行为，有的部门领导拒不执行或者擅自改变党组织作出的重大决定，造成公共决策执行受阻，人民公共利益受损严重；有个别领导干部违反议事规则，个人或者少数人决定重大问题，导致决策失误，带给当地百姓潜在的风险；有的权力部门领导对重大事项安排故意规避集体决策，对重要干部的任免"留条子"，为"关系户"保留不法利益，用人民的利益进行权钱交易；还有的行政部门以集体决策名义集体违规，违反工作纪律，乱作为，把问责机制悬空搁置，严重败坏了党风和政风；有的领导干部利用职权影响，在项目审批监管、土地使用权出让、工程招标等涉及重大利益的项目上为配偶、子女谋取巨大的不正当经济利益，割舍人民的利益等。这些影响恶劣的事件逐项列举出来，就形成了一串触目惊心的腐败证据链，在全国形成极坏的影响，政府何来公信力，思想政治教育又何来有效？

有些政府部门的公职人员利用手中权力的影响，擅自干预政府采购、中介机构服务等活动，以此获得高额回报的"服务费"。更有个别利欲熏心的公职人员，胆大包天插手国有企业改制工作，在清产核资、资产评估等工作程序上破坏规则，中饱私囊，造成国有资产严重流失；有的公职人员干预和插手批办各类行政许可和资金借贷等事项，向企业或个人索取高额回报；有的公职人员干预和插手经济纠纷，故意刁难当事人，破坏政府公职人员的公正形象。还有一些行政部门的党员干部在单位搞圈子、拉帮派，通过利益交换培植个人势力，严重破坏了党内政治生态。政府少部分公职人员的权力寻租行为更是为人不齿。有些人做两面派，一方面，自己假装两袖清风，另一方面，大肆收敛不义之财，待到东窗事发时，痛哭流涕地承认错误。这种伎俩早已被人民唾弃，为人民不耻。正是由于以上隐性的腐败行为不容易得到及时的惩治，对当事人造成了利益伤害，从而在无形中损害了政府的形象,建设服务型政府任重而道远。

二 经济领域存在一些工程风险问题[①]

权力与经济联姻具有双重效应,表现在具体行为上,政府应注重利益分配的合理性、公共权力的规约性、自然资源的节约性。政府施政必须具有一定的道德底线,不能跨越人与自然、社会的正义法则。经济发展的"项目制"模式,使一些地方政府突破了发展的道德底线。

(一) 极端现代主义的工程思维

在一定程度上,极端现代主义虽在短期内达到了统治者的理想设计,但从人类历史的经验总结看,它对治理国家起着潜在的破坏性作用,极端现代主义在国家建设、治理中,在不同历史时期有许多不同的具体表现。无论是人类的农业文明阶段、工业文明阶段、科技时代,还是今天的大数据时代,考察发达国家和转型国家的现代化进程,我们发现,极端现代主义思潮与政绩工程仍然存在。我们不能回避自然、城市、农村三类社会工程极端化的恶果,这些世界性难题的存在,需要我们审慎对待现代化的冒进与极端现代主义的界限与分水岭,搞清楚究竟什么样的现代化才是现代国家治理的前进方向。走向现代、步入文明是人类发展的方向,从社会进化的自然状态看,走向现代化不是一帆风顺的,人类社会进程的制度设计也是需要不断完善的,对不同发展阶段的国家,现代化具有不同的治理层面和内容设计。当今世界,人类社会和自然界面临着种种困境,都印有极端现代主义的痕迹。对于努力改变世界的人而言,人类的过度物欲摧毁了人类作为人生存的基本法则,因为极端现代主义的各种手段都具有多面性及破坏性。今天,任何人都不能否定现代化给人类带来的便利与好处,但更不能无视现代化进程中的极端现代主义现象。

---

① 卓成霞、郭彩琴:《国家治理中的极端现代主义:流弊与矫治》,《河南社会科学》2015年第10期。

(二) 极端现代主义做法忽视人民真实的诉求

转型国家的国家治理普遍存在着极端现代主义现象，表现为过度城市化、破坏自然生态、人类生活空间的急剧减少等现象。从历史经验看，极端现代主义的特征可以概括为简单、整齐、雄伟、宏大，带来的后果则是复杂、无序，破坏社会发展的正常秩序。为了显示和传统的决裂以及对现代科学的亲近，社会治理呈现出数字化模式。我们目前正在经历着深化改革的痛苦转型，应稳步推进国家战略的项目实施。我们看到，新农村的规划、城镇化的规划，在未来几年、甚至几十年都必须谨慎推进，因为土地资源是不可复制的，极端现代主义的做法已严重危害社会生态。社会不是数字，以工程思维来改造社会，只会对社会造成人为的破坏。可悲的是，对整齐划一的追求，仍然是当今中国所谓精英阶层，特别是政治精英阶层的共识。政府希望民众的居所可以简单清晰地呈现在地图上，便于管理与控制。极端现代主义藐视历史和传统的力量，注重重塑社会习惯和人类本性，并试图创造新的社会秩序。人类正逐步失去传统。极端现代主义者认为："从家庭习惯、居住模式到道德观和生产方式，所有人类继承的习惯和实践都不是基于科学推理，都需要被重新考察和设计。"[①] 认为科学设计的生产和社会生活计划比承袭的传统更先进。极端现代主义者更加推崇、膜拜科学化的设计，忽视人的多样性与自主性，抛弃传统与习惯，从而造成人的信仰缺失。在现代化的进程中，出现了物欲化与人性化的选择困境。一方面，人们崇尚现代化的巨大模型，另一方面，现代化的各种设施包括汽车、高楼等占据着人的生存空间。我们需要反思，丢弃人的自然本质，走向设计中的现代化生活，我们获得的生存空间却比设计中的要小得多。我们与历史、与传统决裂的后果，是找不到自己发展的方向，迷失了人的本性。在这里，我们不得不重申乌托邦的理想对极端现代主义者的鼓舞力量及对后来者的破坏性。

[①] [美] 詹姆斯·斯科特：《国家的视角》，王晓毅译，社会科学文献出版社2004年版，第123页。

（三）极端现代主义漠视政策不确定风险

国家治理规划与决策指向未来。"过去是障碍，是必将被超越的历史；现在则是开创更好未来的计划平台。极端现代主义化话语，以及采用了它的各国宣言，关键特征就是其严重依赖面向全新未来的巨大进步的视觉形象。"[1] 极端现代主义者对未来的设计及种种许诺，带有极强的煽动性和自我陶醉意识，对于某些阶层的人带有一定的吸引力，它是官僚知识分子、技师、规划专家和工程师的典型意识形态。极端现代主义者的计划耗尽了经济、社会和文化自我呈现的机会。这种只关注未来的国家规划具有很强的危险性，在转型国家治理中尤为突出。国家视角指导下的国家行动，其危险性主要在于它的偏执受到国家权力的支撑，成为独断力量，变得难以被社会、个体所抵挡，从而成为霸权性视角、嵌入式的项目工程，忽视了民意。

三 文化领域存在一些虚无干扰问题

当前，随着改革开放的再深入，加之互联网自发性的发展趋势，人们的思想活动更加复杂多变，文化领域出现了一些文化虚无主义与历史虚无主义的问题，政府在思想政治领域的核心价值认同受到了严重挑战。有些干部本身对文化建设存在形式上重视、实质上轻视与蔑视的行为，其思想道德素质令其无法担当思想政治教育者的重任。建设服务型政府，必须克服文化领域的离心力现象，发挥文化凝心聚力的作用。

（一）部分干部呈现文化不自信的话语方式

文化是一个国家、一个民族的灵魂。民族复兴最持久、最深厚的力量就是中华优秀文化的价值滋养。中华优秀传统文化是坚定文化自信的力量源泉，应推进其创造性转化、创新性发展，以新的转化形式呈现传统文化价值。革命文化是坚定文化自信的红色基因，它以丰富

---

[1] Margaret Bullit, "Toward a Marxist Theroy of Aesthetics: the Development of Socialist Realism in the Soviet Union", *Russian Review* 35, No. 1 (January 1976), pp. 53–76.

多样的文化形态呈现出党和人民政府不忘初心、砥砺奋进的奋斗史诗，对感化那些思想认识出现问题的党员干部大有益处。社会主义先进文化是坚定文化自信的实践基础，是新时代中国特色社会主义事业的重要精神指引。但在现实生活中，政府部门的一些领导干部和行政人员受历史虚无主义的影响，对中华民族优秀传统文化、社会主义先进文化不自信，在公开场合发出文化无用论的言论，尤其对中华优秀传统文化的价值不屑一顾，影响极其恶劣。个别没有政治观念的领导干部，采取道听途说的方式，诬蔑党和国家领导人、英雄模范，以此让人们怀疑、歪曲中国共产党人浴血奋战的献身精神，从而对党的初心产生怀疑和不信任，进而否定党和政府创造的历史性成就。有的党员干部违反政治纪律，针对其自身利益没能及时满足的事情，发表一些不合时宜的泄愤言论，在重大原则问题上不履行干部的是非标准，故意扩散不良信息，让不明真相的群众误解党和政府的行为，造成恶劣影响。有的官员、学者在公开场合不顾自己的身份，以学术讨论为名，利用传统纸媒和现代传媒等方式，公开发表反对我们党"一个中心、两个基本点"的基本路线。有的利用社会道德滑坡的极个别事例，否认改革开放40多年来的成就，对广大知识分子群体造成舆论上的干扰等。这种利用政府公职人员身份影响大众思想意识的行为和现象，是一个非常严肃的问题。那就是，我们党的个别领导干部，在思想上出现了严重的文化不自信倾向和价值观扭曲的问题。同时，互联网的瞬时效应也反映在对一些"猎奇"历史事件的不负责扩散，一些别有用心的人利用现实社会中的矛盾和发展中的不公平事件，弱化社会主义核心价值观的引领作用，攻击社会主义主流意识形态，对政府公信力损害极大。

（二）文化虚无主义与历史虚无主义的网络勾连危害极大

近年来，文化领域的政治问题引起了党和国家的高度重视。随着新媒体传播效应的扩大，文化虚无主义和历史虚无主义问题严重危害着我国文化安全。历史是不能改变的，也是不能肆意篡改的民族记

第五章　思想政治教育视阈下中国服务型政府建设的实时考察 ◆◇◆

忆。一段时间以来，我国意识形态领域杂音不断，文化虚无主义的造假者利用人们的猎奇心理，以"故事"的形式篡改历史，并疯狂利用网络的虚拟性误导大众，对思想政治教育工作带来极大的困难，引起党和政府宣传部门的高度重视和警惕。

新中国成立70多年来，中国取得了举世瞩目的伟大成就，这是毫无疑问的。不可否认，我们党在社会主义建设初期探索阶段，由于社会主义建设的复杂性，发生了一些失误和错误，这是不能抹去的历史。我们党也一直在社会主义伟大实践中调整航向，避免重蹈覆辙。我们要警惕社会上一些别有用心的人心怀叵测地以研究"真实历史"为学术外衣，对我国党史、新中国史、改革开放史、社会主义发展史进行"碎片化"割断、曲解，特别是完全抹去历史场景，单独拿出一句话、一个举措放到舆论域中反复回放，激起不明真相群众的"正义"感，诋毁我们党和政府的初心和使命，以达到否定中国共产党的领导、颠覆社会主义制度的政治目的。我们还要看到，有些政府机关和业务部门的同志自身理论功底不足，对马克思主义科学理论一知半解，对中华民族的危难历史认识不清，以偏概全地对待马克思主义的思想理论价值，对我们高举马克思主义伟大旗帜表示不解，随意假设历史的未来和走向，在一定程度上，混淆思想意识形态的斗争界限，影响思想政治教育有效性的实现。

当代中国，文化虚无主义者聚焦文化"价值存在"问题，通过侵蚀文化价值观来瓦解中华民族精神的根基。历史虚无主义者通过网络虚拟随意裁剪历史片段，主观否定历史的客观性。中国特色社会主义进入新时代，在中华民族第一个百年目标实现之际，国际上各种反华势力相互勾结，利用国内思想不坚定的个别领导干部，在体制内复制、宣传历史虚无主义与文化虚无主义，用心极其险恶。有的干部思想单纯，特别是刚走上工作岗位的年轻同志辨别是非能力不足，容易被网络信息左右而作出错误的判断和行动，颠覆通过思想政治教育业已形成的历史观、民族观、国家观和文化观，在实际工作中不能站稳政治立场，对党和人民的事业造成了危害。尤其是在境外网络势力的煽风点火下，这种影响以几何级数的方式传播，影响速度之快、之坏，让人防不胜防。而不明真相的人们看到的是，一个体制内党培养多年的干部也抹黑党和政府，这就给人民群众的思想带来极大冲击和混乱，再加上一些积聚的社会矛盾还没及时解决，这就会使人们的信仰之塔倾斜，造成对国家与政府的不信任，出现轻视、甚至敌视政府的情绪和行动。因此，体制内出现的少部分干部鼓吹历史虚无主义现象，具有极大的危害性，这将对中国特色社会主义事业带来严重的破坏，严重损害政府的公信力，也严重影响思想政治教育的有效性。

四 社会领域出现一些保障不周问题

民生保障问题涉及千家万户的切实利益，涉及决胜全面建成小康社会的关键问题，涉及社会主要矛盾有效解决，也是思想政治教育领域反映十分强烈的问题。改革开放40多年来，国家发生了翻天覆地的变化，国际竞争力逐步增强，国内生产力充分迸发。但必须认清我国依然处于社会主义初级阶段的长期性和复杂性，发展任务很重，社会主要矛盾的变化时时在提醒我们党和政府，民生工作任重道远。改革开放再出发，我们前面要走的路会更加艰难。必须时刻谨记，我国人口多、底子薄，资源约束强度高。民生事业复杂，我国还存在一些相对落后的地区，全面建成小康社会后还需政府靶向发力、精准扶贫，有针对性地解决区域发展不平衡、不充分的问题，解决落后地区人民的衣食住行等基本问题。尽管历代党中央领导集体一向重视民生保障工作，但在短期内解决14亿多人的所有问题是有一定困难的。

目前，发达地区主要存在的民生问题是医疗、教育、环境等。从表面看，发达地区经济条件好，集聚的资源也多。但从深层次看，这些区域优势集中的资源也带来一些负面的效果，发达城市人口过度集中，但教育资源、医疗资源等并没有与人口增长成比例增加，带来的后果就是大城市看病难、入学难、交通拥堵等问题，再加上房价的居

第五章　思想政治教育视阈下中国服务型政府建设的实时考察 ◆◇◆

高不下，人民的焦虑感越来越强烈，幸福感和获得感并没有随着物质生活水平提高而增强。与此同时，人口大量聚居地区，土地资源有限，用房量增多，这就带来了房地产建设用地挤压生产用地的矛盾问题，人均占有绿化面积急剧下降，资源环境一度恶化，人民的生活环境堪忧。绿水青山不是画在墙上的，而是要让人民群众切实摸得着、看得见、感受到。由于环境污染所带来的群众健康问题，我们更不能忽视，没有人民强健的体魄，全面建成社会主义现代化强国更是难上加难，以上都是新时代服务型政府必须要解决的问题。

欠发达地区存在的民生问题主要关乎衣食住行，普遍存在看病难、入学难、交通不便等问题。近些年，从党中央下定决心精准扶贫的历程看，欠发达地区的落后面貌令人触目惊心，人民的生活水平依然偏低，这牵动着党和政府的拳拳爱民之心。目前，由于欠发达地区经济条件有限，医院、学校、交通资金投入少，硬件资源缺乏，所以就造成了群众民生问题多的局面。由于欠发达地区的人口分散、交通滞后，学校数量和资源更是有限，存在入学难问题。由此可见，我们这样一个发展中大国，要解决的民生问题依然很多，各地区人民由于多方面因素的制约，幸福感和获得感存在很大差异。这就要求各级政府在现有条件下，努力创造更多的改革成果惠及广大人民群众。无论是发达地区还是欠发达区域，民生事业每向前迈进一小步，人民的幸福感就会前进一大步。发达地区要注重解决民生资源分布质量提升的问题，扩大优质资源的共享范围；欠发达地区要注重解决民生资源数量的问题，加大扶贫的力度、深度和广度。民生工程是服务型政府建设的重要方面。当前，全面深化改革进入攻坚期，政府必须要有大作为，才能迅速改变目前民生保障不足的问题，政府公信力才会提升，人民的认同感才会增强。

五　生态领域出现一些环境制约问题

生态资源是国家发展最珍贵的财富和永久动力。国家的发展格局

◆◇◆ 思想政治教育视阈下中国服务型政府建设研究

受制于一国资源的存量,而政府执政效能也受制于生态资源的约束。目前,我国经历40多年的高速发展,一跃成为全球第二大经济体。但由于前期的粗放发展方式,过度追求经济增长,忽视生态环境保护,遗留了许多生态问题。长期以来,受制于GDP政绩指挥棒的影响,我们一度忽视了对生态环境的保护,破坏了原有的生态平衡,人民饱受环境恶化之苦,对生态环境越来越不满意。这些问题的出现与累积,与政府公共行政的道德水平有着密不可分的关系。

(一)人民生态权益遭到工程项目的严重破坏

自《寂静的春天》打破工业体系的扩张蓝图以来,众多的生态史料向我们呈现了自然生态系统与人类社会系统的严重失衡问题,容量有限的地球再也不能忍受人类无限制的掠夺。恩格斯在《自然辩证法》中指出,"我们不要过分陶醉于我们人类对自然界的胜利。对于每一次这样的胜利,自然界都对我们进行报复。"① 实施生态文明范式转型,是人类走出生态危机的必由之路。新时代全面建设社会主义现代化国家,不再局限于经济上的腾飞,更多地强调"五位一体"总布局的整体实现。党的十九大把"坚持人与自然和谐共生"纳入新时代基本方略,要求把生态文明建设融入深化改革的全过程,推动生态文明建设在重点突破中实现整体推进,拓展了中国走向现代化强国的"生态发展"途径。目前,重塑全球生态面貌主要有两种力量,"一是非持续性消耗与环境破坏的力量对整个社会体系与自然界崩溃起主导趋势;二是可持续发展的观念、价值观以及技术导向的社会体系转变"②。在国家发展的过程中,工业化发展是人类进步的必然阶段,它的存在为科技的进步提供了物质基础,延长了多数人的寿命并使之生活更加美好。随着人们自我权利的觉醒,工业化体系也在经受世界对自身价值的质疑,因为环境的恶化与工业化密切相关。保护人民生态权益,是政府理性使用有限资源的道德提升过程,更是服务型

---

① 《马克思恩格斯文集》第9卷,人民出版社2009年版,第559—560页。
② [美]格雷姆·泰勒:《地球危机》,赵娟娟译,海南出版社2010年版,第4页。

第五章　思想政治教育视阈下中国服务型政府建设的实时考察 ◆◇◆

政府义不容辞的政治责任，也是政府思想政治教育有效性提升的主要指标。

（二）逐步恶化的生态环境拉低了政府公信力

生态环境关乎人民身体健康，人民生活环境日益遭受各种污染，影响了人民对政府的信任。改革开放以来，有些地区粗放的发展方式，对人民生活的环境造成了难以修复的高污染后果，而污染企业的获利并没有给当地人民进行合理的补偿，政府环境部门等也没有对人民的生活环境做合理和整改，人民深受其害，对政府部门的不作为表达了强烈的不满。党的十九大对我国社会主要矛盾变化作出新判断，人民对优美生活环境的需要与日俱增，服务型政府要担负生态责任。无数的环境污染侵害人体健康的事例表明，与富足的物质生活需要相比，生产生活的环境安全更为重要，也更为迫切。马克思指出："替我们这个世纪面临的大转变，即人类与自然的和解以及人类本身的和解开辟道路。"① 目前，我们正面临能源短缺与价格上涨问题。电能、热能、交通、水、卫生设施以及肥料这些重要产品的超限使用，会使粮食和其他产品价格上涨。粮食短缺本质上不是技术问题，而是政治和社会问题。现有的解决办法是，节约水资源和土壤，停止破坏性的农业生产，恢复退化的耕地，禁止使用有毒化学品，对污染征税，以可持续性方式利用地下水等方式。现阶段，绿水青山保卫战正在考验政府的执政能力与效能，解决水污染、空气污染和土壤污染问题，是政府工作的重中之重。现代化进程是依托自然资源加速的，对环境资源的滥用严重破坏了生态循环，最后大自然以更糟糕的形式报复了人类。已有的生态教训表明，如果不解决由生态恶化引发的"蝴蝶效应"问题，人民对政府的不满意度就会加深，也会影响到整个思想政治教育领域的有效性。

---

① 《马克思恩格斯全集》第3卷，人民出版社2002年版，第449页。

第三节　思想政治教育视阈下中国现阶段服务型政府建设存在问题的深层次原因探究

思想观念决定着人的行为。服务型政府建设过程中产生了一系列问题，是多重因素造成的，既有体制机制上的问题，还有思想观念上的问题以及其他问题。本书从思想政治教育视阈下分析服务型政府建设存在问题的深层次根源，主要从政府及公职人员的权力观错位、政绩观扭曲、价值观不端、群众观不正、事业观褊狭角度等进行深度分析，从而判定政府公共行政中出现一些非理性、非道德行为，是引发服务型政府建设治理系统动力不足的深层次根源。

一　政治领域权力观错位

马克思主义权力观认为，权为民所赋，权为民所用。如何用权，关乎服务型政府建设的成败。人民群众满意不满意，是马克思主义权力观的试金石。党的十八大以来，我们党掀起反腐风暴，不少官居高位的党政干部落马，不少基层党员干部也应声倒下，人民满意度大幅提升。这恰恰说明了，我国40多年的高速发展中，公共权力确实发生过异化，使得部分领域、个别地区民怨沸腾，造成人民对政府思想政治教育的漠视，思想政治教育效能不足又加剧了权力的异化，二者之间形成了不良循环，导致政府公信力与思想政治教育效能的负面叠加。

（一）残余官本位思想导致官僚主义现象重现

官僚主义的实质是封建残余思想作祟，根源是官本位思想严重、权力观错位。习近平总书记指出，"为什么人、靠什么人的问题，是检验一个政党、一个政权性质的试金石。"[①] 权力既然来自人民，就

[①]《习近平谈治国理政》第 2 卷，外文出版社 2017 年版，第 52 页。

第五章　思想政治教育视阈下中国服务型政府建设的实时考察 ◆◇◆

必须为民所用，而绝不能为自己谋私利。否则，满足了私心，必然会丧失民心。现实生活中，一些领导干部对权力使用、来源本末倒置，在群众面前做官当老爷、耍官腔，在上级面前献媚邀宠、一副奴才相，像小丑一样变脸。有的政府部门"官本位"意识很强，不把时间精力用在为群众排忧解难上，而是用在精心为自己谋求升迁上，搞"政绩工程""形象工程"等来损害人民群众的根本利益。改革开放40多年的经济社会快速发展，国家与人民同频共振，同向同行，取得了举世瞩目的成就。但同时伴随的还有层出不穷的政治腐败问题，党内政治生态遭到一定程度的破坏。学者曹沛霖认为，"所谓体制性腐败，决不是简单的制度漏洞，而是公权力丧失道德立场，且成为整个社会道德失范的根本。体制性腐败的破坏力比个人腐败严重得多，而且是后者得以产生的真正根源。"① 事实证明，只有政府做好了权力本位的服务工作，取信于民，人民才会遵照政府的旨意做事，思想政治教育的效能才会提升。党的十八大以来，全面从严治党的铁腕反腐取得良好成效，但仍有部分党员干部抱有侥幸心理，不收敛、不收手，公然践踏党纪国法、挑衅执政党权威，严重违背了官员伦理道德，成为服务型政府建设的障碍，这也是政府今后要努力解决的权力代理难题。

（二）权力垄断导致不作为现象出现②

权力是一柄双刃剑，既可为民谋利，又能侵害人民利益。任何获得权力的政府机构或个人，都存在着滥用权力谋私利的可能，而政府权力对社会生活的影响最广泛。权力使用不当导致政府在行使公共权力的过程中，超越合理的界线，进而使政府利益膨胀成为可能。政府在代表公共利益的发展方向时，能够促进社会公众利益的增长；政府在代表自身利益与民争利时，则会给社会发展带来负面影响，进而损

---

① 曹沛霖：《制度的逻辑》，人民出版社2019年版，第127页。
② 卓成霞：《政府自身利益与公共利益关系的调适研究》，《天津市财贸管理干部学院学报》2011年第3期。

害社会公众的整体利益。在权力利益的分配格局里，政府的本质属性决定了政府自身利益的有限性。但在现实权力格局中，政府的权力极易导致政府利益扩张，影响公共利益的实现。政府能否有效地尽责公共事务和公共管理，首先取决于是否清楚自己的角色内涵。知道自己该干什么，不该干什么，才能保证政府权力运作的有效性。政府要对自身进行德性建设，不仅仅因为政府是公共权力代理人，而且是由其本身的服务属性决定的。政府实然性"经济人"角色引发的债务风险，不能转嫁给社会公众负担，不能拿公共利益填充政府财政风险的空白。公共利益遭受深度切割，政府"与民争利"，是社会矛盾激化凸显的催化剂。党的十九大以来，党中央高度重视政商关系建设，要求推进"放管服"改革，建立政府与企业的服务清单，加强一流营商环境建设。权力应遵循"有交集不搞交换、有交往不搞交易"的原则，破除以往的权力为企业护航、企业为权力开道的扭曲关系，尤其是房地产开发这一领域暴露出的利益输送关系，极大地破坏了政府的亲民形象，必须采取切实有效的措施加以解决。

（三）"四个意识"观念淡薄导致懒政现象出现

当前，政府行政文化建设最迫切、最需要解决的问题，就是把政治意识、大局意识、核心意识、看齐意识"四个意识"融入政府行政观念中，体现在政府行政制度中，指导政府行政行为。中国特色社会主义事业建设是需要政府长期攻坚克难的伟大工程，各级政府在公共行政的每个领域和环节都要立足"四个意识"，全心全意履行服务职能，切实做到对党忠诚、为民分忧、为党担责、为民尽责。政府以"四个意识"为施政准则进行思想政治教育活动，才能体现思想政治教育的政治性。思想政治教育培养的人才最后要走向社会，接受各类岗位的淬炼，建功新时代，具备"四个意识"至关重要。政府作为我们党的行政机构，在公共行政中应积极要求全体干部和工作人员牢固树立"四个意识"的自觉性，也是检验思想政治教育培养的人才是否有成效的关键。政府行政工作复杂多变，事务多，任务重，长期

第五章 思想政治教育视阈下中国服务型政府建设的实时考察 ◆◇◆

不变地做好服务工作面临多重诱惑和挑战，建设服务型政府就要加强公共行政的"四个意识"的落实工作。核心意识是中国特色社会主义事业兴旺发达的重要思想保证。中国共产党领导是中国特色社会主义最本质的特征，也是我们伟大事业获得成功的核心。邓小平强调，"任何一个领导集体都要有一个核心，没有核心的领导是靠不住的。"[①] 新时代，广大党员干部要坚决维护以习近平同志为核心的党中央，坚决维护党中央权威和集中统一领导，使党的领导更加坚强有力，确保党和人民事业无往而不胜。服务型政府要以优异的执政成绩坚定地维护党中央权威，在纷繁复杂的实际工作中为人民服务，为党分忧，为民担责，更加自觉地在思想立场上、政治觉悟上、服务决策上同党中央保持高度一致，更加扎实地将政府工作的各项执政方略落到实处，出真成绩，确保党始终是中国特色社会主义事业的坚强领导核心，确保人民有更多、更实在的获得感。政府工作千差万别，任务轻重缓急不一。改革开放再出发，就是要在改革领域敢啃硬骨头，建设服务型政府面临很大的挑战。但无论前方困难有多巨大，任务有多繁重，各级政府必须始终服从和服务于党中央的顶层制度设计，确保各项大政方针和为民政策落地，让人民获得更多改革发展红利，始终与党中央以人民为中心的发展思想保持高度一致。服务型政府要保证党中央的政策决策贯彻到基层，政策红利直接惠及最广大的人民。当前，懒政现象在多方面呈现，说明政府机关一些公职人员并没有坚定"四个意识"，把个人利益看得过重，不敢担当、不敢试错，利益保守主义思想泛滥，这是服务型政府建设面临的一大难题。

二 经济领域政绩观扭曲

发展经济是政府公共服务的重要职能，经济领域出现的一些问题与政府政绩观有密切的关联。正确的政绩观是服务型政府履行以人民

---

① 《邓小平文选》第3卷，人民出版社1993年版，第310页。

◆◇◆ 思想政治教育视阈下中国服务型政府建设研究

为中心发展思想的指挥棒。近期，党中央高度重视强调持续解决困扰基层的形式主义问题，《习近平关于力戒形式主义官僚主义重要论述选编》已经出版发行，为决胜全面建成小康社会提供了坚强的作风保证，为服务型政府建设扫除障碍。

（一）形式主义做法削弱了政府的信任根基

习近平总书记指出："牢固树立正确政绩观，既要做让老百姓看得见、摸得着、得实惠的实事，也要做为后人作铺垫、打基础、利长远的好事，既要做显功，也要做潜功，不计较个人功名，追求人民群众的好口碑、历史沉淀之后真正的评价。"[①] 政府机关在关系国计民生的项目上有许多话语权与决策权，也更容易留下政策争议，政绩观正确与否事关经济发展导向。过去一个时期，一些地方政府债务持续升级，一些没经过充分论证的"形象工程""政绩工程"胡乱上马，使国家、群众财产和利益遭受重大损失，无效政绩驱使下的政府利益侵蚀了公共利益。由干部错误政绩观引发的形式主义泛滥，用表面上的造假内容掩盖实际的矛盾和问题，更加剧了人民对政府的不信任，从而排斥政府进行的思想政治教育活动。由此可见，经济社会发展中由政绩观错位、责任心缺失引发的形式主义问题的重大危害性。正是由于政府思想政治教育的效能不足，有的政府部门为追求所谓的"政绩"朝令夕改，浪费了纳税人的钱财，人民的满意度、幸福感降低。例如，一个贫困地区为突击完成退耕还林指标，要铲掉两万亩即将成熟的庄稼的做法，招致人民群众的非议。这是彻头彻尾的形式主义做法，个别官员的乱作为让政府形象受损。而以往那种以国内生产总值增长率来论英雄的做法，也严重伤害了人民对政府的感情。任何一项公共政策的出台，都会涉及政府对利益的分割，包括政府自身利益与公共利益。政府利益的无限放大，就会导致公共利益的减量。利益的数量是一定的，如何切好这个蛋糕，取决于政府的道德认知与境界。

---

① 《习近平关于"不忘初心、牢记使命"论述摘编》，中央文献出版社2019年版，第196页。

第五章　思想政治教育视阈下中国服务型政府建设的实时考察　◆◇◆

利益博弈始终贯穿于政府施政的具体公共政策中，实施的好坏受一定环境因素的影响。政府的道德责任体现在对人民利益的关怀，以及对整个社会价值观的养成与实现责任，尤其是对公平正义社会的追求与实现。

（二）垄断型决策引发乱作为现象[①]

决策科学与否事关党的执政方略落实的成效和政府政绩形象。习近平总书记指示，要一张蓝图绘到底。服务型政府必须摒弃以往那种朝令夕改的盲目决策。政府要做大、做强、做细公共服务的决策，审慎应对风险，保证公共决策的科学性，杜绝形象工程、政绩工程、面子工程。过去很长一段时间，对于公共政策的制定与实施，很大程度上是依靠国家自上而下的治理推动，是从国家管控需要出发作出的简化政策，较少考虑地方多样性与民众的实际感受。在社会项目决策与实施中，官员偏好与公民偏好往往是不一致的，官员与公民站在自身的角度看待同一个工程项目，结果是不一样的，特别是那些分歧很大的规划，这就决定了二者意愿对公意立场是否趋于一致。在公共政策执行中，如果政府与民众的意见有分歧，官员为谁说话，其立场非常重要。手握公权力的人为谁说话的问题，决策项目的立场站在谁的一边，是考量官员人民性的标尺。当然，在真实的案例中，以国家名义为自己谋取政绩，而抛弃民众利益的人，在一段时间内可能会平步青云，但在项目决策后，其就会劣迹斑斑，走向民众的对立面，被国家、民众彻底抛弃。"界定谁代表谁的任务至少和界定公众一样具有挑战性。有时候，那些要求广泛分享决策而发出的巨大声音，可能仅仅代表着少数人孤立的意见，他们试图通过大嗓门来获取由于人数不足而缺失的东西。同样，在喧闹中，由于声音太低而未被听到的要

[①] 卓成霞、郭彩琴：《国家治理中的极端现代主义：流弊与矫治》，《河南社会科学》2015年第6期。

求,有时恰恰可能代表着大多数人的利益。"① 对官员晋升机制的纠偏,需要遵循科学理性与社会价值。因为设计者通常忽视未来的不确定性。即使规划者也已经面对这些不确定性采取了调整和临时的措施,但他们起初的干预范围和强度如此之大,以致许多错误根本无法纠正。对于现代国家的治理,必须抽离官员的极端现代主义思想。在目前许多失败的社会工程中,一些行政官员总是以"集体决策"失败为理由,官员问责机制形同虚设,承担发展代价的永远是国家和人民,这样就隐蔽了纳税人的权益损失。

三 文化领域价值观不端

弄清楚行政文化为谁服务的问题,是主流价值观得以发扬光大的关键,价值观多元不利于服务型政府行政文化的构建。政府作为思想政治教育的主体,政府公职人员要身正为范,在工作生活中积极践行社会主义核心价值观,把爱党、爱国、爱人民切切实实融入政府公共实践中。习近平总书记指出,"核心价值观,其实就是一种德,既是个人的德,也是一种大德,就是国家的德、社会的德。"② 政府是践行社会主义核心价值观的重要主体,也是提升思想政治教育有效性的执政主体。过去一段时期,由于一些政府对自身文化素养的培育不够全面,核心价值观引领作用缺失,导致思想政治教育效能无意义地损耗。如果某些政府公职人员不能坚定地认同国家文化,不能认同社会主流价值观,那么他们心中最高的位置绝不是人民,而是一种狭隘的精致利己主义思维,容易造成人民以偏概全的错误认知。在人民看来,政府所做的思想政治教育理论宣讲就是一种伪善,这样一种非主流的行政文化价值观对服务型政府建设是极其不利的。

一些腐朽行政文化直接损害了人民群众对党和政府的感情。毛泽

---

① [美]约翰·克莱顿·托马斯:《公共决策中的公民参与》,中国人民大学出版社2005年版,第57页。

② 《习近平谈治国理政》,外文出版社2014年版,第168页。

第五章　思想政治教育视阈下中国服务型政府建设的实时考察 ◆◇◆

东指出,"为了从根本上消灭发生闹事的原因,必须坚决地克服官僚主义,很好地加强思想政治教育,恰当地处理各种矛盾。"① 当前,我国行政文化建设面临不少突出问题,主要表现在官本位意识依然浓厚、人治思维尚未完全消除、特权思想依然严重、圈子文化在不同范围存在、懒政想法有所抬头等方面。政府公共行政领域依然存在形式主义导致不作为、乱作为、假作为现象。官僚主义滋生庸政、懒政、怠政现象。享乐主义引发贪污腐化、吃拿卡要、损害群众利益现象。奢靡之风招致讲排场、比阔气、铺张浪费现象。党的十八大以来,尽管反腐败斗争取得了压倒性胜利,但仍有少数政府官员不收敛,不收手,我行我素,破坏服务型政府的形象。

公共行政的职业精神不佳影响思想政治教育有效性。② 思想政治教育环境是影响服务型政府建设的一个重要因素。思想政治教育的功能弱化,极大影响了政府系统内公职人员的服务效能,造成行政官员主观责任与客观责任的选择困境。政府治理必须认清,政府公务人员作为公共政策的执行者在执行公共决策时的个体困境,以及他们面临的伦理和道德之间的冲突。如果以此理论来分析社会问题产生的原因,我们可能更会从公众的立场理解矛盾产生的根源。然而问题不止于政策规划者遇到的伦理上的两难困境,而在于如何以伦理方式将政策运用于实践中,"包括强调诸如,什么是应该做的、什么是好的、谁的价值应被追求、谁的目标应被寻求,以及在何种程度上决策者利益被公共或共同利益所代替"③。对于执行公共决策的公务人员而言,在执行决策时将面临困境,因为有客观责任和主观责任。客观责任产生于法律、组织和社会对于行政者角色的需要,而主观责任基于一种信仰、价值和偏好组成的内在驱动去行使任务。通格(Tong)认为,

---

① 《毛泽东文集》第7卷,人民出版社1999年版,第237页。
② 卓成霞、郭彩琴:《公共政策视角下的政府治理伦理困境及消解对策》,《深圳大学学报》(人文社会科学版)2016年第5期。
③ [美]卡尔·帕顿:《政策分析和规划的初步方法》,孙兰芝等译,华夏出版社2001年版,第29页。

同一伦理可以支配私人或职业两种生活，道德的高尚品质产生于公平或仁慈。当我们把政府偏好与执行公务人员偏好紧密结合讨论公共决策的利益偏好时，同样会陷入伦理困境。

四 社会领域群众观不正

群众在哪里，政府的服务就在哪里。树立正确的群众观，就是政府服务过程中要把群众的日常生活小事当作治国理政的大事来办，而且一定要办好。习近平总书记指出，"如果群众观点丢掉了，群众立场站歪了，群众路线走偏了，群众眼里就没有你。"[①] 政府行为要体现出思想政治教育的效能，就是在为人民解决小事中累积而起的，现在积聚的不平衡和不充分发展矛盾，与某些政府的群众观不正有着密切的关系。群众的事情无小事，一针一线事关民众的疾苦。时代的一粒灰落到群众头上都是一座山。在一些政府官员看来，吃喝拉撒、家长里短都是微不足道的小事，但这可能就是困扰人民群众的大事。

（一）群众观不正体现在政府公职人员内在的道德冲突中

习近平总书记指出，"对于我们共产党人来说，老百姓是我们的衣食父母。要像爱自己的父母那样爱老百姓，为老百姓谋利益，带老百姓奔好日子。"[②] 我们要看到，民生工作还有一些不如人意的地方，群众还有不少烦心事、操心事。让群众满意才是衡量思想政治教育有效性和服务型政府政绩的唯一标尺。任何高深的理论只有通过实践的检验，才能称为正确的理论。改革开放40多年来，有些社会矛盾一直没有得到及时解决，有多方面的原因，政府在公共实践中真正落实群众观才是唯一解决问题的密钥。实践证明，很多群众是识大体、顾大局的，是敢于并乐于奉献的。政府公职人员也要怀着强烈的爱民、忧民、为民、惠民之心，心里要始终装着父老乡亲想问题、做决策。在一些

---

① 《习近平关于"不忘初心、牢记使命"论述摘编》，中央文献出版社2019年版，第132页。

② 《习近平谈治国理政》，外文出版社2014年版，第432页。

第五章　思想政治教育视阈下中国服务型政府建设的实时考察 ◆◇◆

现实的案例中，我们依稀明鉴政府执行者们面临的伦理困境。库珀（Cooper）将责任概念视为行政伦理学的中心问题。[①] 例如，对于目前一些地区出现的土地征用、强拆现象，可以透视执法者以及政府部门的参与者对于自己正在行使权力的内心纠结与冲突，但他们还是按照领导的指示去维护所谓的政府利益。罗尔斯认为，"由于社会合作，存在着一种利益的一致，它是所有人有可能过一种比他们仅靠自己努力独立生存所过的生活更好的生活；另一方面，由于这些人对协力产生的较大利益怎样分配并不是无动于衷的（为了追求他们的目的，他们每个人都喜欢较大的份额而非较小的份额），这样就产生一种利益冲突，就需要一系列原则来指导在各种不同的决定利益分配的社会安排之间进行选择，达到一种有关恰当的分配份额的契约。"[②] 无论怎样，这些工作人员还是把领导的指令率先完成了，但舍弃的是对这项公共决策的合法性的思考与质疑，更舍弃了群众。从而，造成的结局是双方利益的受损，更重要的是政府公信力遭到质疑，干群关系出现恶化，村民有时还会以失去生命为代价。我们暂且不论强拆理论上的合法性，但这种公共决策是否进行了民意咨询，我们不得而知。无论就此事件后的问责多么公正合理，但村民失去的生命谁来偿还，谁来承担失去亲人的终身痛苦？谁也不能保证当事人的亲戚、后代是否会埋下对政府仇恨的情绪，这种隐性的、代际传递的报复心理会逐步酿成大的不稳定的公共危机事件。基于此，服务型政府的群众观，就是政府制定的规划必须是整体性、科学的规划，而不是一味强制民众无条件服从，必须考虑民众对公共政策输出的承受能力和利益得失。

（二）群众观不正体现在政府实然角色和应然角色的冲突中[③]

政府在公共决策中会遭遇政府公共性与逐利性的角色冲突困境。

[①] Terry L. Cooper, *The Responsible Administrator: An Approach to Ethics for the Administative Role*, 3rd ed. San Francisco: Jossey-Bass, 1900, pp. 58 – 83.

[②] ［美］罗尔斯：《正义论》，何怀宏等译，中国社会科学出版社 1988 年版，第 2 页。

[③] 卓成霞、郭彩琴：《公共政策视角下的政府治理伦理困境及消解对策》，《深圳大学学报》（人文社会科学版）2016 年第 5 期。

◆◇◆ 思想政治教育视阈下中国服务型政府建设研究

如果依据政府与公共政策的公共属性在国家治理中的同一性，那么社会问题与矛盾就会迎刃而解。但在实践中，公共政策的公共属性往往被其他因素左右，我们现实生活中的各类矛盾，"来自于道德层面的不信任，一些更为复杂的社会问题、官民矛盾包括我们方法中的道德含义、决策模型标准中的伦理内容及那些蕴含在主要政策备选方案评估中的伦理问题"[①]。长久以来，功利主义伦理在经济领域中占据重要地位，而在公共政策的执行中，则更多注重制度效用，从而导致公共政策的伦理性缺失。政府作为公共决策与公共服务的主体，推进公共政策必须考量公共决策的伦理性。

国家治理不能忽视政府某些官员"经济人"的逐利本性，理性看待现实中呈现的公共利益减量与政府非合法利益增量博弈。邓小平指出，"群众对干部总是要听其言、观其行的。"[②] 从政府职能看公共政策的本质属性，探究政府角色与职能的历史性变迁，可以推断现代政府是否切合政府本应承担的责任。政府治理陷入困境，一方面说明其角色偏离了原始契约中的责任与义务，另一方面说明政府部分官员"较少"考虑整个社会的公共利益。政府利益是政府在社会经济活动中偏离了公共利益的非常态利益，它占用了公共政策的公共资源，继而使公共政策部分利益私有化。公意才是政府存在的基础，政府应做与能做的事情有很多，但在实际工作中，没有得到它本应得到的认可与尊重，是因为政府的某些公共政策脱离了公意。

理性认识政府权力放大与利益放大是一种客观存在。一方面，我们离不开政府，因为离开政府，我们无可托付；另一方面，我们质疑政府，源于它把我们基于契约让渡的权力肆意挥霍，因为人们当初依据契约，让渡个体部分权力，组建政府是为了保全个体利益不受侵害。许多学者在研究政府职能与公共政策时，发现政府存在着部门私

---

① Matin Wachs, *Introduction*: *In Ethics in Planning*, ED. Matin Wachs New Brunswick, NJ: Center for Urban Policy Reseach, 1985, pp. xiii – xiv.

② 《邓小平文选》第2卷，人民出版社1994年版，第124页。

第五章　思想政治教育视阈下中国服务型政府建设的实时考察

利。从理论上讲，政府是公共的，公共政策的制定也应是公意的，政府执行、决策公共项目是不存在政府利益的。但在现实的公共政策输出中，我们必须承认政府自身利益的存在，而有些时候这些不正当的利益是以公共利益的减量为代价的。政府不是机器，它仍然是由人来行使权力的，人与生俱有"经济人"的本质属性，一旦把握公权的人不受法律制约，就会膨胀"经济人"的逐利本性，追求个人利益最大化。这不仅使政府管理公共事务缺乏动力而效率低下，而且会做一些不利于公共利益的事，所以法治必然成为防范公权失范的必备武器，公共政策的制定与输出必须有法可依，解决公共政策供与需的矛盾。公意与政府的意愿有时候并不一致。地方政府在政绩观的导向下，推进公共政策往往不能够进行理性的论证，后果就具有两面性。比如，有时候，公众并不需要政府强力推进的这项道路维修政策，而是需要一项与自己生活相关的治污规划。从政绩考量看，宽阔的道路能够对上一级政府表达出当地官员的政绩。但环境、污水治理是一项需要长期推进的工程，耗时耗力耗材，这是很多行政官员不愿意做的主要原因。

五　生态领域事业观褊狭

事业观不仅体现在经济体量上，更体现在青山绿水的增量上。生态文明是中华民族永续发展的大计，生态环境是可持续发展的根基，政府的生态事业观应放在中国特色社会主义伟大事业中来衡量。服务型政府的根本宗旨是人民性，而人民性体现在人民是否拥有优美生活生产环境。过去，政府拼命追求经济大体量的目标，而忽视了可持续发展根本依托的生态环境，这种涸泽而渔的做法给人民生命健康带来巨大隐患。服务型政府建设必须重塑政府的生态事业观，从资源整合开始，建立政府的生态执政意识，树立生态命运共同体意识。

（一）事业观褊狭体现在政府治理的生态保护意识不足

优美的生活环境是实现美好生活最基本的生存需要，也是服务型政府必须树立的正确事业观。习近平总书记指出，"在生态环境保护上，一定要树立大局观、长远观、整体观，不能因小失大、顾此失彼、寅吃卯粮、急功近利。"[①] 这为地方治理者提出了生态事业发展的总基调。中国特色社会主义事业是一项系统性的伟大工程，生态领域建设是服务型政府建设的一个重要视阈。回望 40 多年的高速发展，我们遗留了不少生态欠账，人民的生态权益受损，教训深刻，引起党中央高度重视。习近平总书记指出，"生态环境没有替代品，用之不觉，失之难存。"[②] 政府作为治理者，从思想源头上忽视对生态事业观的正确定位，没有立足人民长期生活的环境发展，对地方治理没有一个可持续发展的策略，追逐光鲜亮丽的政绩，急功近利的思想意识导致生态环境恶化，对人民的生命健康带来危害。一些地方会屡屡出现以掠夺生态为代价的发展方式，根源在于地方政府没有树立正确的生态事业观，治理者眼中仅盯着"GDP"数据，恰恰忘记了环境保护也是执政的重要方面。如果人民长期赖以生存的生态环境遭到污染，健康不保，寝食难安，苦不堪言，对政府的印象就会大打折扣，政府在人民心中的口碑就会下滑，人民也就难以信服政府的思想政治教育。

（二）事业观褊狭体现在政府对资源使用的约束性不足[③]

生态危机向世界描绘了一幅人类未来生存空间的草图，人类将注定要在通向可持续发展的道路上艰苦跋涉。其中，生态足迹作为描述生态环境优劣的一个重要指标，是用来测量和分析人类对生态圈的需求工具。生态足迹指的是能够产出自然利益所需的自然资源的总量，由其带来充足的自然利益能够满足生态消耗。"利用生态足迹可以分析自然资源年平均消耗量和不同国家、城市、组织机构以及个人排放的垃圾总量。格雷姆认为，到 2050 年全球 90 亿人口共享地球资源的

---

① 《习近平谈治国理政》第 2 卷，外文出版社 2017 年版，第 209 页。
② 《习近平谈治国理政》第 2 卷，外文出版社 2017 年版，第 209 页。
③ 卓成霞、郭彩琴：《高度的生态文明：理论内涵、现实挑战与实践路径》，《南京社会科学》2018 年第 12 期。

第五章 思想政治教育视阈下中国服务型政府建设的实时考察

时候,我们不得不将我们对自然资源和服务的全球人均需求量从2003年的水平基础上削减40%。"① 这一研究警示我们,服务型政府进行社会主义现代化建设,不能进行"异化的生产""异化的消费",不能以破坏生态环境为代价换取不可持续的物质财富增长。生态环境是人类赖以生生不息的栖息地,政府的执政事业观不仅要关注经济数据的增长,更应该注重生态事业。世界现代化发展史的教训也表明,人类在创造和享受现代文明的同时,也饱尝了破坏环境带来的苦果。利奥波德认为,"大地伦理学当然并不反对这些'资源'的改造、管理和利用,但它确实认定了它们持续存在的权利,至少是它们在自然状态下的持续生存。"② 现代化进程中的生态问题已成为制约我国经济社会健康、可持续发展的障碍甚至瓶颈。如果不解决由生态恶化引发的"蝴蝶效应"问题,就难以实现社会主义现代化强国的各项目标。因此,服务型政府建设对国家发展应有更为全面的事业观,遵循新发展理念。

总之,政府本应在公共实践中发挥榜样示范作用,但由于机制不健全、传统文化因素、个体价值观等问题,服务型政府建设过程中出现了一些不当行为,给人民生产生活生态带来麻烦,无形中降低了政府公信力,而且还影响了人民对政府思想政治教育的看法,对思想政治教育有效性起到了消解效应。政府在履行公共职能过程中,应该时刻绷紧人民立场、人民利益、人民幸福这根弦,执政绩效就不会偏离公平正义,人民自然会信服政府行为,公信力自然会提升,思想政治教育有效性自然也就会提高。

---

① [美]格雷姆·泰勒:《地球危机》,赵娟娟译,海南出版社2010年版,第18页。
② Aldo Leopold, *A Sand County Almanac, and Sketches Here and There*, New York: Oxford University Press, 1949, p.204.

第六章　思想政治教育视阈下新时代中国服务型政府建设的对策

新时代，政府被赋予更多更高的使命，建设人民满意的服务型政府，必定涉及执政理念、执政目标、执政原则、执政机制的转变与调适。从思想政治教育视阈下探寻服务型政府建设的路径，遵循思想政治教育有效性实现规律，从理念、目标、原则、机制等层面加以研究，对服务型政府建设具有较强的借鉴性和指导性。本书把思想政治教育理论与服务型政府建设实践有机结合起来，把以人民为中心的发展思想贯穿我国服务型政府建设全过程，始终坚持人民至上原则，使思想政治教育有效性提升的核心路径与服务型政府建设的终极价值双向支持、同频共振。

第一节　先进性引领有效性：新时代中国服务型政府建设的理念

理念是行动的先导。有什么样的思想认识，就会有什么样的行为。我国服务型政府建设要实现让人民满意的目标，必须以先进性引领有效性，坚持党的全面领导的理念、坚持人民至上的理念、坚持以社会主义核心价值观引领的理念、坚持依法行政的理念，保障服务型政府建设在政治方向、服务导向、价值取向上的正确性与常态化，从而保障服务型政府建设党性与人民性的统一。这些先进理念不仅引领

第六章 思想政治教育视阈下新时代中国服务型政府建设的对策 ◆◇◆

了服务型政府建设的方向，而且为提升思想政治教育的育人有效性拓展了实践路径。

一 坚持党的全面领导的理念

在思想政治教育视阈下加强服务型政府建设，最根本的理念就是要坚持党对一切工作的领导。从本质上看，立德树人是思想政治教育工作的根本任务，就是要培养拥护、维护党的领导的社会主义建设者和接班人。服务型政府的一切工作都必须在党的领导下执行，在国家治理体系的四梁八柱中，党的领导居于顶梁柱的位置，政府一切工作的出发点和落脚点都是必须坚决维护党中央权威和集中统一领导。邓小平指出，"中国由共产党领导，中国的社会主义现代化建设事业由共产党领导，这个原则是不能动摇的"[1]。服务型政府必须自觉承担"两个维护"的重大责任，在履行各项职能，出台任何公共政策时，必须在思想上有预警意识，在政治上有风险甄别意识，在行动上有矫正行为意识，与党中央精神保持高度一致，维护党中央权威，忠诚核心、拥护核心、紧跟核心、捍卫核心，忠诚于党和人民的事业。

（一）形成学习跟踪常态化的理念

用党的科学理论武装头脑是坚持党的全面领导、健全"两个维护"的第一关卡。各级党政领导干部要带头学理论、强信念，筑牢信仰之基，补足精神之钙，把稳思想之舵，切实增强忠诚核心、拥戴核心、维护核心、捍卫核心的思想自觉、政治自觉和行动自觉。实施学习巡听常态化制度，强化理论学习中心组学习成效。深入推进各级党委（党组）理论学习中心组学习，对各市区理论学习中心组学习情况进行普遍性巡听，组织开展"强化理论武装、走出会议室"系列活动，推动学习教育往深里走、往心里走、往实里走，真正做到学深悟透、融会贯通、真信笃行，巩固全党全国人民团结奋斗的共同思想

---

[1] 《邓小平文选》第2卷，人民出版社1994年版，第267页。

基础，有力提升理论学习的质量和效果。实施培训跟踪制度，提升党政干部培训的实效性。各级党校要强化培训效果，培训方式要多样化，训前内容要有针对性、训中要严明纪律、训后要跟踪检视培训成效。要在领导干部教育培训中突出主业主课，把党的理论教育作为培训教学的首要任务，要加强党章党纪党规教育，党史、地方史教育，党风廉政建设教育，革命传统和红色基因教育，主体班次培训内容不低于70%，增强干部对新思想的政治认同、思想认同、情感认同，坚决防止不信马列信鬼神、不信真理信金钱，坚决反对各种歪曲、篡改、否定马克思主义的错误思想。

（二）养成遵守政治纪律和政治规矩的理念

加强纪律规矩是坚决做到坚持党的全面领导、做到"两个维护"的重要前提。坚持把纪律挺在前面，使遵守纪律、讲规矩成为每名党员干部的日常习惯和自觉遵循。认真贯彻《中国共产党重大事项请示报告条例》，持续发挥各级党组织的政治领导核心作用，强化每个党政干部的党员意识和组织观念，使每一位党政干部都能够把守纪律、讲规矩作为行为准则，融入日常生活的点点滴滴。要把严守政治纪律和政治规矩作为各级政府组织述职评议考核的重要内容，切实增强执行纪律自觉性。政府领导班子要严格执行《关于新形势下党内政治生活的若干准则》，作为思想政治教育自我教育的重大事项进行落实。党员领导干部要严格遵守党的政治纪律和政治规矩，严格执行重大事项请示报告制度，坚决做到"五个必须"，坚决防止"七个有之"，从而不断增强党内政治生活的政治性、时代性、原则性、战斗性。"两个维护"不是一句口号，需要各级政府拿出实实在在的举措，化为实实在在的行动。尤其要不断加强政治能力训练，提高把握方向、大势、全局的能力和辨别政治是非、保持政治定力、驾驭政治局面、防范政治风险的能力，使自己的能力与职责相匹配，确保党的理论、路线方针政策和中央决策部署得到不折不扣的贯彻落实。

（三）创新干部选拔流程的理念

坚决做到坚持党的全面领导、做到"两个维护"，干部是关键。

第六章 思想政治教育视阈下新时代中国服务型政府建设的对策 ◆◇◆

要将政治担当始终作为考察考验党政干部的重要指标,大力培养政治性强,在关键时刻靠得住、信得过、顶得上、用得好的干部。要以正确的认识、正确的行动坚决做到"两个维护",坚决防止和纠正一切偏离"两个维护"的错误言行,不得搞任何形式的"低级红""高级黑",决不允许任何政府官员对党中央的重大决策部署阳奉阴违、搞选择性执行,决不允许做"两面人"、搞"两面派"、搞"伪忠诚"。精准识别政治上过硬的优秀干部,在急难险重任务中考验担当,察其言,观其行,真正选拔出一批敢担当、能作为、政治立场坚定的干部。建设人民满意的服务型政府,需要对优秀管理型干部、专业型干部以及"李云龙式"干部等多类型干部进行考察推荐,分类汇总,提高选人用人精准度。实施一线跟踪考核机制,建立一线干部实绩台账和政治素质档案,在"实践战场"上检验干部政治能力。研究制定《党政干部重点工作一线跟踪考核办法》,采取"一听二看三问"的方式对重点工作一线干部实时跟踪考核。建立适岗性评估机制。要深入了解机构改革后领导班子运转和干部适岗情况,对评估对象所在班子的结构状况、专业能力、功能发挥、运行情况,以及领导干部的能力素质、担当作为、适岗情况进行综合研判,根据评估组提出的综合评估意见,对班子运行和干部适岗性作出客观判断,在干部调整中作为重要参考。创新研发干部选拔任用全程纪实系统,将干部选拔任用评议、民主推荐、考察等重点环节和基本流程全部写入全程纪实系统,实现"环环"留痕,作为有效防止干部"带病上岗"、开展倒查问责的重要依据,进一步提升干部选任工作规范化、科学化、制度化水平,从源头上为坚持党的领导做干部准备。

(四) 创新督导问责的理念

坚决做到坚持党的全面领导、做到"两个维护",监督问责是防线。服务型政府建设应围绕中央、省、市关于加强领导班子政治建设的实施意见和有关要求,结合中心工作大局,探索督导问责新模式,探索制定《年度领导班子"两个维护"机制推进清单》,利用考核考察、调研、信访举报、线索摸排、调查问卷等形式，对年度重点任务完成情况进行专项督导。一是创新推进问责体系。探索推行党政干部主体责任清单制度，出台具体实施意见并将制度细化为定责、亮责、履责、考责、问责五个步骤挂图实施。开展巡视巡察整改"回头看"，加强对整改落实的督促检查，对反馈问题实行台账式管理，完成一个销号一个，确保每项反馈意见都整改到位、落实到底。二是实行干部选任"双鉴定"制度，严格落实党委（党组）主体责任，动议推荐干部时党委（党组）如实反映人选政治素质情况，实行考察对象政治鉴定、廉洁鉴定"双鉴定"，党委（党组）书记、纪委书记（纪检组长）"双签字"制度。三是逐步实行开放式的监督引进方式，将监督的途径由组织监督向执纪监督、司法监督、审计监督、舆论监督、群体监督不断拓展，形成立体式、全方位的监督网络，做到干部工作开展到哪里，干部的权力行使到哪里，领导活动延伸到哪里，监督工作就实施到哪里，由此形成对干部闭环监督，强化坚持党的领导理念的末端管理。

二　坚持人民至上的理念

确立"人民至上"的服务型政府建设理念，是基于人民是我们党执政的最大底气的科学判断，这也是思想政治教育有效性得以提升的价值导向。实践证明，人民的无私奉献和默默托举，是服务型政府建设成功的核心基石。各级政府要用感恩的心去回馈人民的善举，充分尊重人民主体性地位，把人民放在心中最高位置。习近平总书记指出："必须坚持人民主体地位，坚持立党为公、执政为民，践行全心全意为人民服务的根本宗旨，把党的群众路线贯彻到治国理政全部活动之中，把人民对美好生活的向往作为奋斗目标，依靠人民创造历史伟业。"[①] 政府应坚持把人民拥护、赞成、高兴作为制定政策的依据，

---

① 习近平：《决胜全面建成小康社会 夺取新时代中国特色社会主义伟大胜利——在中国共产党第十九次全国代表大会上的报告》，人民出版社2017年版，第21页。

第六章　思想政治教育视阈下新时代中国服务型政府建设的对策 ◆◇◆

既要在贯彻落实党的路线方针政策中带领人民增进幸福感,又要从人民创造新生活的激情中获得创新动力,让人民共享改革开放成果,激励人民更加自觉地投身社会主义现代化建设,齐心合力建功新时代。

(一) 永远保持对人民的赤子之心

服务型政府建设应突出人民主体性地位,尊重人民的表达意愿与经验创造。着力解决人民群众所需所急所盼,特别是解决好贫困地区的"两不愁三保障"问题,以保证小康路上一个不掉队,让人民共享经济、政治、文化、社会、生态等各方面发展成果。[①] 服务型政府就是要努力在政策层面缩小区域生活水平差距,提升落后地区的生活水平,实现共同富裕,让落后地区的人民共享盛世发展成果。例如,2019年以来,我国全面实施新个人所得税法,实施推进子女教育、继续教育、大病医疗、住房贷款或住房租金,以及赡养老人等专项附加扣除税收优惠。这是党和政府再次惠及人民共享改革开放成果的"够得着"的措施,是政府释放给人民的改革红利再分配。习近平总书记指出,"全国又有125个贫困县通过验收脱贫,1000万农村贫困人口摆脱贫困。17种抗癌药降价并纳入医保目录,因病致贫问题正在进一步得到解决。"这一系列惠及民生的实际举措,就是服务型政府落实新政的集中体现,是创新分配机制中人民至上的直接呈现。

(二) 虚心听取人民的声音

人民有所呼,政府有所应。人民的声音是服务型政府建设的方向。服务型政府就要畅通人民发声渠道,保障群众的知情权、参与权、表达权、监督权,倾听基层民众的声音,接受人民的检验。政府改革到不到位,干部工作干得好不好,治理成效大不大,不是政府自己说了算,而是由人民群众来评判。新时代,人民有了线上、线下的双向发声渠道,对优化政府施政方向和工作重点具有良好的导向作

---

① 参见习近平《在庆祝改革开放40周年大会上的讲话》,人民出版社2018年版,第25页。

用。很多时候，政府上项目、做规划，是从经济发展大局出发，但人民认识问题的立场不同，看问题的高度也不同，所以，有时他们会就涉及自身利益的某一规划与政府发生冲突，影响政府公信力。因此，给予人民畅通的发声渠道和平台，对提升政府工作绩效具有重要意义。人民的生活质量、幸福指数、安居乐业等情况是在日常生活的非正式表达渠道中体现出来的，政府应注重收集这方面的群众诉求，积极作为。"要围绕群众关心的就业、教育、医疗、环境、食品药品安全等问题，深化改革、主动作为，让人民群众的生活越来越好。"人民群众的日子好不好，幸福感强不强，关键要看人们平时的话语表达。政府宣传的成绩与人们日常表达的获得感，在事实上有一定的关联性和契合性，服务型政府的好口碑体现在人们日常生活中。

（三）扩大人民参政机会

参政是人民表达需要的重要渠道。习近平总书记在党的十九大报告中指出，"扩大人民有序政治参与，保证人民依法实行民主选举、民主协商、民主决策、民主管理、民主监督"[1]。扩大人民政治参与权是服务型政府建设的必然选择，体现了人民至上的政治优势。改革开放再出发，政府创新服务的出发点已定格在攻坚克难阶段，特别需要人民有序的政治参与，打破旧习惯的阻力，调动和集中民力民智，顺利地实现服务型政府的目标。人民日常反映的问题，是政府创新服务的源泉，使政府提质增效有了更为切实的目标。具体来讲，人民参与国家事务的方式可以概括为以下几个方面："一是社会用权，政府将本应属于社会主体的权利与权力，还归为社会自主、自治权力；二是公众参与权，直接参与国家行政、司法以及立法活动的决策过程，促进政务活动的公开性和透明度；三是民众监督权，通过公民集体行使公权利，监督国家权力。"[2] 因此，建设服务型政府必须增强人民

---

[1] 习近平：《决胜全面建成小康社会 夺取新时代中国特色社会主义伟大胜利——在中国共产党第十九次全国代表大会上的报告》，人民出版社2017年版，第37页。

[2] 郭道晖：《公民的政治参与权与政治防卫权》，《广州大学学报》2008年第5期。

第六章　思想政治教育视阈下新时代中国服务型政府建设的对策

政治参与的实效性，保障人民政治参与权的真正实现，履行人民当家作主的权利，特别是涉及群众切身利益的重大行政决策事项，诸如教育、医疗、环境等，政府要尽可能扩大人民的参与权，建立重要事项民意调查制度，确保人民依法享有广泛充分、真实具体、有效管用的民主权利。

三　坚持以社会主义核心价值观引领的理念

习近平总书记指出，"社会主义核心价值观是当代中国精神的集中体现，凝结着全体人民共同的价值追求。"[①] 这为服务型政府建设提供了道德准则，也是政府公职人员进行道德施政的基本要求。政府要把社会主义核心价值观作为工作原则和道德指南，对标工作实际，吃透24个字的理论内涵与实践目标，把工作方向与国家层面的核心价值观相对接，把工作职责与社会层面的核心价值观相关联，把工作效能与个人层面的核心价值观相促进，在政府绩效评估中把社会主义核心价值观作为衡量尺度和改进方向。针对政府公共行政过程中出现的一些道德失范现象，服务型政府建设迫切需要以社会主义核心价值观来统领政府治理思想、凝聚人心、规范施政行为，积极建设人民满意的政府。

（一）制定修订公共政策要体现社会主义核心价值观的要求

把社会主义核心价值观融入我国当前经济政策和体制改革中。政府制定任何一项公共政策，都应是为了更好地满足人民美好生活的需要，提升政府形象。做好各项工作，必须有强大的价值引导力、文化凝聚力、精神推动力作支撑，使社会主义核心价值观成为引导政府服务的强大精神动力。政府对一个地区制定发展规划，必须以社会主义核心价值观为引领，严格遵循民主决策程序和法律规定，提前做好大范围的实地调研，充分听取各方意见，尤其要尊重人民群众对新举措

---

① 习近平：《决胜全面建成小康社会 夺取新时代中国特色社会主义伟大胜利——在中国共产党第十九次全国代表大会上的报告》，人民出版社2017年版，第42页。

的想法和态度，规划才能科学有效，政府的善意才能体现出来，不被外界曲解。比如，有些省份正在轰轰烈烈推行的合村并居工程，遭到了来自各方的反对和质疑，政府被推向了舆论的风口浪尖，致使政府公信力受损。因此，每当政府推行一项新政策、新举措，特别是涉及广大群众利益的政策，一定要慎之又慎，绝不能冒进。好事要办好，就必须考虑未来的社会责任和长远风险，考虑不同社会群体及代际的公平正义。

（二）把社会主义核心价值观作为评估政府政策优劣的重要依据

公共政策的顺利推进必须以公共理性为基础，使公共决策有群众基础、制度支撑基础、责任风险承担主体，确保决策制度科学、程序正当、过程公开、责任明确。服务型政府建设应对标社会主义核心价值观的要求，建立政策评估和纠偏机制，建立决策失误的法定召回制度，保障政策利民便民。"政府公共政策的制定过程必须符合法定的程序。符合程序而政策效果不佳是政府的能力问题，通常只是涉及历史和现实评价问题；不符合程序而政策效果即使极佳也是法律问题，在多数情况下则会涉及政治道德和法律惩处问题。"[①] 尤其要注意调整"合法不合理""合理不合情"的政策，使之符合社会主义核心价值观的核心理念和实践精神，提高人民对政府的满意度。政府应允许公共政策容错试错，虽然表面上看，这种机制削弱了公共政策的严肃性，但从实质来看，这种召回制度切实回应了人民对公共利益的正义要求，彰显了政府的担当与魄力。

（三）要把社会主义核心价值观贯穿于政府行政文化建设中

以社会主义核心价值观引领行政文化变革，必须强化官员道德建设。习近平总书记指出，"核心价值观的养成绝非一日之功，要坚持由易到难、由近及远，努力把核心价值观的要求变成日常的行为准则，进而形成自觉奉行的信念理念。"[②] 政府机关要形成"明大德"

---

① 张国庆：《现代公共政策导论》，北京大学出版社1997年版，第146页。
② 《习近平谈治国理政》，外文出版社2014年版，第174页。

第六章　思想政治教育视阈下新时代中国服务型政府建设的对策 ◆◇◆

的道德环境，必须倡导公道正派、实事求是、艰苦奋斗、清正廉洁的价值导向，教育引导广大党员干部修身慎行、怀德自重、清廉自守，始终以信念、人格、实干立身，永葆政府服务的政治本色。政府机关要形成"守公德"的政治规矩，必须坚决贯彻落实党中央的八项规定，特别力戒形式主义、官僚主义行为损害政府形象。服务型政府要把社会主义核心价值观内化在政府公职人员的各项职责中，恪守职业道德，带动机关作风建设。政府岗位都是为人民服务，来不得半点矫情与懈怠。无论身居何位，做好本职工作是本分。

四　坚持依法行政的理念

法是国之重器。法治作为一种价值观念，要强调法律在服务型政府建设中的至高地位。习近平总书记指出，"各级党组织和全体党员要带头尊法学法守法用法，任何组织和个人都不得有超越宪法法律的特权"①。建设服务型政府就要培育行政决策制度科学、程序正当、过程公开、责任明确的理念，提高决策质量，保证程序正义、结果正义，提升政府法治决策的公信力。

（一）树立责任诚信的法治理念

敬畏法律是政府官员的基本素质。新时代，服务型政府建设必须树立责任政府的法治思维，即政府及其公职人员所进行的一切公共服务活动，都是政府应尽的法定责任，要破除那种为人民做一点小事就要求人民马上回报感恩的"官老爷"思想。各级官员都应把法律作为一种信仰，对其心存敬畏，从而自觉遵守。只有公职人员树立了这种职责法定的思维，才能在工作中脚踏实地提升履职能力，提高服务质量，才能坦然接受公众监督、批评，提升业务能力。官员的任何失德行为都必须受到法律的严厉惩治，政治生态才会风清气正。要用法律惩治失德官员，让违法乱纪的官员无处遁形，形成让人不敢腐的敬

---

① 习近平：《决胜全面建成小康社会 夺取新时代中国特色社会主义伟大胜利——在中国共产党第十九次全国代表大会上的报告》，人民出版社2017年版，第39页。

畏法治意识。我们有健全的法律法规作保障,为什么还会出现某些省份官场"塌方式"的腐败现象?究其根源,就是一些政府官员从心理上藐视法律,总认为那些法律规则是给普通人设置的,不是给官员制定的。因此,服务型政府可以动用官方媒体宣传具备优良德性的官员,弘扬政治生态的正能量。同时政府必须铲除权大于法的恶劣行径,严厉惩处腐败官员,大力曝光官德失范的严重后果,形成腐败必抓、抓了必惩的法治氛围,还法律威严,树政府权威。

(二) 树立有限用权的法治理念

新时代,服务型政府建设要树立宪法、法律至上的理念,才能有效预防公权力腐败。长期以来,我国实行中央、省、市、县、乡的政府管理体制模式,权力一直从中央延伸至乡镇,在具体行政事务上权力无处不在、无时不有,成为人民群众生产生活的重要组成部分。教训表明,过于庞大的权力主体,如果不受法律制约,必然滋生形式主义、官僚主义行为,损害党和政府形象。邓小平指出,"我们的各级领导机关,都管了很多不该管、管不好、管不了的事,这些事只要有一定的规章,放在下面,放在企业、事业、社会单位,让他们真正按民主集中制自行处理,本来可以很好办,但是统统拿到党政领导机关、拿到中央部门来,就很难办。"[①] 因此,防止权力出现膨胀与垄断现象,就必须用好宪法这个根本大法,加大对政府用权的法律限制,切实把权力关进制度的笼子里。官场上总有一些官员存在侥幸心理,总认为违法进监狱的是别人,自己肯定进不去监狱。因此,服务型政府建设必须对用权立规,即官员有多大权限,就有多大责任,失德就要付出相应的违法违纪成本。当下最紧要的是,政府需要用法治管制官员、规范官员、鞭策官员,自觉维护法律的权威,使政府机关及全体公职人员成为遵守宪法、维护宪法的模范,彰显法律公平正义。

---

① 《邓小平文选》第 2 卷,人民出版社 1994 年版,第 328 页。

（三）树立政务为民的法治理念

我国宪法规定，行政机关的一切权力是人民所赋予的。服务型政府的权力只能为人民的利益而行使，当好人民的公仆，做好群众的勤务员。新时代，打造让人民满意的服务型政府，更应该践行马克思主义人民"公仆"思想。全体公职人员应树立"公仆"的法治意识和职业素养，增强政务为民的法治理念。在公共服务工作中，各级行政机关及其工作人员必须培养职权法定的观念，始终牢记自己手中的权是法律规定下的职权，只具备为人民服务的权限，要杜绝为家属、朋友等特定关系人谋取不正当利益的谋私行为，损害人民群众的正当权益。唯有把政府权力置于法律的框架之下，才能有效防范政治领域、经济领域、社会领域、文化领域、生态领域出现的系列问题，保障人民的各项权益，才能使最广大人民群众共享改革发展成果，才能增强人民对政府的信任。

第二节　综合性展示有效性：新时代中国服务型政府建设的目标

人民对美好生活的向往是我们党和政府的奋斗目标，在思想政治教育视阈下研究服务型政府建设，对政府施政的短期目标、中期目标和长期目标提出新要求。建设服务型政府是提升思想政治教育有效性的重要路径，必须着眼于人民群众多样化的服务需求，不断提高为民服务能力和本领。服务型政府建设的目标重在打造一支高素质的服务型干部队伍，依法依规全面履行服务职能，实现让人民满意的政府样态，提升人民对政府的信任度。服务目标的综合性不但使政府职能更加聚焦人民性，而且在公共行政实践方面更加展现了思想政治教育的要素有效性。

一　建设一支高素质服务型干部队伍

建设一支高素质的服务型干部队伍是服务型政府建设的关键，也是提升思想政治教育有效性的重要抓手。历史证明,吏治清明关乎国家本体稳定,干部队伍廉洁是中国特色社会主义事业繁荣昌盛的重要保证。建设服务型政府就要着力培养忠诚干净担当的高素质干部队伍和庞大的人才队伍,保证干部清正、政府清廉、政治清明,营造海晏河清的政治生态。

(一)培育公职人员行政美德

政府德性行政,关键在于造就一支高素质的专业化干部队伍。2018年3月,习近平总书记作出了关于干部立政德的重要指示,强调立政德就是要"明大德、守公德、严私德"。这是对服务型政府公共行政做的具体指示,也是对全体党员干部提出的新要求。只有全体领导干部践行了政德,统一了"三德",形成大德、公德、私德"同心圆",我们党和政府才能团结和带领广大干部群众扎实推动经济社会发展,实现中华民族伟大复兴。2018年11月26日,中央政治局第十次集体学习的总基调就是关于高素质干部队伍建设的议题,为建设服务型政府提出了原则遵循。历史唯物主义认为,人是生产力中最活跃的因素。人才,特别是党的干部人才,则是服务型政府建设的核心力量。一批又一批积极向上、勇于为人民担当作为的干部,才是国家的希望、民族的未来。政府运转得好不好,人民生活过得如意不如意,关键看干部群体能否发挥积极作用。新时代,关于如何选人、用人、激励人,要学习历史上的吏治经验,为我们今天的人才选拔提供借鉴、拓宽视野,目的是选出一批真正的德才兼备人才,而避免"两面人"损害政府形象,破坏新时代中国特色社会主义事业发展大局。2019年,中共中央印发《党政领导干部选拔任用工作条例》,为打造新时代勇于奋斗作为的干部队伍指明了方向。干部的职责就是带领一方人民谋利益、谋发展,必须坚持精准选人、科学用人,把有能力的干部用在合适的工作岗位上。只要干部心中有民、心中有责、用权为公,这样的干部就是服务型政府的代言人,在本职岗位上踏踏实实服务、认认真真做事,无愧于党和人民的重托,攻坚克难完成人民赋予

第六章　思想政治教育视阈下新时代中国服务型政府建设的对策

的使命。政府由无数"知行合一"的实干型干部组成，就会铺就服务型政府建设的信任基石，筑起民族复兴的人才大厦。

（二）激励干部敢于担当作为

干部是来干事的，不是与民争利的，是要造福一方的，是要为人民创造价值的实践者。不做无错，做了有错，这不符合政府改革创新的人才发展规律。服务型政府建设必须培育真抓实干的干事氛围，建立容错试错机制，为干部担当冲锋免除后顾之忧。目前，我们党和政府的决策主要依靠"关键少数"干部筹划，依靠广大的基层干部实地试验、落实政策红利。服务型政府不仅要求干部用权廉洁，更要求干部干事担当。如果一大批干部为了形式上的廉洁、平稳，抓着权力不作为，贻误发展时机，这不但是对人民的犯罪，也是对政府不负责的表现。因此，服务型政府建设更诉求公职人员积极忠诚干净担当的时代品格。正确的组织路线要靠高素质干部来执行。时任山东省委书记刘家义曾针对山东发展落后于发达省市的现状，在干部大会上对有些懒政、不作为的干部进行严厉批评，明确指出，干部"不换思想就换人，不负责就问责，不担当就挪位，不作为就撤职"。他指出，"在保持清正廉洁的前提下，就要不计个人得失，敢于闯、敢于试、敢于改。凡是与上述原则不符的，就要坚决改、坚决破，如果改的过程中出现失误，我们可以退回来，认真总结教训，责任由省委承担。"[①] 这向广大领导干部传达了一个强烈的信号，那就是，敢于真正担当的干部有强大的政府组织作后盾，允许改革者试错。改革创新需要有人敢干，有人去干，有容错的机制保护创新担当的干部人才，是建设服务型政府的重要体现。

（三）建构公共行政美德机制

服务型政府不仅要求干部用权干净，更要求工作尽力，有良好的职业素养。守规矩是领导干部的廉洁底线，官德建设的核心是官员行

---

① 刘家义：《在全省新时代激励干部新担当新作为》，《大众日报》2018年7月3日。

政美德养成。任何级别的官员都要守规矩，守公权力的规矩。公共行政实践的复杂性需要不同层次的行政美德支撑，诸如仁慈、勇气、理性、公平心、审慎、尊重法律、公民风范等。一是官德建设需要高度关注公共行政实践中的伦理问题与官员德性的培养与训练。官员需要复杂的道德资源来行使其公职中的自由裁量权，政体的责任、个人的责任和审慎明智是影响自由裁量公正的三要素，是行政过程中行政美德达成的关键。二是官德建设需要公共政策集体行动机制。公共行政实践与决策是一项系统工程，即使手握大权的官员也要服从公共行政的大局，具备整体观念和协作精神。政府公共行政的过程是"道德实践"的自我扬弃过程，公共行政内在利益的实现需要拥有美德或有德性的官员抵御各种社会诱惑，需要美德、正义、勇敢与诚实的美德。官德建设是对官员履职尽责能力的剖析，重点检验官员群体在行政过程中的效率与忠诚，倡导官员行政责任与应然角色顺利达成。中国改革发展的一切成就，都是党和政府带领人民干出来的。不干，连半点马克思主义也没有。今后的改革事业所遇到的都是硬骨头，决不能听任那些表态多、调门高、行动少、落实差的干部忽悠，耽误发展时机，贻误发展大局，也不能容忍在其位不谋其政的干部，更不能容忍利用职权谋取私利的干部。

二 依法依规全面履行政府服务职能

服务型政府依法依规全面履行服务职能，体现了国家法治的权威，让人民群众感受政府服务的公平正义，这与思想政治教育一直要达成的目标不谋而合。全面推进依宪施政、依法行政是服务型政府建设的原则遵循。建设服务型政府就是以法治思维进行公共行政，强化法治信仰关键在于践行法治。政府干的，都应是法律框架下人民所需所盼的。

（一）提升行政执法的效能体制

执法效能涉及为人民群众解决问题的质量与速度，体现部门执法

第六章 思想政治教育视阈下新时代中国服务型政府建设的对策

人员的能力与素质，检验服务型政府建设的效能。我国政府机构属于中央、省、市、县、乡（镇）层级管理制，这种层次的划分和责任界定符合集权国家的管理特点，在特定历史时期发挥了巨大的权力资源聚集效应，有效推进了改革大发展。新时代，在改革攻坚阶段，小康社会即将建成之时，政府防范化解重大风险、精准脱贫、污染防治三大攻坚战任务更加艰巨，面对的矛盾和问题也非常复杂，建立适应新时代的行政执法体制是关键。广大的乡村是全面深化改革的重点区域，也是国家未来发力的重要潜力资源，同时也是问题和矛盾多发的区域。基层政府的执法效能更加体现在应对突发事件的能力上，以及解决问题和矛盾的质量上，这也是人民衡量政府公信力的重要方面。

对于基层人民群众来说，公平正义更需要高效的执法体制和解决问题的效率。以往有些群体性事件，就是有些部门不依法执政、采取拖延不作为的方式，耗尽了人民的信心和耐心，不得已才采取极端哭闹的方式维权，造成人民对政府的不信任。因此，提高行政效率关键要有一大批政治素质高、懂法律、执行力强的执法干部队伍，把工作重心向基层政府下移，把问题和矛盾属地解决，增强基层政府的公信力和执行力。同时，基层政府应依据党的十九大提出的乡村振兴战略、新旧动能转换等重大工程的要求，重新组建专门的执法团队，分领域、分重点推行跨部门、跨地区综合执法，尤其是对关系群众切身利益的重点领域提高执法效率。

（二）实施法定责任清单制度

长期以来，传统政府职能与市场经济运行规则发生冲突，政府职能"缺位"与"越位"的现象时有发生。建设服务型政府，不但要求政府一切公共行政行为要在法律的框架内开展，遵循市场经济发展规律，而且对简政放权的责任清单进行制度化的升级改造，实现权力清单与责任清单并轨的动态机制，负面清单向全社会公布，有利于厘清政府行政权力相对应的责任事项、责任主体、责任方式，有利于进一步优化政务流程，树立服务型政府职能明确、权责清晰的担当精神。党的十九大以来,政府依法行政大大提高了服务效率,并对特定时期制定的服务收费项目也进行了清理和调整,这是政府自身服务改革的一场深刻革命。长期以来,政府服务产生的费用一直由办事主体来负担,这是特定发展阶段的一种合理需要。改革开放40多年,让改革发展成果红利在更多领域惠及人民是党中央的英明决策,各级政府逐步取消了收费基金项目、制定了减免清单。随着政府政务的有序公开,办事主体对一些长期收费的服务项目也产生了质疑,各级政府应根据国家顶层制度规定及时清理或取消一些不合时宜的收费项目,向社会公布从全国性到地方性的收费目录清单,做到明明白白收费、减费,以赢得人民对政府的信任。依据中央减税降费的政策法规,对于一些地方拒不变更收费清单、捞取私利的政府部门和个人要严加问责,实行部门领导责任制,向社会公开负面问题清单,彻底惩治那些不依法办事的部门,还给人民应有的利益。

(三) 完善依法行政的制度体系

依法行政是深入推进服务型政府建设的刚性规定,制度体系具有保障政府治理全局的效力。政府权力不是万能的,需要有完善的制度体系制约权力滥用,使服务型政府在法律制约下为民行政。推进政府治理体系和治理能力现代化,是服务型政府建设的重要任务。原有计划经济体制下遗留的体制藩篱严重降低了政府行政的效能,政府需要建立适应新时代需要的制度体系,使服务型政府建设更加有成效。服务型政府的制度建设应体现立法体系的精准性,确保各级政府的施政行为都有法可依,坚决破除旧的体制机制障碍,使政府管理制度在法的约束下提高效能。完善政府立法机制是为了更好释放政府服务活力与动力,使政府各项职能有法可依,规避职能越界风险,保护人民利益。基于时代发展的要求,政府根据发展需要,应及时废除旧法,并举新法。在全面建成小康社会的关键节点上,打赢脱贫攻坚战,应对各种风险,各级政府要更加注重以法治保障决策的科学性。对于任何一项立法,服务型政府站在人民至上的高度,在起草、论证、协调、

第六章　思想政治教育视阈下新时代中国服务型政府建设的对策

审议阶段应有制度化的成果，以保障政府立法更具时效性与系统性，各项体制机制运转通畅有效。当前，国家正处于高质量发展的发力阶段，政府立法应侧重于重点领域，紧紧围绕党和国家的发展大局，建立在法治下深化改革、在改革中完善法治的双轮衔接机制，为服务型政府建设提供制度保证，使各项职能的履行都有良好的制度体系护航。

三　大力建设人民满意的服务型政府

把人民满意作为服务型政府建设的最高目标，体现了服务型政府"为什么人"的问题，这也是思想政治教育有效性提升始终遵循的价值导向。衡量政府服务优劣关键还是要看人民满意不满意，人民对政府服务质量满意与否，是从人民日常的生活叙事逻辑中推演出来的，而且是从人民对政府思想政治教育有效性的评判中总结出来的。服务型政府做到让人民满意，必须坚持一切行政机关为人民服务、对人民负责、受人民监督。

（一）把人民的生活小事当成大事来抓

服务型政府建设应遵循人民至上的价值逻辑。新时代，不论政府职能怎么转变，政府为人民服务的宗旨不能变，必须从根本上践行中国共产党全心全意为人民服务的宗旨。政府执政为民，必须躬身下行，想群众所想，急群众所急，解群众所忧。公共政策不能搞一些高大上的样本，要依据民情搞一些接地气、通下情的情景剧，让人民在纾困政策中切切实实感受到政府的关心。政府更要改变"门难进、脸难看、事难办"的服务模式，杜绝吃拿卡要那一套，努力提高工作效率和服务水平，提高政府公信力和执行力，让人民舒心、安心、放心。尽管让人民时时处处对政府都满意确实不是容易的事，但政府还是要竭尽所能去解决人民的烦心事，通过政务服务提高全社会的向心力和凝聚力，经得起人民和历史的考验。比如，新冠肺炎疫情在全球暴发，政府把人民的生命和健康放在第一位，及时回应社会关注，对人民就诊、住院、生活等方面及时保障，解开疫情暴发以来老百姓的心结，使得官民同心同德、社会各界凝心聚力，形成官民团结"抗疫"牢不可破的钢铁长城，人民对政府更加信任、更加依赖。

（二）改进为民作风

服务型政府应遵循人民立场的实践逻辑。政风优良是服务型政府建设的一面旗帜，这面旗帜镌刻的是人民政府为人民的政绩清单。服务型政府之所以区别于其他形式的政府，就在于政府依据人民的意见反馈，勇于自我革命，革除那些与人民利益相悖的不良作风。新时代，建设服务型政府必须以好的作风示范好的政风，在加强和改进作风中不断赢得人民群众的拥戴和称赞。服务型政府建设要积极针对群众不同需求，把服务端口上移，进一步简化办事流程，采取政务大厅"一站式"服务、线上"不见面审批"等制度措施，确保为人民群众提供更多便利。2020年上半年，由于全球新冠肺炎疫情暴发，我国经济增速放缓，增加了政府工作的难度，更考验着服务型政府的应急能力和执政本领。2020年政府工作报告中，李克强总理提出："各级政府必须真正过紧日子，要大力提质增效，各项支出务必精打细算，一定要把每一笔钱都用在刀刃上、紧要处，一定要让市场主体和人民群众有真真切切的感受。"[1] 服务型政府建设就要根据国内外形势的变化，及时改进工作作风，尽可能保障人民的各项权益。

（三）健全政府服务体系建设

服务型政府建设应遵循流程再造的创新逻辑。新时代，服务型政府建设要适应现代化进程中不断发生的技术革命进行政府服务流程再造，以更加积极主动的效能革命为人民服务。服务型政府要建立健全政府服务中心建设，不仅要做到各级政府全覆盖，也要覆盖更多的政府部门业务，使人民群众办理事务实现"最多跑一次"。服务型政府要构建服务型政府绩效管理体系。首先，健全和规范服务型政府绩效

---

[1] 李克强：《2020政府工作报告》，《人民日报》2020年5月23日第4版。

第六章 思想政治教育视阈下新时代中国服务型政府建设的对策 ◆◇◆

管理组织的组织办法，使规范高效的服务型政府绩效管理组织尽快得以建立健全。其次，引入合理有效的评估标准，建立科学有效的评估程序和办法。最后，建立科学有效的奖惩制度，最大程度调动政府工作人员工作积极性。服务型政府要加强和完善公共服务监督机制。一方面，要充分发挥各级人大对同级政府在服务型政府建设进程中的监督作用，加强政府体系中上级政府对下级政府的督促指导作用，另一方面要发挥人民群众对服务型政府建设的监督作用，以此保证政府政务服务体系的高效运转，提升人民满意度。

第三节 系统性促进有效性：新时代中国服务型政府建设的原则

为谁执政、靠谁执政、怎样执政，这是多年来我们党和政府执政实践中始终面临、不断探索的一个重大战略课题，更是服务型政府在公共实践中施政的方向。新时代，我国服务型政府建设要注重系统性，遵循法治原则、分权原则、效能原则，才能有效提高政府公信力，获得人民高度认同，在思想政治教育领域达成高度共识。服务原则的高度系统化，不但使政府公共服务更具全面性、协调性、可持续性，而且有力促进了思想政治教育的过程有效性。

一 施政科学性原则

服务型政府建设应遵循科学施政原则，意指如何科学合理界定政府与市场的权力边界，发挥人民权力的常规效应，为提升思想政治教育有效性提供检验标尺。新时代，服务型政府建设首要面对的问题，是如何运用科学的理论、科学的制度、科学的方法配置，确保公权力的人民性与效能性。中国特色社会主义进入新时代，坚持新发展理念，提升政府治理效能，不仅诉求市场在资源配置中发挥决定性作用，而且对政府的服务质量要求愈来愈高，政府面临前所未有的能力和本领考验。政府科学施政必须要跟上时代发展的步伐，探索出新的政府治理规律，在简政放权、公正监管、政务服务上，切实回应市场主体和人民关切，打造市场化、法治化、国际化的一流营商环境，增强经济发展动力和活力，体现政府治理有效的智慧，将制度优势切实转化为国家治理效能。

（一）切实赋权市场主体

市场经济是法治经济，是通过市场机制有效运转、市场主体公平竞争激发内在活力，是通过价格、竞争、供求、决策等市场机制对社会资源进行规律性配置，由此推动经济发展质量变革、效率变革、动力变革，提高全要素生产率，提升经济治理效能。我国实行的是社会主义市场经济体制，发挥社会主义制度的优越性，必须更好发挥政府作用，必须利用经济、法律、行政等调节手段，对社会资源进行有效配置，防范市场失灵。使市场在资源配置中发挥决定性作用，主要涉及经济体制改革，但必然会影响到政治、文化、社会、生态文明和党的建设等各个领域，影响其他领域、方面、环节的治理效能。

切实发挥市场在资源配置中的决定性作用，必须打破行业垄断、进入壁垒、地方保护的羁绊。全面实施市场准入负面清单制度，清理废除妨碍统一市场和公平竞争的各种规定和做法，激发各类市场主体活力。实践表明，市场有效配置资源是有其自身成长规律的，垄断和区域性保护都是阻断市场要素有效流动的"逆流"手段，会降低经济动能的发展预期。因此，发挥基本经济制度的优势效能，必须深化商事制度改革，打破行政性垄断，防止市场性垄断，加快要素价格市场化改革，放宽服务业准入限制，完善市场监管体制。切实发挥市场在资源配置中的决定性作用，必须增强企业对市场需求变化的反应和调整能力。达成供需优势平衡是市场自由配置资源的重要评价指标，也是市场发挥自身效能的主要体现。建设统一开放、竞争有序的市场体系，才能形成企业自主经营公平竞争、消费者自由选择自主消费、商品和要素自由流动平等交换的法治环境，企业对供需变化才会有精

第六章 思想政治教育视阈下新时代中国服务型政府建设的对策 ◆◇◆

准的判断，资源才会实现最优配置，市场内在的活力才能真正迸发。

切实发挥市场在资源配置中的决定性作用，必须提高企业资源要素配置效率和竞争力。目前，企业主要是利用技术效率和经济效率两个指标来衡量竞争力高低，完善企业产权制度和要素市场化配置的机制创新，由此实现产权有效激励、要素自由流动、价格反应灵活、竞争公平有序、企业优胜劣汰的治理效能。正确处理好政府和市场关系，有利于实现创新发展、协调发展、绿色发展、开放发展、共享发展理念，有利于提高资源配置效率、提高发展质量和效益，有利于充分调动各方面积极性，加快推进国家治理体系和治理能力现代化，形成强大的国家治理效能。

（二）更好发挥政府作用

习近平总书记指出，"更好发挥政府作用，不是要更多发挥政府作用，而是要在保证市场发挥决定性作用的前提下，管好那些市场管不了或管不好的事情。"在高质量发展的效能驱动下，政府的用权质量要做乘法，政府的权力数量要做减法，市场最优配置效能才能体现出来。政府的作用就是保持宏观经济稳定，加强和优化公共服务，保障公平竞争，加强市场监管，维护市场秩序，推动高质量发展，促进共同富裕，弥补市场失灵，将治理效能切切实实体现到人民的获得感、幸福感、安全感上来。

更好发挥政府作用，就要在"放"的效能上下功夫。简权，就是要把该管的事管好，该放的权一定要放足，坚决杜绝"犹抱琵琶半遮面"的权力留恋心态，坚决克服政府职能错位、越位、缺位现象，杜绝人为干扰市场自发调节效能的行为，让市场主体有安全感，增强市场的微观主体活力。特别是在放宽市场准入、压减行政许可事项和工业产品的生产许可证、减少资质资格许可事项、推动"照后减证"、减少企业开办时间、完善市场主体退出机制、减税降费等服务体系层面，激活市场主体的发展潜能，使其释放出高质量发展的经济新动能。

更好发挥政府作用，就要在"管"的环节上出公平。要制定全国统

· 185 ·

一、简明易行的监管规则和标准,要强化事中事后监管。针对市场监管不公、检查任性、执法不力等突出问题,政府要有序推动"双随机、一公开"日常监管的全覆盖,大力推进信用监管的体系建设,加快推进"互联网+监管"的精准性,特别是在新兴产业包容审慎监管上要有创新,在监管中找到新生事物发展规律,推动新业态更好更健康发展,使四种监管模式发挥合力,整体提升国家治理的公平竞争环境。

更好发挥政府作用,要在"服"的过程中见成效。真正有效率的政府服务是"少花钱、多办事",甚至"不花钱、办成事"。服务好是政府的本质职能,是发挥市场在资源配置中决定性作用的关键。针对群众办事来回跑、环节多、材料多的情况,对服务流程进行系统化再造,着重在减材料、减环节、减事项方面下功夫。加快打造全国政府政务网,力争实现全国范围的"一网通办""异地可办""掌上可办",从方便市场主体和人民群众角度出发,提高服务质量和效率,让人民满意高兴。

(三)建好赋权融合机制

服务型政府建设的一个重要环节就是对权力边界的合理界定,这是一个动态的变化过程。当前,由权力异化引起的腐败行为蚕食了人民对政府的信任感,建设服务型政府必须控制权力的失灵行为,建立科学有效的行政权力运行制约和监督体系,进一步健全惩治和预防腐败体系。政府突破权力桎梏的关键在于通过治理转型形成规范的公共权力运行制度框架。事实证明,以权力制约权力的作用是有限的,以权力制约和社会监督制约相结合才能更有效。政府用权应从封闭走向公开,政府赋权必须适度,使公共行政行为和行政程序更透明、更公开。托马斯·潘恩认为,"政府本身不拥有权利,只负责义务。"[1] 建设服务型政府应健全行政权力运行制约和监督体系,有效落实公开行政权力运行流程、惩治和预防腐败、防控廉政风险等任务,切实把权力关进

---

[1] 《潘恩选集》,马清槐等译,商务印书馆1981年版,第255页。

第六章　思想政治教育视阈下新时代中国服务型政府建设的对策

制度的笼子里。为政府恰当赋权,要防范权力异化的几个特征,即公共权力的部门化、部门权力的个人化、个人权力的利益化以及个人利益的政策化等。发挥政府诚信建设示范作用,加快政府守信践诺机制建设。因此,建设服务型政府,就是要求工作人员廉洁修身,勤勉尽责,自觉接受法律监督、监察监督和人民的监督,干干净净为人民做事,不辜负人民的重托。

二　服务人民性原则

服务型政府建设应遵循服务人民性原则,意指政府一切公共实践活动都是基于人民需要而进行的,其执政行为的出发点和落脚点都是为了服务人民,这与思想政治教育有效性有着本质上的一致性。人民性原则是政府坚持为民执政,靠民执政,支持和保证人民当家作主的服务原则。新时代,服务型政府建设必须激发政府为人民服务的动力,营造干事创业的氛围。

(一) 提升公职人员的服务境界

新时代,政府公职人员要有时不我待、只争朝夕的奉献精神。习近平总书记指出,伟大工程建设要抓住"关键少数"发挥表率作用。每个忠诚干净担当的干部心中都应有一张服务蓝图,这张蓝图是指向服务人民、服务国家的。改革开放再出发,在国际形势瞬息万变的形势下,发展战略更强调落实,需要每个层级政府的官员来实施,提升政府服务的有效性刻不容缓。中国特色社会主义伟大事业的各种实践容不得半点怠慢、推诿、扯皮,政府必须提升公共行政效率,为想为、能为、有为的干部铺路、垫脚。对积极担当的干部,给予更大舞台更好地发挥作用。对于不作为的干部,必须挪位换人。服务型政府建设就要旗帜鲜明地给积极干事者撑腰鼓劲,对庸政懒政者严肃问责。为保护有为干部在权力平台上走得更远,服务型政府必须对权力责任与政绩的关系作出正确判断。权力是领导干部干事创业的舞台,也是展现个人公共服务能力的平台。一切权力都归属于人民,任何权力寻租行为都是不道德的。无数贪官的落马证明，脱离了权力中心，一切"金刚罩"也就烟消云散。所谓的人缘人脉都是权力的光环效应，而非个人魅力。当然，那些真心实意为人民谋利益的官员，在人民的功劳簿上会永垂不朽。因此，一个对党忠诚、敢于担当的干部，一定胸怀国家责任，心系人民冷暖，牢记权力的服务属性，由此而规诫自己，珍惜当前干事创业的机会和平台，为人民鞠躬尽瘁。

（二）培育公共行政人员的职业美德

公职人员良好的职业精神是政府全心全意为人民服务的关键要素。公职人员是人民的勤务员，为民负责担当是所有党政领导干部的应有品德。政府公信力是从基层办事群众的体验中口口相传累积起来的，改变政府的工作作风，就要从日常的行政服务中优化，提升公职人员面向基层百姓的服务形象，以此带动政府公信力的提升。因此，服务型政府对部门公职人员进行思想政治教育，务必强化职业精神培育，尽心尽责做好本职工作，最大程度上实现其应然角色与实然角色的合而为一。从过程看，少数公职人员在公共行政服务实践过程中带有很强的情绪波动性和态度不稳定性，有时公职人员的服务态度会受到多种因素的影响，一分钟前还是和蔼可亲，一分钟后可能会受到一些因素的干扰，变得服务僵硬，不近人情，这就很大程度上影响人民群众对政府的评判结果。政府进行自我思想政治教育就是要使公职人员保持基本的职业精神，无论何时何地发生任何事情，都必须对人民保持其服务本色。

（三）政府决策要以人民意愿为准绳

习近平总书记在庆祝改革开放40周年大会上指出："尊重人民主体地位，尊重人民群众在实践活动中所表达的意愿、所创造的经验、所拥有的权利、所发挥的作用，充分激发蕴藏在人民群众中的创造伟力。"[①]建设服务型政府要顺应历史潮流，积极应变，主动求变，才

[①] 习近平：《在庆祝改革开放40周年大会上的讲话》，人民出版社2018年版，第25页。

第六章　思想政治教育视阈下新时代中国服务型政府建设的对策

能与时代同行,其执政逻辑与走向必须建立在服务人民的大格局之上,建立在尊重人民意愿的价值上。政绩是领导干部成功的试金石,也会对人民群众的权益带来双重结果。我们深知,每一届领导干部上任伊始,都有胸怀"三把火"的雄心和壮志,都想以自己的政绩一鸣惊人。但在实践上,对于广大基层来说,不同区域有不同的发展优势和特点,地依旧是原来那块地,天还是那片天,如果任由干部走马观花地在上面胡乱种自己喜欢的"种子",就会破坏地方发展的自然规律,破坏局部生态环境。因此,领导干部要遵循习近平总书记一张蓝图绘到底的理念,不能为了凸显自己比上一任领导高明,随意更换发展规划,贻误可持续发展的良机,让当地百姓为权力任性埋单。基层的广大人民有长期本地生活的经验,对自己生活的这片土地的发展有充分的发言权。变革领导干部的政绩观念是当务之急,衡量领导的执政成绩,是看这位领导在这块土地上的耕耘之策是否具有可持续性,让老百姓有多少获得感、幸福感、安全感。因此,建设服务型政府要遵循政绩获得规律,公共决策要尊重人民的发展意愿。

三　治理法治性原则

服务型政府建设要遵循治理法治性原则,意指政府一切公共行政活动要服从中国特色社会主义法治体系的要求,政府坚持法律至上的执政思维是确保人民权益不受损害的高压线,这也为思想政治教育有效性提升提供了坚不可摧的法治环境。法治原则要求政府建立健全适合现代服务行政要求的行政程序法和行政实体法,依法重构和规范行政审批制度。服务型政府建设就是要高扬宪法旗帜,建立健全权责统一的高效执法体制,严格执行法律法规,及时查处和制裁各类违反公共利益的违法行为,切实保障人民的合法权益。

(一) 深化行政审批制度改革

依法改革行政审批制度是提高政府服务效能的重要方面。行政审批制度作为现代国家有序治理的手段,一方面考验着政府的道德执政能力,另一方面也在检视公职人员的法律意识和职业精神,也是考验公职人员在权力面前的自我道德约束能力,更是对政府思想政治教育效果的实践检验。政府放权的深度与广度与深化改革的强度密切相关,更与新时代发展的核心要务直接关联。优化行政审批制度是政府依法执政,提高政府公信力的主要关口。一段时间以来,行政审批权的异化与傲慢严重制约了行政效率,降低了政府的公信力,破坏了营商环境。遵循宪法和法律是行政审批的前提,遵守职业规矩是保证审批公平正义、有效率的底线。行政审批制度改革关乎整个社会发展的活力与创造力,在发展机遇面前,来不得无谓的消耗等待。因此,服务型政府建设应深化行政审批制度改革,最大可能简化审批手续,在关键环节守住正义的口袋,把服务关口上移,注重实施效果,实行界限分明的奖罚制度,激发主体干事的活力。在服务领域逐步实现"最多跑一次"的审批机制,实现窗口并联办公与网上办理的同步优化,尽可能减少人民群众办事跑路的次数,让人民在办事的亲身体验中,感受政府努力改善服务效果的决心和行动,有力提升政府形象。尤其要坚决整治"红顶中介"的审批行为,杜绝转租审批和有偿服务的中介,强化政府工作人员的道德素质与业务素质。搞清楚有关项目审批进行托管服务的原因,杜绝为亲属服务的利益输送,对一定时期内予以保留的行政审批中介服务实行清单公开制度。

(二) 完善行政执法程序的正义机制

正义是人类不懈追求的理想。正是政府公共行政中的一些非正义行为,导致社会道德标准降至低点,人民与政府之间的关系一度紧张。特别是代表正义的司法机关、行政机关在执法上的某些非正义行为,直接导致了人民对政府的不信任,甚者排斥。因此,服务型政府建设追求执法的程序正义、结果正义才是政府建立公信力的关键点。严格遵循执法程序、追求正义是保证司法公正的重要内容。公正的执法体制是体现政府德性的重要内容之一,服务型政府建设要建立以人民为中心的行政执法制度。首先,要建立健全行政裁量权的基准制

第六章 思想政治教育视阈下新时代中国服务型政府建设的对策 ◆◇◆

度。针对每个行业的执法特点,量化不同行业行政裁量的幅度与深度,以保证裁量权的公平正义。其次,要建立执法过程记录制度。这项制度不仅能保护执法人员的权利,也能遏制执法人员执法作弊的行为,更能实现对执法客体的权益保护。2019年,国务院全面推行了"行政执法公示制度、执法全过程记录制度、重大执法决定法制审核制度,对促进严格规范公正文明执法具有基础性、整体性、突破性作用,对切实保障人民群众合法权益,维护政府公信力具有重要意义"①。这有利于防范某些公职人员"暴力执法""钓鱼执法"等非正义的执法行为,有利于提升政府的公信力,有利于建立人民的安全感和信任感。

(三) 建立全面行政执法的落地责任制

依法执法是服务型政府建设的重要方面,依法有效化解社会矛盾纠纷是公正执法的重要体现。服务型政府建立执法责任落地机制,是为了更好地形成依法执法的制度基础。唯有严谨科学的责任制才能防范执法不规范的现象,切实维护人民群众的合法权益。服务型政府建立矛盾及时解决的反应机制,是行政执法的主要制度设计。对于广大人民来说,问题和矛盾快速解决的程度直接关乎人民对政府机构办事效率和能力的认可程度,能够有效降低沟通成本、制度成本、信任成本,从而极大强化政府道德。自古以来,逃避政府责任与社会责任,甚至职业责任的现象,都会极大损坏社会信任体系,这与政府思想政治教育工作的初衷背道而驰。因此,政府执法部门必须建立健全常态化的责任追究机制,以此防范执法过程中的潜规则,坚决杜绝执法人员的利益交换,严厉惩治执法腐败现象。比如,政府应大力改革创新信访工作制度,使信访工作责任与服务下沉并轨,提升人民群众信访的效能感。信访部门存在的意义就是要及时掌握人民的诉求,以便下一步解决问题有针对性,提高解决问题的效率。建设服务型政府要畅

---

① 国办印发:《全面推行行政执法公示制度、执法全过程记录制度、重大执法决定法制审核制度》,《人民日报》2019年1月4日。

通解决人民反映问题的途径，做好信访反馈工作，形成人民由下而上反映问题、公职人员由上向下解决问题的工作落地机制，使行政执法彰显政府法治权威。

第四节 有机性提升有效性：新时代中国服务型政府建设的机制

新时代，我国服务型政府建设的运行机制是一个有机整体。党的十九届四中全会指出，要构建系统完备、科学规范、运行有效的制度体系，加强系统治理、依法治理、综合治理、源头治理，把我国制度优势更好转化为国家治理效能。服务型政府建设要从政府的组织机制、动力机制、服务机制共同发力，才能建设人民满意的政府，提升政府公信力。服务型政府建设机制的有机性是合目的性与合规律性的有机统一，是政府履行内在使命的关键抓手，更是在机制优化示范方面有力促进了思想政治教育的结果有效性。

一 优化政府组织机制

优化政府组织机制是服务型政府建设中提高机关行政效能的重要机制，有助于从系统治理上纠治形式主义、官僚主义对服务效能的无效耗损，是不断增强思想政治教育创造力的外在体系保障。政府组织机制科学合理，一切工作重心要围绕人民需要进行调整，推进机构、职能、权限、程序、责任法定化，使政府机构设置更加科学、职能更加优化、权责更加协同，构建上下贯通、运行顺畅、充满活力、令行禁止的组织体系，提高行政效能。

（一）机构设置更加科学化

新时代，服务型政府要担负起国家和人民交付的使命，政府机构增减合理的尺度就是是否提升公共行政效能、提高执行力和公信力。人民群众与政府各种机构打交道的过程中，能够感受到政府对人民诉

第六章　思想政治教育视阈下新时代中国服务型政府建设的对策　◆◇◆

求的重视，以及政府为人民解决问题作出的种种努力。从目标定位看，服务型政府机构优化的宗旨是为了更有效率地解决发展中出现的新问题和长期悬而未决的老大难问题，让人民群众切切实实感受到政府机构改革的新气象，而不是仅对权力机构重新洗牌，看不到权力调整后的效率质变。近年来，随着我国大部制改革的深入推进，政府机构设置匹配了国家发展大局的需要，契合了全面建设社会主义现代化国家的需要，建设服务型政府尤其要关注理顺中央和地方机构设置的关系。因此，我们要从中央和地方机构设置的实际需要出发，考察机构设置对地方政府和中央政府的不同意义。从服务效率讲，地方政府的机构设置必须依据地方发展需要进行重组、撤销、调整，避免事出多头、无头负责的现象，避免让群众来来回回找各种部门的现象。从管理效率看，中央政府的机构设置更要考虑全局与局部的关系，既要立足国家需要，又能满足不同地方的需求对接需要，做到地方机构有所呼，中央机构必须应的互动效果。

（二）机构职能更加精准化

政府职能精准化是指机构调整后具体职能的定位精准化和公职人员履职能力的快速提升。虽然政府大部制改革已推进多年，但在实际机构运行中，职能暂时没理顺、人员调整后职能服务效率慢的现象依然存在，职能交叉、职能履行不到位的情况有时仍会出现。政府的经济调节、市场监管、社会管理、公共服务、生态环境保护等职能，在实际运行中，还会出现机构的交叉、重叠与盲点。例如，在具体事务上，就会出现群众为一件事反复找某一部门的现象。如果某些特定机构职能的定位模糊，群众办事遇上两次这种情况，政府在人民心中的形象就会打折扣。因此，服务型政府建设的一个主要基准点还是要在职能精准化上做文章，多从方便人民群众办事的角度出发，使政府机构和职能匹配起来，达到人民办事"最多跑一次"的效果，从人民群众一桩桩、一件件办事体验中，积累起信任政府的磅礴力量，夯实政府公信力的根基。

(三) 机构责任更加法定化

政府机构责任要法定到人，必定会提高公职人员的责任心。重塑科学高效的政府组织架构，要从责任机构和责任人上下功夫。政府行政效能的提升，最终还是要落实到人，看人的执行力如何。习近平总书记曾在多个场合多次讲到机构责任不明确带来的形式主义、官僚主义无序泛滥的危害。问题表现在下面，但根子在上面。习近平总书记明确要求："中央政治局的同志不仅要带头不搞形式主义、官僚主义，而且要同形式主义、官僚主义的种种表现进行坚决斗争。"当前，有些政府机构责任不明确，没有分解到人，是形式主义、官僚主义产生的主要原因。2018年，中共中央办公厅印发了《关于统筹规范督查检查考核工作的通知》，在广大党员干部和人民群众中引起了热烈反响。这份公文针对当前督查检查考核过多过频的问题，强调要从源头抓起，加强总量控制和计划管理，抓住了解决基层干部群众"痛点""难点"的根本。当前，党中央高度重视政府机构责任的认领工作，目的就是从源头上切断形式主义、官僚主义的传播链。因此，服务型政府建设要从根本上解决公职人员的责任心问题，从法律上界定机构责任，强化公职人员对人民的法定履职能力，严格执行敬业爱岗爱人民的工作准则，有利于各级政府机构知重负重、攻坚克难的实际行动，有力诠释对党的忠诚、对人民的赤诚，树立人民政府的光辉形象。

二 活化政府动力机制

活化政府动力机制是服务型政府建设中提高机关行政效能的关键机制，有助于从源头治理上破解懒政、惰政、不作为对服务效能的无效消解，是不断增强思想政治教育战斗力的内在激励机制。政府运行动力机制通畅是提升政府行政效能的关键，涉及政府体制的优化、公职人员履职激励与能力再造等方面。

(一) 建立落实能力激励机制

政府执行力指公职人员有效落实党中央重大决策部署的能力。如

第六章　思想政治教育视阈下新时代中国服务型政府建设的对策 ◆◇◆

果政府公职人员不沉下心来狠抓落实，再好的目标、再好的蓝图，也只是镜中花、水中月。这就要求政府部门敢于负责，勇于担当，善作善成。过去一段时间以来，区域化、碎片化的属地治理模式虽然小有成效，但在涉及一些重大公共服务问题的治理上，多地出现推诿、扯皮、踢皮球的现象，极大地损害了政府公信力。改革再出发，我们等不起，也慢不得。服务型政府建设就是要提升政府的服务质量，就是要贯彻落实公共决策的精准度、提高决策的质量和提升群众满意度。政府的好口碑都是干出来的，不能空喊口号、纸上谈兵，不能习惯以文件贯彻文件、以会议贯彻会议，传达会议只求"第一时间"，不求实际效果。实干担当就是要"干"字当头，发扬"钉钉子"精神，一任接着一任干，不达目的誓不罢休。服务型政府建设就是要提升治理质量，就要有区域集体行动机制。在区域协同背景下，各级地方政府都是利益博弈的主体，如果合作主体的权限与利益不对称，二者就没有合作的可能性。因为一些博弈者的权力可能导致他们需要从合作协议中获得更多，协议达成时，较强势的博弈者将能够从成果分配中要求更多。"某些资本密集型的基础设施项目，比如供水和排污处理系统的平均成本下降，人口最多的城市可能要求更大的权力。因为按其规模和权限，它也能独立运作这个项目，甚至没有必要与其他政府合作。如果他们与其他政府合作供给这种服务，它们可能迫使低一级政府的城市承担与其实力不相称的成本。"[1] 在集体行动的制度框架下，比克斯和斯坦因（Bickers and Stein 2002）提供了不同层级政府合作的案例。他们认为，"潜在的溢出效应促使各级政府的民选官员合作起来以引进项目至某一地区。决策者之间的合作包括立法者和地方政府官员之间正式的和非正式的集体行动。"[2]

---

[1] ［美］理查德·菲沃克：《大都市治理——冲突、竞争与合作》，重庆大学出版社2012年版，第34页。
[2] Bickers and Stein, "Interlocal Cooperation and the Distribution of Federal Grant Awards", *Journal of Politics*, 2002, p.5.

(二) 建立权责对等机制

政府机制的活力来自对人民事业的无限忠诚，根植于权力与责任的坚定履行。"新官理旧事"制度是政府信守承诺的工作创新，也是服务型政府建设的重要内容。习近平总书记指出，我们要一张蓝图绘到底。地方干部交接的是权力，更是责任。政府要信守承诺，决不能"新官不理旧账"。在人民群众眼里，无论是新官还是旧官，事情的解决就是要靠具体部门，有事就要找政府，新官不理旧事就是政府脱责、不负责任，政府就是没有信用。因此，服务型政府创新的基点就是解决人民利益最大化的实现问题，是以人民在新时代的新需要为坐标原点。一是在解决问题上下真功夫提升政府公信力。服务型政府最需要解决的就是群众难题，需要弥补由问题带来的缺陷和伤害，而不是倒推责任问题。群众利益无小事，政府部门要以"钉钉子"精神做实做细做好各项工作。政府的信誉来自广大人民群众的认可，为人民服务的真谛就是为人们解决好衣食住行等关乎切身利益的问题。政府依靠自身行动来化解人民心中的怨念，才能获得人民的认可。人民的心中都有一杆公平秤，人民对政府的认同、对国家的认同，都来自政府真心实意的服务。唯有如此，人民内心才会植入爱国的种子，才会自觉践行社会主义核心价值观，整个国家的向心力才会聚集。二是建设服务型政府要靠实绩说话。习近平总书记指出，"改革进行到今天，抓改革、抓落实的有利条件越来越多，改革的思想基础、实践基础、制度基础、民心基础更加坚实"，各级政府在管理体制改革上要更加注重落地效应。再好的政策设计，再好的服务理念，如果不落实，就是一张无用的废纸。服务型政府创新要体现在民生领域的投入机制上，对那些周期长、投入大、见效慢、短期不容易评价的领域，政府应注重体制上保障与创新方式的结合，达成人民获得福利的目的。三是提高政府应对舆情的能力。舆情应对能力是服务型政府建设亟须提高的一种本领。面对突发事件，政府对于事件来龙去脉必须有充分的把握,加强线上线下宣传关口,及时进行发声与回应。尤其要解决好一些重大领域的突发敏感事件,规避政府避责的思想风险,对有关部门反应不迅速,存在不敢说、不愿说、不会说的问题,要及时决断要不要发声、由谁发声、何时发声、怎么发声问题,防范个别问题被自媒体舆论炒作,对政府形象造成某种恶劣的影响。

(三)切实用好"好差评"制度

建立政务服务绩效由企业和群众共同评判的"好差评"制度,是践行以人民为中心发展理念,创新行政方式,提高行政效能,对接群众需求,实施服务供给侧结构性改革的重要决策部署;是服务型政府建设深化"放管服"改革的延伸。这个制度设计很好地发挥了政府的监督作用,也是增强人民对政府满意度的重要平台,扩大了人民参政议政的机会。人民群众利用这个平台,有了对政府政务评价的抓手,拉近了群众与政府部门的心理距离,反映出人民对政府服务的直观评价。同时,这个制度设计展现了政府对自身服务能力向好的一种信心,也是激励监督公职人员全心全意为人民服务的一项主要举措。"好差评"制度着眼于"确保每个政务服务事项均可评价,每个政务服务机构、政务服务平台和人员都接受评价,每个办事企业和群众都能自愿自主真实评价,每个差评都得到整改"的设计理念,大大激活了政府微观运行机制的大循环,使机构、平台、公职人员的效能在政务服务中得到实事求是的检验和判断,促进政务服务质量持续提升,树立政府真心真意为人民服务的形象。

三 细化政府服务机制

细化政府服务机制是服务型政府建设中提高机关行政效能的主要机制,有助于政府从综合治理上破解服务空间、服务时间局限对服务效能的无效拖延,这也是不断增强思想政治教育凝聚力的有效载体。政府要获得人民发自内心的认同,改善服务细节和方式,是今后努力的重要方向。人民对政府满意度的提升,都是从一些服务细节开始的,人民群众更为关注办事如何更便利,才能增强对政府的认同感。因此,服务端口上移,线上线下服务方式齐抓共管,形成一套方便快捷的服务机制,打造好效能型政府。

(一) 建立双线融合服务机制

现代政治理论认为,政府公信力是政府合法性以及政府与民众关系的具体体现,是指在社会生活中,政府掌握公共权力后,在面对社会个体的差异进行利益分配时,提出恰当的方案,并凭借公正、高效、廉洁等具体的方式和途径加以实施,以争取广大民众认可政府施政能力。随着"互联网+"新时代浪潮的到来,政府为民服务也紧跟变化的节奏,创新型政府正是这一时代的产物。互联网的服务模式已是大势所趋,政务服务的网上创新是建设服务型政府的新方式。李克强总理指出,推进线上线下融合,五年内全面实现全城通办、就近能办、异地可办,打造"不打烊"的"数字政府"。"最多跑一次"成为新时代服务型政府政务服务的标配,但在现实办理业务的过程中,由于多种因素的制约,一些纸质材料的准备需要花费时间,不能马上实现"最多跑一次"的服务理念。因此,服务型政府建设应建立网上办公的细化清单制度,要激活"线上"办公平台,标注每项业务办理需要递交的材料清单和流程,实施清单跟踪制度,让群众足不出户就能够了解相关业务办理的前期准备材料和注意事项,使"最多跑一次"的服务理念落实落细落地。政府为民服务从线下到线上的创新融合,将过去"群众跑腿"成功转变为"网络直达",更方便民众办事,提升了服务型政府的服务绩效。"线上服务平台提高了群众的办事效率,提升了服务水准;解决了服务群众最后一公里瓶颈问题,让群众获得更多幸福感;促进了政府管理服务水平的不断提高,社会公信力稳步提升"[①],使政府治理体系和治理能力现代化向前推进一大步。同时,新时代也对政务服务提出更高的硬件和软件要求,

---

[①] 张正:《着力建设创新型政府》(http: //www.sohu.com/a/277349288_100189800)。

第六章　思想政治教育视阈下新时代中国服务型政府建设的对策 ◆◇◆

加强部门横向与纵向的数据联盟建设，建立中央与地方大数据的共享机制。特别要针对不同的群体，保留线下服务的优先性，比如，一些老人、偏远地区的人们，没有条件实现网上办事的能力，线下服务就要实现"最多跑两次"的举措，第一次跑，了解清楚办事要递交的材料，第二次跑就可以办好。或者对于一些行动不便的老人进行上门服务，让困难群众少跑腿，少烦心，以精心细心贴心服务直达群众内心，让人民群众切身感受到政府服务能力的创新。

（二）建立政务服务上移机制

服务上移、身段下移是新时代服务型政府建设着力要实现的服务设计机制。李克强总理指出，要尽量让企业和群众"办事不求人"，这是衡量服务型政府建设成效的"试金石"。政府各部门要认真梳理企业和群众办事最烦、最难的领域和环节，看看办理哪些事项需要反复跑，哪些窗口排队时间最长，要有针对性地采取措施、各个纾困。受传统计划经济体制的影响，个别地区的地方政府及公职人员还保留着等人上门要服务的想法，还没有完全摒弃"端着饭碗"的服务理念，这种想法与服务方式是与新时代变革需要严重脱节的，服务型政府就是要打造理念和实践的新样态，实现公共服务体系的再造与升级。为有效满足人民群众日益增长的美好生活需要，政府公共服务供给类型、途径、体系也要进行与时俱进的变革。政府"要通过公共政策的有效引导增强基本公共服务供给能力，调动市场力量增加非基本公共服务供给，围绕教育、卫生健康、养老等领域为人民群众提供便捷高效、公平可及的公共服务。进一步完善区域发展政策，加大基本公共服务投入，健全政府主导、社会参与、全民覆盖、普惠共享、城乡一体、可持续的基本公共服务体系，在逐步缩小城乡区域发展差距基础上建立起权责清晰、财力协调、标准合理、保障有力的基本公共服务制度体系和保障机制"①。另外，现在有些涉及银行、社保等问

---

① 任勇：《服务型政府建设在改革开放中深入推进》，《人民日报》2018年9月20日。

题的办理流程，都要求本人实名、拍照，但有些老人身体状况不适合出门办理，这就要求政府破解技术难题，推动实现业务"手机办"，运用人脸识别技术进行身份资格认证，工作人员上门服务，体现服务型政府为人民服务的真心、实心。

（三）建立"最多跑一次"的服务机制

新时代，服务型政府政务业务办理要充分发挥互联网大数据的作用与价值，优化人民群众"跑一次"的办事流程。"最多跑一次"是指通过优化办理流程、整合政务资源、融合线上线下渠道、打破部门藩篱、创新办事手段等方式，使群众和企事业单位到政府办理一件事，在申请材料齐全、符合法定条件的情况下，从政府部门受理申请到形成办理结果的全过程只需要一次上门甚至是零上门。"最多跑一次"的服务改革使便民、惠民政策达到了一个新高度，体现了服务型政府建设的根本目的。在政府服务中，"宁可让政府机构、公务人员多跑腿，也要让人民群众少跑腿不跑腿，充分释放改革红利，真正做到实现好、维护好、发展好最广大人民的根本利益，使发展成果更多更公平惠及全体人民"[①]。"最多跑一次"的制度设计，统筹推进了政府各项改革创新，推出政府部门权力清单、责任清单、公共服务事项清单、行政审批中介服务事项清单、材料证明清单等等。清单制度把政府权力与责任打包装进"制度笼子"，政府以自身服务"革命"，换取人民群众长远的"实惠"利益。"最多跑一次"机制理顺并优化了政府条块之间、部门之间和上下级之间的职权范围，打破信息孤岛，实现地方数据共享、资源优化整合，进一步实现了政府职能的创新优化，使人民群众更直观感受到政府公职人员为民服务的耐心，使政府与人民更加同心同德。

---

① 许耀桐：《打造人民满意的服务型政府的生动实践》，《学习时报》2018年5月16日。

结　语

　　建设人民满意的服务型政府是当前我们党治国理政面临的一项重大理论和实践命题。中国特色社会主义进入新时代，习近平新时代中国特色社会主义思想对服务型政府建设提出了新的更高要求，指明了前进方向。在思想政治教育视阈下研究服务型政府建设，旨在通过探讨思想政治教育有效性与服务型政府建设的内在逻辑关系，揭示有效的思想政治教育对服务型政府建设的建构功能，增强政府公信力和执行力，提升其行政效益、效率与效能，积极打造让人民满意的服务型政府。当前，党和政府高度重视思想政治教育有效性对政府公信力的激励价值，贯彻落实以人民为中心发展思想的实现效度，以及人民群众在政府公共服务中获得感、幸福感、安全感的满意程度。本书对前人研究成果进行了深度学习与借鉴，很多研究成果的观点、视野都是本书写作必不可少的理论依据与思想资源。同时也发现，学界把思想政治教育有效性理论嵌入人民满意的服务型政府建设的研究并不多见。因此，本书在思想政治教育视阈下对我国服务型政府建设研究进行了问题梳理、价值阐释与体系构建。

　　问题导向是本书的逻辑起点。基于一定时期我国思想政治教育有效性不足及服务型政府建设效能不佳的现状，本书提出政府应该成为思想政治教育的重大主体这一命题，认为提升思想政治教育有效性的关键在于政府搞好自身建设。由此，本书在思想政治教育视阈下对我国服务型政府建设进行了历时考察和实时考察后，发现在我国服务型政府建设的历史进程中,思想政治教育有效性一直是影响政府公信力提升不可或缺的重要元素。因此,本书在新时代服务型政府建设的路径探索中,注入了思想政治教育有效性提升的关键要素,在理念、目标、原则、机制构建中强化政府自我道德的培育与实践。在以人民为中心的发展思想指导下,服务型政府应着重加强自身的思想政治教育,成为社会思想道德的榜样;服务型政府应在公共行政过程中提高为民服务的效率与质量,成为提升政风行风的典范;服务型政府应在全面从严治党指引下加强对政府公职人员的政德建设,成为以党风促民风的标杆。

建设服务型政府是人民智慧与政府力量的聚力过程,应以社会主义核心价值观为准绳,坚持知行合一原则,破解政府在权力场、利益场、关系场中实现应然角色的困境,有效推进政府思想政治教育建设,这是今后努力研究的方向。

主要参考文献

一 经典文献类

《马克思恩格斯全集》第 1 卷，人民出版社 1956 年版。
《马克思恩格斯全集》第 3 卷，人民出版社 1960 年版。
《马克思恩格斯全集》第 23、27 卷，人民出版社 1972 年版。
《马克思恩格斯全集》第 36 卷，人民出版社 1975 年版。
《马克思恩格斯全集》第 45 卷，人民出版社 1985 年版。
《马克思恩格斯全集》第 46 卷（上），人民出版社 1979 年版。
《马克思恩格斯文集》第 1—10 卷，人民出版社 2009 年版。
《列宁全集》第 14 卷，人民出版社 1988 年版。
《列宁全集》第 47 卷，人民出版社 1990 年版。
《列宁选集》第 1—2 卷，人民出版社 2012 年版。
《毛泽东文集》第 1—2 卷，人民出版社 1993 年版。
《毛泽东文集》第 7 卷，人民出版社 1999 年版。
《毛泽东选集》第 1—4 卷，人民出版社 1991 年版。
《建国以来毛泽东文稿》第 10 册，中央文献出版社 1996 年版。
《毛泽东著作专题摘编》（下），中央文献出版社 2003 年版。
《毛泽东新闻工作文选》，新华出版社 2014 年版。
《邓小平文选》第 1—2 卷，人民出版社 1994 年版。
《邓小平文选》第 3 卷，人民出版社 1993 年版。

《邓小平年谱（1975—1997）》（上、下），中央文献出版社2004年版。

《江泽民论有中国特色社会主义》（专题摘编），中央文献出版社2002年版。

《江泽民文选》第1—3卷，人民出版社2006年版。

《江泽民思想年编（1989—2008）》，中央文献出版社2010年版。

《胡锦涛文选》第3卷，人民出版社2016年版。

《习近平谈治国理政》，外文出版社2014年版。

《习近平关于全面从严治党论述摘编》，中央文献出版社2016年版。

《习近平谈治国理政》第2卷，外文出版社2017年版。

《中国共产党第十九次全国代表大会文件汇编》，人民出版社2017年版。

二 著作类

艾四林：《新时代如何办好思想政治理论课》，人民出版社2019年版。

陈秉公：《思想政治教育学原理》，辽宁人民出版社2000年版。

陈汝东：《新兴修辞传播学理论》，北京大学出版社2011年版。

陈万柏、张耀灿：《思想政治教育学原理（第三版）》，高等教育出版社2015年版。

陈万柏、张耀灿主编：《思想政治教育学原理》，高等教育出版社2018年版。

戴木才：《中国人的美德与核心价值观》，中国人民大学出版社2015年版。

甘绍平：《伦理学的当代建构》，中国发展出版社2015年版。

高瑞泉：《中国近代社会思潮》，华东师范大学出版社1996年版。

高晓红：《政府伦理研究》，中国社会科学出版社2008年版。

顾红亮：《论责任》，上海人民出版社2017年版。

郭彩琴、宋国英：《城乡教育一体化战略研究》，苏州大学出版社2014年版。

韩庆祥、张艳涛：《论"四个伟大"》，北京联合出版有限公司2018年版。

何理：《思想政治理论课话语体系生成和发展研究》，人民出版社2015年版。

何一成：《融合与创新：马克思主义思想政治教育理论中国化的历程和经验》，社会科学文献出版社2004年版。

何毅亭：《论中国特色社会主义制度》，人民出版社2020年版。

侯惠勤：《马克思的意识形态批判与当代中国》，中国社会科学出版社2010年版。

侯惠勤等：《国外马克思主义意识形态研究著作评析》，中国社会科学出版社2015年版。

姜建成：《高校马克思主义理论研究向实践转化论》，苏州大学出版社2016年版。

李春华：《思想政治教育若干重大问题研究》，中国社会科学出版社2015年版。

李德顺：《价值论》，中国人民大学出版社2013年版。

李辉：《现代思想政治教育环境研究》，广东人民出版社2005年版。

李培超：《自然的伦理尊严》，江西人民出版社2001年版。

李征：《马克思恩格斯思想政治教育理论与实践研究》，北京大学出版社2011年版。

李志平：《地方政府责任伦理研究》，湖南大学出版社2010年版。

厉以宁：《超越市场与超越政府》（修订版），经济科学出版社2010年版。

厉以宁：《经济学的伦理问题》，生活·读书·新知三联书店1995年版。

梁剑宏：《大数据时代：思想政治教育环境新论》，光明日报出版社

2015 年版。

刘波：《地方政府治理》，清华大学出版社 2015 年版。

刘从德：《因时循势：多维视域中的思想政治工作》，人民出版社 2020 年版。

刘建军：《马克思主义基本原理与当代中国思想政治教育专题研究》，中国人民大学出版社 2015 年版。

刘建军：《寻找思想政治教育的独特视角》，中国人民大学出版社 2016 年版。

刘建军：《中国共产党思想政治教育的理论与实践》，中国人民大学出版社 2008 年版。

刘祖云：《行政伦理关系研究》，人民出版社 2007 年版。

骆郁廷：《思想政治教育引论》，中国人民大学出版社 2018 年版。

骆郁廷：《思想政治教育原理与方法》，高等教育出版社 2010 年版。

麻宝斌：《社会正义与政府治理：在理想与现实之间》，社会科学文献出版社 2012 年版。

马俊峰：《马克思主义价值理论研究》，北京师范大学出版社 2012 年版。

倪愫襄：《思想政治教育元问题研究》，中国社会科学出版社 2014 年版。

潘天群：《博弈生存》，凤凰出版社 2010 年版。

潘晓珍：《政府的道德责任》，广东人民出版社 2008 年版。

钱东平：《政府的德性论》，江苏人民出版社 2005 年版。

秦宣：《中国特色社会主义重大问题研究》，中国人民大学出版社 2019 版。

邱柏生：《高校思想政治教育的生态分析》，上海人民出版社 2009 年版。

邱柏生、董雅华：《思想政治教育学新论》，复旦大学出版社 2012 版。

邱仁富：《思想政治教育话语论》，上海交通大学出版社 2013 年版。

邱伟光、张耀灿：《思想政治教育学原理》，高等教育出版社 1999 年版。

沈壮海：《思想政治教育有效性研究》武汉大学出版社 2016 年版。

孙其昂：《思想政治教育学前沿研究》，人民出版社 2013 年版。

孙荣：《政治学教程》，同济大学出版社 2007 年版。

唐文武：《网络视角下的思想政治教育方法新探》，西南交通大学出版社 2014 年版。

陶艳华：《马克思政治伦理思想研究》，人民出版社 2009 年版。

田鹏颖：《社会工程哲学引论》，人民出版社 2006 年版。

田心铭：《论学习马克思主义》，中国社会科学出版社 2014 年版。

田芝健：《和谐社会视域中苏南弱势群里权益保护研究》，生活·读书·新知三联书店 2012 年版。

万俊人：《现代性的伦理话语》，黑龙江人民出版社 2002 年版。

汪玉凯：《如何建设一个公平正义廉洁有为的政府》，人民出版社 2014 年版。

王嘉：《网络意见领袖研究：基于思想政治教育视域》，中国文史出版社 2014 年版。

王明生：《社会主义核心价值观研究丛书·富强篇》，江苏人民出版社 2015 年版。

王树荫：《中国共产党思想政治教育史》（第二版），中国人民大学出版社 2016 年版。

王伟：《行政伦理概述》，人民出版社 2001 年版。

王学俭：《思想政治教育理论与实践问题的研究视角》，中国人民大学出版社 2017 年版。

王学俭：《现代思想政治教育前沿问题研究》，人民出版社 2008 年版。

魏波：《中国转型的系统困境与改革方略》，北京大学出版社 2014 年版。

吴琼：《思想政治教育话语发展研究》，中国社会科学出版社 2017年版。

武东生等：《中国古代思想政治教育史》，南开大学出版社 2013年版。

夏东民：《中国特色社会主义科学发展论》，人民出版社 2010 年版。

夏美武：《当代中国政治生态建设研究》，中国社会科学出版社 2014年版。

熊建生：《思想政治教育内容结构论》，中国社会科学出版社 2012年版。

杨光斌：《中国政治变革中的观念与利益》，中国人民大学出版社 2012 年版。

杨金华：《历史虚无主义的生成机理及其克服》，中国社会科学出版社 2015 年版。

杨龙：《新型工业化背景下的政府职能研究》，天津人民出版社 2011年版。

杨昕：《中国共产党意识形态话语权研究》，社会科学文献出版社 2015 年版。

杨威：《思想政治教育的社会学研究》，中国社会科学出版社 2014年版。

尹保红：《政府信任危机研究》，国家行政学院出版社 2014 年版。

宇文利：《现代思想政治教育课程论》，北京大学出版社 2012 年版。

张彬：《中国政府过程中的利益综合问题研究》，光明日报出版社 2013 年版。

张国庆：《话语权：美国为什么总是赢得主动》，江苏人民出版社 2011 年版。

张国庆：《媒体话语权：美国媒体如何影响世界》，中国人民大学出版社 2012 年版。

张康之：《公共管理伦理学》，中国人民大学出版社 2003 年版。

张康之:《公共行政中的伦理视角》,中国人民大学出版社 2002 年版。

张伟、郭彩琴:《苏州城乡社区治理模式创新探索》,苏州大学出版社 2015 年版。

张学森:《核心价值观的历史演进与当代构建》,人民出版社 2014 年版。

张耀灿:《思想政治教育学原理》,华中师范大学出版社 1988 年版。

张耀灿、郑永廷等《现代思想政治教育学》,人民出版社 2001 年版。

张耀灿等:《思想政治教育学前沿》,人民出版社 2006 年版。

张耀灿等:《现代思想政治教育学》,人民出版社 2006 年版。

张有奎:《资本逻辑与虚无主义》,中国社会科学出版社 2018 年版。

张瑜:《高校网络思想政治教育发展与创新研究》,人民出版社 2014 年版。

章延杰:《政府信用论》,上海人民出版社 2007 年版。

赵兴宏:《思想政治教育理论与实践若干问题研究》,社会科学文献出版社 2015 年版。

钟哲:《行政伦理视域下地方政府创新研究》,人民出版社 2015 年版。

周新城:《马克思主义与中国经济改革》,经济日报出版社 2017 年版。

朱炳元:《中国道路研究》,中国社会科学出版社 2019 年版。

朱汉国等:《当代中国社会思潮研究》,北京师范大学出版社 2012 年版。

[德] 泡尔生:《伦理学原理》,蔡元培译,北京理工大学出版社 2013 年版。

[德] 韦伯:《新教伦理与资本主义精神》,马奇炎译,北京大学出版社 2012 年版。

[法] 卢梭:《社会契约论》,李平沤译,商务印书馆 2003 年版。

[古希腊] 柏拉图:《理想国》,商务印书馆 2002 年版。

[古希腊] 亚里士多德:《尼各马科伦理学》,苗力田译,中国社会科学出版社 1999 年版。

［古希腊］亚里士多德：《政治学》，商务印书馆1997年版。

［美］福山：《信任：社会美德与创造经济繁荣》，广西师范大学出版社2016年版。

［美］富勒：《法律的道德性》，郑戈译，商务印书馆2005年版。

［美］库珀：《行政伦理学：实现行政责任的途径》，张秀琴译，中国人民大学出版社2010年版。

［美］罗伯特·诺奇克：《无政府国家和乌托邦》，姚大志译，中国社会科学出版社2008年版。

［美］罗尔斯：《正义论》，中国社会科学出版社2003年版。

［美］迈克尔·罗斯金：《政治科学》，中国人民大学出版社2009年版。

［美］迈克尔·舒德森：《好公民——美国公共生活史》，郑一卉译，北京大学出版社2014年版。

［美］麦金太尔：《追寻美德》，译林出版社2003年版。

［美］梅里利·S.格林德尔：《打造一个好政府：发展中国家公共部门的能力建设》，商务印书馆2015年版。

［美］托马斯·R.戴伊：《理解公共政策》（第十二版），中国人民大学出版社2011年版。

［瑞］博·罗斯坦：《政府质量：执政能力与腐败、社会信任和不平等》，蒋小虎译，新华出版社2012年版。

［印］阿马蒂亚·森：《以自由看待发展》，任赜、于真译，中国人民大学出版社2002年版。

［英］阿克顿：《自由与权力》，侯健、范亚峰译，商务印书馆2001年版。

［英］边沁：《政府片论》，沈叔平等译，商务印书馆1995年版。

［英］戴维·米勒：《社会正义原则》，应奇译，江苏人民出版社2001年版。

［英］哈耶克：《自由秩序原理》，生活·读书·新知三联书店1997

年版。

[英] 洛克：《政府论》，叶启芳、瞿菊农译，商务印书馆 1964 年版。

[英] 密尔：《代议制政府》，汪瑄译，商务印书馆 1982 年版。

[英] 亚当·斯密：《道德情操论》，商务印书馆 1997 年版。

三　期刊类

艾四林：《党的十九大与社会主义现代化理论的丰富和发展》，《思想理论教育导刊》2017 年第 12 期。

艾四林、柯萌：《马克思对传统人的解放理论的超越及其当代意义》，《思想教育研究》2018 年第 5 期。

陈桂生：《德育目标引论》，《北京大学教育评论》2003 年第 4 期。

陈庆超：《环境美德伦理视域下："雾霾"的道德责任考量》，《社会科学文摘》2016 年第 01 期。

陈晓辉：《政府领导干部做思想政治工作应处理好"三大关系"》，《求实》2000 年第 5 期。

迟方旭：《四份涉及历史虚无主义民事判决书的判决共识及其历史意义》，《世界社会主义研究》2016 年第 1 期。

戴锐：《思想政治教育生态论》，《理论与改革》2007 年第 2 期。

方世南：《马克思恩格斯关于美好生活的生态权益向度思想研究》，《毛泽东邓小平理论研究》2018 年第 12 期。

方世南：《习近平生态文明思想的永续发展观研究》，《马克思主义与现实》2019 年第 2 期。

冯宏良：《社会主义转型时期的社会生态分析》，《学术交流》2009 年第 4 期。

龚群：《亚里士多德德性伦理的几个问题》，《社会科学辑刊》2016 年第 1 期。

郭彩琴：《教育需求：城乡教育一体化发展的动力保障》，《内蒙古社会科学》（汉文版）2014 年第 3 期。

郭彩琴：《论马克思恩格斯的教育公平观》，《马克思主义研究》2007年第1期。

郭彩琴：《马克思主义城乡融合思想与我国城乡教育一体化发展》，《马克思主义研究》2010年第3期。

郭彩琴、卓成霞：《挑战与创新：新型城镇化进程中的府际合作》，《深圳大学学报》（人文社会科学版）2014年第3期。

郭济：《重视和加强思想政治工作促进政府自身建设》，《中国行政管理》2000年第5期。

郭婷婷、范俊峰：《五大发展理念引领网络思想政治教育创新发展》，《中国冶金教育》2018年第3期。

何毅亭：《中国共产党是最高政治领导力量》，《学习时报》2019年第5期。

侯惠勤：《实事求是是创造新的历史伟业的思想保证》，《马克思主义研究》2019年第10期。

侯勇：《权力话语与话语权力：思想政治教育话语权建构与转型》，《理论与改革》2016年第3期。

姜建成：《人民立场：习近平新时代中国特色社会主义思想的价值根基》，《苏州大学学报》（哲学社会科学版）2017年第6期。

姜建成：《五大发展理念四维解析》，《中国特色社会主义研究》2017年第3期。

姜明生：《服务型政府及其治理——政治与道德之间的领导者》，《理论探讨》2008年第4期。

黎池：《论经济运行中政府制度德性及其伦理功能》，《湘潭工学院学报》2003年第3期。

黎海燕：《论休闲时代思想政治教育话语权的流失、风险与重构》，《西南大学学报》（社会科学版）2015年第2期。

黎海燕、张忠江：《符号、符号暴力与思想政治教育话语权的重构》，《学术论坛》2015年第2期。

李朝智：《社会转型期政府思想政治工作的环境、特征探微》，《理论月刊》2001年第3期。

李欧：《论政府机关思想政治工作的基准点》，《北京行政学院学报》2001年第2期。

李英：《关于加强县级政府工作人员思想政治教育管理建设思考》，《辽宁行政学院学报》2015年第5期。

梁柱：《历史虚无主义思潮的泛起、特点及其主要表现》，《马克思主义研究》2013年第10期。

梁柱：《怎样才能做到真正的历史清醒》，《红旗文稿》2015年第7期。

梁祖秀：《思想政治教育与德育内涵解析》，《四川教育》2011年第10期。

刘从德：《习近平新型国际关系思想中的中华优秀传统文化基因》，《社会主义研究》2017年第3期。

刘建军：《论思想政治教育的科学化》，《教学与研究》2011年第2期。

刘建军：《马克思主义经典作家论思想政治教育的意义》，《西北师大学报》（社会科学版）2019年第6期。

刘建军：《思想政治教育要发挥真理的魅力》，《思想理论教育导刊》2011年第8期。

刘建军：《思想政治教育主客体难题的哲学求解》，《教学与研究》2016年第2期。

刘世敏：《政府德性行政的构建路径探析》，《哈尔滨学院学报》2015年第11期。

刘书林：《教育引导学生树立社会主义和共产主义理想信念》，《思想理论教育》2019年第4期。

刘献君：《迎难而上推进思想政治教育进网络》，《中国高等教育》2001年第Z1期。

刘志坚、孔德播：《环境行政管理的道德性要求》，《理论月刊》2015年第7期。

刘祖云：《和谐社会与政府德性——以政府与社会伦理关系为视角》，《中国行政管理》2005年第12期。

刘祖云：《政府与官员的关系：道德冲突与伦理救治》，《学海》2008年第1期。

卢岚：《现代思想政治教育社会生态论》，《理论与改革》2008年第1期。

罗平汉：《关于历史虚无主义问题的几点浅见》，《晋阳学刊》2016年第1期。

罗生根：《德性的功能及其限度——以中国传统道德为中心的讨论》，《南昌大学学报》2009年第6期。

骆郁廷：《论网络思想政治教育的主体与客体》，《马克思主义与现实》2016年第2期。

孟国忠：《把握思想政治工作话语权应强化阵地意识》，《学校党建与思想教育》2017年第3期。

穆艳杰：《以"两山"思想为主要内容的习近平生态文明思想与中国实践分析》，《思想理论教育导刊》2018年第6期。

穆艳杰：《中国新型政党制度的特色与优势分析》，《学术前沿》2018年第4期。

彭德福：《关于"新媒体时代"基层政府思想政治工作的几点思考》，《才智》2015年第9期。

齐彪：《深入理解和全面把握反对历史虚无主义的重大课题》，《中共党史研究》2016年第4期。

钱广荣：《"思想政治教育生态论"献疑》，《高校理论战线》2010年第8期。

秦宣：《习近平新时代中国特色社会主义思想的主题、内容和逻辑结构》，《马克思主义研究》2019年第10期。

秦跃晋：《政府机关思想政治工作的原则及方法》，《山西政报》2000年第10期。

邱柏生、李敏：《交叉学科视野下的思想政治教育创新发展》，《思想教育研究》2014年第10期。

邱柏生、刘巍：《试论思想政治教育学科建设的协同创新》，《东南大学学报》（哲学社会科学版）2014年第6期。

邱仁富：《中国特色思想政治教育话语权建构》，《学术论坛》2015年第8期。

佘双好：《思想政治教育学科发展现状与发展路径的回溯与展望》，《思想理论教育导刊》2012年第12期。

沈壮海：《思想政治教育学科的新自觉与新未来》，《马克思主义理论学科研究》2015年第1期。

沈壮海：《思想政治教育研究的学术规范》，《思想理论教育导刊》2012年第10期。

沈壮海、史君：《推动思想政治教育与信息技术的高度融合》，《国家教育行政学院学报》2017年第1期。

田心铭：《中国特色社会主义制度是人类制度文明史上的伟大创造》，《马克思主义研究》2019年第10期。

田芝健：《国家治理体系和治理能力现代化的价值及其实现》，《毛泽东邓小平理论研究》2014年第1期。

田芝健：《深化行政体制改革建设优质服务型地方政府》，《唯实》2015年第3期。

王传礼：《生态化：思想政治教育新方向》，《党政干部论坛》2010年第9期。

王刚：《"个人日报"模式下的"信息茧房"效应反思》，《青年记者》2017年第29期。

王华俊：《当代中国德育目标的解构和重建：基于传统德育理念的思考》，《扬州大学学报》2012年第5期。

王继奎、常永军：《政府道德：政府行政能力建设的伦理基础》，《吉林师范大学学报》（人文社会科学版）2009年第1期。

王丽、张志泽：《治理视野下的政府思想政治工作价值取向》，《中共四川省委省级机关党校学报》2004年第2期。

王明生：《从校史文化汲取培育与践行社会主义核心价值观的精神营养》，《思想教育研究》2015年第12期。

王明生：《正确理解与认识坚持以人民为中心的发展思想》，《南京社会科学》2016年第6期。

王浦劬、季程远：《新时代国家治理的良政基准与善治标尺——人民获得感的意蕴和量度》，《中国行政管理》2018年第1期。

王学俭、顾超：《思想政治教育整体性协同创新》，《湖北社会科学》2016年第12期。

王学俭、郭绍均：《思想政治教育研究范式：体系、问题与建构》，《思想教育研究》2015年第3期。

王学俭、魏泳安：《论新时期马克思主义理论学科建设》，《思想理论教育》2015年第7期。

王易：《社会思潮是高校思想政治教育的重要内容》，《思想教育研究》2016年第1期。

韦吉锋：《对网络思想政治教育界定的立体考察》，《扬州大学学报》（高教研究版）2003年第1期。

魏波：《民主与教育的互动机制探讨》，《社会科学》2014年第2期。

温小平、符成彦：《思想政治教育叙事转向与国际传播》，《思想教育研究》2018年第5期。

吴莹：《政府部门信访工作人员思想政治教育中人文关怀的缺失及应对》，《亚太教育》2016年第3期。

夏东民：《坚持党的群众路线的若干核心要素》，《河南社会科学》2013年第11期。

夏东民：《马克思主义中国化理论创新规律探析》，《马克思主义研究》2009 年第 2 期。

肖丹：《什么是可能最好的政府？——卢梭的应答》，《武汉科技大学学报》（社会科学版）2014 年第 5 期。

肖文涛、黄学坚：《全媒体时代网络舆论场力量对比失衡问题探析》，《中国行政管理》2015 年第 8 期。

谢玉进、赵玉枝：《新时代网络思想政治教育的新矛盾及其新要求》，《思想政治教育研究》2019 年第 1 期。

徐邦友：《政府服务的三个理论基础》，《江苏社会科学》2007 年第 1 期。

徐凌：《论责任政府道德契约的有效建构》，《广东行政学院学报》2013 年第 5 期。

宣仕钱：《思想政治教育生态系统的互动与偶合》，《求实》2006 年第 6 期。

杨金亮：《加强政治思想工作是政府的重要职责》，《决策探索》1999 年第 3 期。

杨武成等：《融媒体视域下大学生思想政治教育现状及应对策略》，《高教学刊》2016 年第 20 期。

于林平：《思想政治教育与德育之比较及其理论与现实意义》，《思想政治教育研究》2010 年第 1 期。

袁贵仁：《扎实推进高校思想政治教育进网络工作》，《中国高等教育》2002 年第 12 期。

云杉：《文化自觉文化自信文化自强——对繁荣发展中国特色社会主义文化的思考》（中），《红旗文稿》2010 年第 16 期。

张凤阳：《论虚无主义价值观及其文化效应》，《南京大学学报》2003 年第 6 期。

张洪春：《论思想政治教育生态思维的价值向度》，《社会科学家》2009 年第 4 期。

张江：《公共阐释论纲》，《学术研究》2017 年第 6 期。

张金鑫、张国启：《微时代思想政治教育话语权提升的逻辑思考》，《继续教育研究》2015年第2期。

张艳涛：《互联网＋时代马克思主义基础理论研究面临的问题与挑战》，《兰州学刊》2016年第8期。

张艳涛：《历史唯物主义视域下的"中国现代性"建构》，《哲学研究》2015年第6期。

张有奎：《坚决遏制政治虚无主义倾向》，《人民论坛》2018年第2期。

张有奎：《三种不同类型的历史虚无主义及其批判》，《马克思主义与现实》2019年第1期。

章小朝：《论政府危机管理中的思想政治工作功能和路径》，《浙江师范大学学报》2013年第6期。

赵阳：《基层政府公务员思想政治教育初探》，《吉林广播电视大学学报》2015年第10期。

郑永廷：《论社会意识形态与思想政治教育的内在联系》，《中国高校社会科学》2015年第6期。

郑永廷、曹群：《坚持思想政治教育学科的话语权与主导权》，《思想教育研究》2015年第3期。

周新城：《世界上只有一个马克思主义》，《世界社会主义研究》2018年第5期。

朱炳元：《回望1949："进京赶考"再思考》，《党建》2019年第7期。

朱炳元：《论马恩对中华民族前途和命运的关注——2012年版〈马克思恩格斯选集〉关于中国问题的论述》，《马克思主义研究》2013年第5期。

四 报纸类

习近平：《把思想政治工作贯穿教育教学全过程开创我国高等教育事

业发展新局面》,《人民日报》2016年12月9日。

习近平:《举旗帜聚民心育新人兴文化展形象更好完成新形势下宣传思想工作使命任务》,《人民日报》2018年8月23日。

习近平:《开放共创繁荣创新引领未来——在博鳌亚洲论坛2018年年会开幕式上的主旨演讲》,《人民日报》2018年4月11日。

习近平:《在哲学社会科学座谈会上的讲话》,《人民日报》2016年5月19日。

于沛、郑师渠、杨军:《揭去历史虚无主义的面纱——关于历史虚无主义的对话》,《人民日报》2017年2月20日。

五 学位论文类

迟英翔:《服务型政府视角下基层公务员思想政治教育研究》,硕士学位论文,昆明理工大学,2014年。

郭绍均:《思想政治教育学科系统研究》,博士学位论文,兰州大学,2017年。

贾文青:《行政伦理视角下的我国政府公信力问题研究》,硕士学位论文,南京航空航天大学,2014年。

姜彦国:《重塑中国官德研究》,博士学位论文,吉林大学,2014年。

黎松:《德性的"精神"气质》,博士学位论文,东南大学,2017年。

李雪章:《当代中国大学生精神动力培育研究》,博士学位论文,云南大学,2016年。

刘畅:《我国公务员职业伦理精神培育研究》,博士学位论文,东北师范大学,2015年。

刘峰:《领导干部政德建设研究》,博士学位论文,中共中央党校,2013年。

刘国普:《当代中国马克思主义意识形态话语权建设研究》,博士学位论文,华南理工大学,2014年。

钱东平:《论政府的德性》,博士学位论文,南京师范大学,2004年。

任艳妮:《大众传媒环境下大学生思想政治教育传播有效性研究》,博士学位论文,西北工业大学,2015年。

帅全锋:《当代中国领导干部廉政道德建设研究》,博士学位论文,河北大学,2017年。

杨海龙:《公务员思想政治教育时代性研究》,博士学位论文,中国地质大学(北京),2015年。

杨勇诚:《风险社会视阈下地方政府公共危机治理的伦理省思》,博士学位论文,陕西师范大学,2015年。

张纲:《多元文化场域背景下马克思主义意识形态话语权建设研究》,博士学位论文,郑州大学,2016年。

六 网站类

人民网

新华网

光明网

中国政府网

求是网

思想政治教育网

七 外文类

Aldo Leopold, *A Sand County Almanac and Sketches Here and There*, New York: Oxford University Press, 1949.

Bickers and Stein, "Interlocal Cooperation and the Distribution of Federal Grant Awards", *Journal of Politics*, 2002.

Cremin Lawrence A, *Public Education*, NewYork: Basic Books Inc. Publishers, 1976.

Cremin Lawrence A, *Traditions of American Education*, New York: Basic Books Inc. Publishers, 1977.

Margaret, Bullit, "Toward a Marxist Theory of Aesthetics: the Development of Socialist Realism in the Soviet Union", *Russian Review* 35, No. 1.

Matin Wachs, *Introduction: In Ethics in Planning*, ED. Matin Wachs New Brunswick, NJ: Center for Urban Policy Research, 1985.

Stephen A. Marglin, *Economics and the Social Construction of the Economy*, People's Ecology, People's Economy.

Terry L. Cooper, *The Responsible Administator: An Approach to Ethics for the Administrative Role*, 3rd ed. San Francisco: Jossey-Bass, 1900.

Willam K. Frankena, *Ethics*, Englewood Cliffs, NJ: Prentice Hall, 1963.

后　　记

　　本书是以我的博士论文《思想政治教育有效性视阈下我国服务型政府建设研究》为基础完成的，既是多年学术研究的成果总结，也是深化政府研究的观点集成。服务型政府建设研究是一个涉及多学科的学术话题，本书试图从政府自身的思想政治教育成效探讨一些问题，尝试对我国服务型政府建设提出政策路径，但囿于研究能力，文中难免出现瑕疵。书稿虽已付梓，但本书的一些观点及论证尚有许多不足，敬请各界读者批评指正。

　　2020年以来，新冠肺炎疫情肆虐世界，极大地影响了人们的正常工作与生活。毕业季，各地学子开启线上答辩模式，我也加入了线上毕业大军中。很遗憾，缺席了当场向母校汇报的珍贵机会。时隔多年，依然怀念在母校肆意挥洒青春的美好。忆往昔，五味杂陈涌上心头，难以平复。2002年，我怀揣炙热的理想初入苏州大学学习，工作多年后，再回母校深造，至今已有18个年头，其间再次得到诸多老师、同学和朋友的帮助。谨以此文献给所有关心与支持我的恩师、尊长、同学与亲人们。

　　感谢恩师郭彩琴教授！感谢她，在我人生成长的关键时刻，及时接纳了我。在6年的学习时光中，郭老师尽她所能为我提供发展机会和平台，让我在学术研究之路走得更远、走得更实。学习和工作不总是一帆风顺的，郭老师在我心情落寞时，给我再次起飞的信心和勇气。在专业领域，郭老师更是以博大的胸怀与责任担当，对我的课程

后 记

论文与毕业论文倾注无尽的心血与汗水。尤其是论文的选题、提纲的撰写、文章的框架等，每一个环节都浸透着老师的无私付出，体现了她对高水准学术的孜孜追求。

感谢我的硕士导师姜建成教授。感谢他，多年前以极大的勇气和自信接纳那个学术"小白"，以极大的宽容和耐心扶持学生成长成才，以严谨和高深的学术素养影响浸润学生的学科空白，使学生终身受益。

感谢夏东民教授、朱炳元教授、方世南教授、吴声功教授、田芝健教授、高祖林教授、陆树程教授、许冠亭教授等，是你们在苏州大学的讲台上挥洒岁月和汗水，你们严谨、务实、求精的治学态度让我毕生收益；是你们在开题、考核、答辩等各个环节全周期鼓励指导，贡献多年的学术智慧，提供有效的解决方案，为论文有质的进步和提高指明方向，成就我的求学之路。感谢李文娟老师、卢荣辉老师以及学院的其他老师们，是你们恪守职责、及时督促，使我得以顺利完成各项毕业工作。

感谢同窗陈燕、杨霞、吴蓓、郁蓓蓓、陆波、姜颖鹏、王任、张李军、李佳娟等同学，是我们相互鼓励，共同走过难忘的求学时光。感谢我的同门师弟师妹吴常歌、浦香、吕静宜等，是你们在求学路上给予多方面的帮助，使我得以顺利完成学校的日常事务。

数年来，夜深人静时，常常忆起求学的不同过往场景而感慨万千。在繁华现代的苏州古城中，那个不懂吴文化却痴迷于学习模仿的过客。在生机盎然的校园美景中，那个徜徉阳光中已不再年轻的追梦人。在满园桂花飘香之际，那个贪婪吮吸知识芬芳的老学生。在凄雨冷风中，那个有着柔弱的不屈身影，拖着笨重的行李来回奔波于两省的倔强路人。

路痕无论深浅，背影自带光芒。攻博的酸甜苦辣沉淀了繁杂的岁月，积聚了更多走向未来的底气。此时此刻，更加感念恩师，感恩苏州大学的老师们，这将成为激励我在学术之路上的信念之光，永不放弃的前进灯塔。

感谢中国社会科学出版社的田文老师。她以高度的敬业精神对本书进行细致的编校，耐心的指点，化解了我的惶恐不安。感激之情难以言表。

尤其特别感谢我的家人。感谢你们在这段时间里给予我极大的理解和支持。

在这里要隆重感谢我的父母。感谢他们含辛茹苦把我培养成人，培育成他们理想中的女儿。感谢母亲的开明之举，历经人生多重磨难，毅然支持我上学，成就了她的梦想，希望天堂的她更幸福。感谢父亲，现在依然为我各种操劳。

感谢我的工作单位山东社会科学院的领导和同事们，在工作和论文写作过程中，他们给予我及时、高效且无私的帮助，使我得以顺利完稿。

希望每一次努力求变，都能苦尽甘来。

卓成霞

2021 年 11 月